Nicolai Klimii Iter Subterraneum Novam Telluris Theoriam

Nicolaus Klimius

NICOLAI KLIMII
ITER
SVBTERRANEVM

NOVAM TELLVRIS THEORIAM

AC

HISTORIAM QVINTÆ.

MONARCHIÆ

ADHVC NOBIS INCOGNITÆ,

EXHIBENS

E

BIBLIOTHECA B. ABELINI.

HAFNIÆ & LIPSIÆ,
SVMPTIBVS IACOBI PREVSSII.
MDCCXLI.

Nic: Klimius Imperator
Subterraneus et Ædituus ad Templ:
Crucis Berg: Norweg:

NICOLAI KLIMII

ITER SVBTERRANEVM.

CAPVT I.
AVTORIS DESCENSVS
AD INFEROS.

Anno 1664, poſtquam in Academia Hafnienſi vtroque examine
defunctus eram, et Characterem, qui dicitur Laudabilis,
ſuffragiis Tribunalium, tam
Philoſophorum, quam Theologorum, e-
merueram, reditui in patriam me accin-
go, nauemque Bergas Noruegiae ituram
conſcendo, niueis vtriusque Facùltatis
calculis monſtrabilis, at aeris inops. Commune mihi fatum cum caeteris Noruegiae
Studioſis erat, qui a bonarum artium mercatura deplumes in patriam redire ſolent.

Feren-

Ferentibus ventis vſi, poſt proſperam ſex-
tidui nauigationem portum Bergenſem
intrauimus. Ita redditus patriae, doctior
quidem, ſed non ditior, ſumptibus eorum, qui neceſſitudine mihi iuncti erant,
ſubleuatus aliquandiu, precariam, licet
non plane deſidem atque inertem vitam
egi. Nam, vt Phyſicum, cui initiatus
eram, ſtudium experimentis illuſtrarem,
indolemque terrae ac montium viſcera
explorarem, omnes prouinciae angulos
ſolicite perreptabam. Nulla tam ardua
erat rupes, quam non ſcandere, nulla
tam praeceps et immanis cauerna, in
quam non deſcendere conabar, viſurus,
ecquod curioſum ac Phyſici examine dignum forte reperirem. Permulta enim in
patria noſtra, non oculis modo, ſed ne
auribus quidem nouimus, quae ſi tuliſſet
Gallia, Italia, Germania, aliaue quaelibet
miraculorum ferax commendatrixque
terra, audita, perlecta luſtrataque habe-
remus. Inter ea, quae notatu maxime
mihi viſa ſunt digna, erat ſpelunca magno praeceps hiatu in cacumine montis,
quem indigenae vocant *Flöien.* Cumque
os eiusdem ſpeluncae leuem ac haud in-
gratam

gratam per interualla emittat auram, fed
ita, vt crebris quafi fingultibus fauces
modo laxare, modo includere videatur,
literati Bergenfes, in primis celeberrimus
Abelinus, et Conrector Scholae Mag.
Eduardus, Aftronomiae ac Phyfices apprime gnarus, rem credebant exercitationi-
bus philofophicis digniffimam, faepeque,
populares, cum ipfi prae fenio nequirent,
ftimulauerant ad indolem *iftius* cauernae
penitius infpiciendam; maxime cum ftatis veluti vicibus, ad exemplum refpiran-
tis hominis, retractam cum impetu regereret animam. Stimulatus ego qua fermonibus horum, qua proprio ingenio,
defcenfum in hanc cauernam meditabar,
mentemque meam quibusdam ex amicis
indicabam. Sed his confilium valde dis-
plicebat, dicentibus, inceptionem effe
ftulti ac defperati hominis. At impetum
his monitis non flectere, nedum frangere
poterant, et quae fufflaminare ardorem
deberent, aegro animo faces fubiiciebant:
Ad quoduis enim difcrimen fubeundum,
acerrimum iftud, quo in res naturales de-
tegendas ducebar, ftudium excitabat, et
fponte currenti calcaria addebant rerum.

A 2 dome-

domefticarum anguftiae. Nam exhauftae erant facultates, et durum ac moleftum mihi videbatur, aliena diutius quadra viuere in patria, vbi omni emergendi fpe incifa, ad perpetuam mendicitatem me damnatum intuebar, omneque ad honores et emolumenta obfeptum iter, nifi audaci aliquo facinore nobilitarer. Obfirmato igitur animo, et praeparatis huic expeditioni neceffariis, die quodam Iouis, cum ferenum atque impluuium effet coelum, egredior ciuitate paulo poft diluculum, quo, rebus peractis, faluo adhuc die, redire in vrbem liceret; Quippe rerum futurarum nefcius praeuidere non poteram, quod alter ego Phaëthon

Voluerer in praeceps, longoque per aëra
tractu

in alium orbem detrufus, non nifi poft decem annorum errores patriam et amicos reuifurus effem.

Sufcepta eft haec expeditio Anno 1665 Coff. Berg. *Iohanne Munthe* et *Laurentio Seuerini*, Senatoribus, *Chriftierno Bertholdi* et *Laurentio Scandio.* Euntem comitabantur quatuor mercenarii, qui funes et harpagones, quibus defcendenti erat opus,

fecum

fecum ducebant. Recta tendimus ad
Sanduicum, per quem commodiffime in
montem afcenditur. Enixi in cacumen,
poftquam peruenimus in locum, vbi fatalis erat cauerna, feffi molefto itinere,
paulifper ibi confedimus, ientaculum
fumpturi. Tunc animus, quafi inftantis
mali praefagiens, compauefcere mihi primum coepit. Igitur conuerfus ad comites, ecquis, rogo, aleam hanc prior fubire velit? nemine vero refpondente, impetus languefcens ex integro recaluit:
funem aptari iubeo, itinerique ita paratus
animam Deo commendo. Iam in cauernam demittendus comites docebam, quid
porro faciendum : pergerent fcilicet re-
mittere funem, donec vociferantem me
audirent, quo figno dato, reftem inten-
derent, ac vociferari perfeuerantem ex
antro fubito retraherent. Ipfe dextra te-
nebam harpagonem, quo mihi opus erat,
vt, fi qua in defcenfu occurrerent obfta-
cula, remouerem, et medium inter vtrumque cauernae latus corpus fufpenfum fer-
uarem. At vix ad altitudinem decem vel
duodecim cubitorum defcenderam, cum
rumpitur reftis. Malum hoc mihi innotuit

A 3 e fub-

e fubfequenti mercenariorum clamore et
vlulatu, qui tamen mox euanuit. Nam
mira celeritate in profundum rapior, et
tanquam alter Pluto, nifi quod harpago
mihi pro fceptro effet,

Labor, et icta viam tellus ad tartara
fecit.

Circiter horae quadrantem, quantum
in ifta animi perturbatione coniicere licuit, in fpiffa caligine et perpetua nocte
verfatus eram, cum tandem tenue quoddam lumen, crepufculi inftar, emicue-
rit, et mox lucidum et ferenum coelum
apparuerit. Stulte igitur credebam, aut
a repercuffione aeris fubterranei, aut vi
contrarii venti me reiectum, cauernam-
que iftam fpiritus fui reciprocatione in terram me reuomuiffe. At neque fol, quem
tunc confpicabar, nec coelum, nec reliqua fidera nota mihi erant phaenomena,
cum coeli noftri fideribus ifta, quae iam
videbam, effent minora. Credebam igitur, aut totam noui iftius coeli machinam in fola cerebri imaginatione, e capitis vertigine excitata, confiftere, aut fingebam me mortuum ad fedes beatorum
ferri. At vltimam hanc opinionem mox
ride-

ridebam, cum me ipfum intuerer harpagone munitum, et longum funis fyrma trahentem, fatis gnarus, refte ac harpagone
non opus effe in paradifum eunti, nec
coelitibus placere poffe ornatum, quo ad
exemplum Titanum Olympum vi expugnare, et fuperos inde deturbare velle viderer. Tandem, re ferio penfitata, iudicabam, delatum me fuiffe in coelum fubterraneum, ac veras effe eorum coniectu-
ras, qui concauam ftatuunt terram, et intra cruftas illius alium contineri orbem
noftro minorem, aliudque coelum fole,
fideribus ac planetis minoribus interftin-
ctum. Et docuit euentus, acu me rem
tetigiffe.

Impetus ifte, quo praeceps ferebar,
diu iam durauerat, cum tandem fentirem,
paulatim languefcere, prout propius ac-
cederem planetae, feu coelefti cuidam
corpori, quod primum in defcenfu obuium habui. Idem planeta in tantum fenfim excreuit, vt tandem per denfiorem
quandam atmofphaeram, qua cinctus
erat, montes, valles et maria internofce-
re haud difficulter poffem;

- - - Sicut auis, quae circum litora, circum
Pifcofos fcopulos humilis volat aequora
　　　　　iuxta,
Haud aliter terras inter coelumque vola-
　　　　　bam.

Tunc animaduertebam, non modo
fufpenfum me in aura coelefti natare, fed
et curfum, qui adhuc perpendicularis fuerat, in circularem abire. Hinc ftetere
mihi comae; nam verebar, ne in planetam vel fatellitem proximi planetae trans-
formarer, aeterna vertigine circumagen-
dus. At, cum reputarem, dignitatem
meam hac metamorphofi nil detrimenti
capturam, corpusque coelefte, feu fatellitem coeleftis corporis pari faltem paffu
ambulaturum cum famelico Philofophiae
Studiofo: animum refumo, maxime cum
beneficio aurae purioris et coeleftis, in
qua natabam, neque fame neque fiti pre-
mi me fentirem. Attamen, cum ad animum reuocarem, in loculis meis effe panem (Bergenfes vocant Bolken, qui figurae oualis vel potius oblongae folet effe)
ftatui e loculis eundem depromere, et periculum facere, ecquid in ifto rerum ftatu palato arrideret. Sed primo ftatim
　　　　　　　　　　　morfu

morfu naufeam mihi moturum omne ter-
reftre alimentum deprehendens, tanquam
rem plane inutilem abieci. At excuffus
panis non modo fufpenfus in aethere ftetit, fed mirabile dictu, circulum minorem circa me defcribere coepit. Et innotuerunt mihi exinde verae motus leges,
quae efficiunt, vt omnia corpora in ae-
quilibrio pofita motum circularem fortian-
tur. Hinc qui tanquam fortunae ludibrium me nuper deploraueram, faftu tume-
fcere coepi, intuens me ipfum non folum
tanquam fimplicem planetam, fed et talem, qui perpetuo ftipatus foret fatellite,
adeo vt inter fidera maiora aut primi ordinis planetas quodammodo referri poffem. Et vt impotentiam meam fatear,
tantus tunc animum faftus inceffit, vt, fi
obuios habuiffem omnes fimul Confules
ac Senatores *Bergenfes*, cum fupercilio
eosdem excepiffem, tanquam atomos ad-
fpexiffem, indignosque iudicaffem, quos
falutarem, aut quibus herpagonem meum
fubiicerem.

Integrum fere triduum in ifto ftatu
permanebam. Nam, cum circa planetam
mihi proximum absque intermiffione vo-

luta-

lutarer, noctes ac dies difcriminare poteram, folem fubterraneum iam orientem,
iam rurfus defcendentem, et e confpectu
meo abeuntem cernens, quamuis nullam,
qualis apud nos, noctem fentirem. Caden-
te enim fole, lucidum apparuit ac purpu-
reum vndique firmamentum, fplendori
lunae haud diffimile; id quod iudicabam
effe intimam terrae fubterraneae fuperficiem aut hemifphaerium, quod lumen
iftud a fole fubterraneo, in centro huius
orbis pofito mutuabatur. Hypothefin
hanc mihi fingebam ftudii Phyficae coeleftis non plane hofpes. At, cum ifta felicitate Diis me proximum crederem, meque vt nouum coeli fidus intuerer, vna cum
fatellite meo, quo cingebar, a proximi
planetae Aftronomis in catalogum ftella-
rum inferendum: ecce! immane apparuit monftrum alatum, quod iam dextro,
iam finiftro lateri meo, iam capiti et cer-
uici imminebat. Credebam primo intuitu effe vnum e duodecim fignis coeleftibus fubterraneis, ac proinde optabam, fi
vera effet coniectura, Virginem fore,
cum e toto duodecim fignorum fyftema-
te folum iftud fignum (fc. Virgo) in ifta

folisolitudine auxilii quid ac solatii afferre valeret. At, cum corpus istud mihi propius accederet, videbam toruum et immanem esse gryphum. Tanto tunc corripiebar terrore, vt oblitus mei ipsius et sidereae meae, ad quam nuper euectus eram, dignitatis, in isto animi aestu deprompserim testimonium meum Academicum, quod in loculis meis forte habebam, occurrenti ostensurus aduersario, examina mea Academica me sustinuisse, Studiosumque me esse, & quidem Baccalaureum, qui quemuis aggressorem extraneum exceptione fori repellere possem. At deseruescente primo aestu, cum ad me paulatim redirem, stoliditatem meam deridebam. Dubium adhuc erat, in quem finem gryphus iste me comitaretur, vtrum hostis esset, an amicus, aut quod verisimilius erat, an sola rei nouitate delectatus, propius accedendo oculos saltem pascere vellet. Nam adspectus corporis humani, in aere circumacti, harpagonem dextra tenentis, et longum post se funem caudae instar trahentis, phaenomenon erat, quod quoduis brutum animal in spectaculum sui allicere posset. Insolita ista

figura,

figura, quam tunc expreffi, variis, vt
poftea audiui, fermonibus et coniecturis
anfam dederat incolis globi, circa quem
voluebar. Nam Philofophi ac Mathema-
tici cometam me putarunt, funem pro
cauda cometae capientes. Et erant, qui
ex eodem infolito meteoro imminens aliquod malum, peftem, famem aut infignem aliquam cataftrophen portendi iudi-
carunt. Nonnulli etiam vlterius progreffi, corpus meum, quale e longinquo
illis vifum fuerat, accuratis penicillis de-
lineauerant, adeo vt defcriptus, definitus,
depictus & aeri incifus effem, antequam
globum iftum attigerim. Haec omnia
non fine rifu ac voluptate quadam audiui,
cum in orbem hunc delatus linguam fubterraneam didiciffem.

Notandum eft, dari quoque repentina
quaedam fidera, quae fubterranei dicunt
Scifcifi, (i. e.) crinita, quaeque defcribunt
horrentia crine fanguineo, et comarum
modo in vertice hifpida, adeo vt in fpeciem barbae longae promineat iuba. Hinc
non fecus ac in orbe noftro inter prodigia
coeleftia referuntur.

Sed

Sed vt ad telam reuertar, gryphus iste eo viciniae iam peruenerat, vt alarum quassatione me infestaret, et tandem crus meum ferrato vexare morsu non dubitaret, adeo vt manifeste patuerit, qua mente nouum hospitem venaretur. Hinc coepi pugnacissimum animal armata elidere manu, et harpagonem vtraque manu complexus, hostis audaciam compescui, fugae locum saepe circumspicere cogens, tandemque, cum pergeret me vellicare, post vnum vel alterum inanem ictum, harpagonem tanto impetu tergo alitis inter vtramque alam impegi, vt telum reuellere nequirem. Vulneratus ales, horrendo edito stridore in globum praeceps corruit. Ego vero status iam siderei ac nouae dignitatis, quam variis casibus et periculis, vt vulgo fieri solet, expositam videbam, pertaesus

Arbitrio volucris rapior, quaque impetus egit,
Huc sine lege ruo, longoque per aëra tractu
In terram feror, vt de coelo stella sereno,
Etsi non cecidit, potuit cecidisse videri.

Et

Et ita motus circularis, quem nuper defcripferam, in perpendicularem denuo mutatur.

Sic ingenti cum impetu per aduerfa craffioris aëris verbera, cuius ftridor aures percutiebat, diu tractus, tandem leui innoxique cafu in globum delabor vna cum alite, qui paulo poft e vulnere obiit. Nox erat, quando in planetam iftum delatus fui, id quod e fola abfentia folis colligere poteram, non vero e tenebris; nam tantum luminis reftabat, vt teftimonium meum Academicum diftincte legere poffem. Oritur nocturnum iftud lumen e firmamento fiue crufta terrae inuerfa, cuius hemifphaerium fplendorem, qualem apud nos luna, reddit: hinc fi folius luminis ratio habeatur, parum hic differunt noctes a diebus, nifi quod abfit fol, et abfentia eiusdem noctes reddat paulo frigidiores.

CAP.

* * * * * * * * * * * * * * * * * * * *

CAPVT II.

DESCENSVS IN PLANE-
TAM NAZAR.

Defunctus ita aëria hac nauigatione, cum globum faluus et illaefus attigiffem, (nam impetus, quo initio ferebatur gryphus, cum virium diminutione languerat) iacebam diu immobilis, exfpectans, quid noui illucefcente die mihi contingeret. Animaduertebam tunc priftinas infirmitates redire, opusque mihi effe tam fomno quam cibo, adeo vt poenitudo me ceperit abiecti temere panis. Variis folicitudinibus feffo animo tandem altus fopor obrepfit. Stertueram, quantum coniicere mihi licuit, duas horas, cum horrendus boatus diu quietem turbans, tandem fomnum penitus excusfit. Dormientis animo variae ac mirae oberrauerant imagines. Videor in Noruegiam rediiffe, ibique popularibus, quae vfu venerant, narraffe. Imaginor denique in Templo Fanoenfi haud procul ab vrbe cantantem Diaconum *Nicolaum Andreae* audire, ftrido-

rem-

remque vocis illius aures meas mifere et more folito ferire. Igitur experrectus credebam, latratum iftius viri fomnum turbaffe. Sed cum haud procul ftantem viderem taurum, ex eiusdem boatu quietem abruptam conieci. Mox timidos oculos vndique circumferens, cum oriente fole, virides paffim campos et foecundos videbam agros. Arbores quoque apparuere, fed (mirabile vifu) mobiles erant, licet tanta effet aëris tranquillitas, vt ne leuiffima quaedam pluma moueri loco poffet. Cum mugiens taurus recta ad me tenderet, trepidus fugam circumfpiciebam, ac in ifta trepidatione arborem haud procul ftantem confpicatus, eandem fcandere conabar. Sed cum in eo effem, vocem illa edidit teneram, fed acutam et talem, qualis folet effe iracundae mulieris, moxque quafi palma excuffiffima colaphus mihi tanta vi inflictus eft, vt vertigine correptus, pronus in terram caderem. Ictu hoc iam quafi fulmine percuffus, ac terrore animam propediem agens, murmura vndique audiebam et ftrepitus, qualibus refonare folent macella aut mercatorum bafilicae, quando ma-

xime

xime funt frequentes. Poftquam oculos aperiebam: confpicabar totam circa me fyluam animatam, campumque arboribus arbufculisque obfitum, cum nuper vix fex vel feptem apparuiffent. Vix dici poteft, quantas haec omnia in cerebro meo turbas excitauerint, et quantum his praeftigiis animus commotus fuerit. · Iam vigilem me fomniare, iam fpectris me vexari, et malis fpiritibus obfideri, iam alia abfurdiora mihi fingebam. Sed tempus mihi non datum eft, automata haec eorundemque caufas excutiendi; nam aduolans mox alia arbor ramum demittit, cuius extremitas fex gemmis, tanquam totidem digitis, munita erat. His iacentem me fuftulit, ac vociferantem abftraxit, comitantibus innumeris diuerfi generis diuerfaeque magnitudinis arboribus, quae fonos ac murmura edebant, articulata quidem, fed auribus meis peregrina, adeo, vt nihil praeter verba haec, *Pikel Emi*, cum faepius eadem iterata fuerint, retinere memoria potuerim. Audiui mox per verba haec intelligi fimiam infolitae figurae: quippe e corporis mei forma et cultu coniiciebant, me fimiam effe, quamuis fpecie non-

B   nihil

nihil diftinctam a Cercopithecis, quos
haec terra alit. Alii pro incola firmamenti me coeperunt, quem alitem per
aërem huc afportaffe credebant; id quod
olim vfu veniffe, annales huius globi teftantur. Sed haec non nifi poft aliquot
menfium intercapedinem, et poftquam linguam fubterraneam edoctus fueram, didici. Nam in praefenti rerum ftatu prae
metu et mentis perturbatione mei ipfius
oblitus eram, nec capere poteram, quid
de viuis et loquacibus arboribus ftatuen-
dum, neç quorfum euaderet proceffio
haec, quae lente et compofitis gradibus
fiebat. Voces tamen et murmura, quibus vndique perfonabant campi, iram et
indignationem quandam indicabant; et
fané non fine graui caufa iram in me conceperant. Arbor enim ifta, quam taurum fugiens fcandere volebam, vxor erat
Praetoris, qui in proxima ciuitate ius dicebat, qualitasque perfonae laefae crimen
aggrauauerat; nam non modo fimplicem
et plebeiae fortis mulierem, fed matronam primi ordinis vifus fum voluiffe palam fubagitare; infolitum ac horrendum
genti adeo modeftae ac verecundae fpectaculum.

bulum. Tandem ad ciuitatem, quo captiuus
ducebar, ventum eſt. Erat illa non minus ſu-
perbis aedificiis, quam regionum, vicorum
ac platearum concinno ordine et ſymmetria
monſtrabilis. Altae adeo conſpicuaeque
erant aedes, vt ſpeciem turrium praebe-
rent. Plateae ambulantibus plenae erant
arboribus, quae demittendo ramos ſe inuicem in occurſu conſalutabant, quoque
plures deprimerent ramos, eo maius erat
reuerentiae ac ſubmiſſionis argumentum.
Ita, cum e conſpicua quadam domo forte
eodem tempore egrederetur quercus, ad
viſum illius demiſſis ramis plerisque
retro cedebant caeterae arbores, vnde coniicere licuit, eandem ſupra ſortem vulga-
rem eſſe. Et innotuit mox mihi vrbis eſſe Praetorem, et quidem eundem, cuius
a me laeſa dicebatur vxor. Rapior mox
ſublimis in eiusdem Praetoris aedes, vbi
confeſtim a tergo meo obditur ianua, et
fores oppeſſulantur, quocirca me tanquam piſtrini candidatum intuebar. Metum hunc inſigniter adaugebant poſiti extra fores, tanquam in excubiis, tres cuſto-
des; ſinguli ſex ſecuribus pro numero ramorum erant armati; nam quot rami
erant, tot brachia, et quot gemmae, tot
B 2 digiti.

digiti. Notabam in fummitate truncorum
pofita effe capita, humanis haud abfimi-
lia, et loco radicum binos confpicabar pedes, eosdemque admodum curtos, unde
fit, vt teftudineo gradu incedant planetae
huius incolae. Hinc, fi folutus fuiffem,
facile mihi foret, manus illarum effugere,
cum pernicitate pedum praeftantior prae
illis volare viderer.

Vt breui me expediam, perfpicue iam
videbam, arbores has incolas effe huius globi, et ratione easdem effe praeditas, mi-
rabarque varietatem iftam, quà natura in
animantium formatione delectatur. Arbores hae noftras proceritate non exae-
quant, quippe iuftam hominis ftaturam
vix excedunt pleraeque; quaedam minores erant; flores diceres aut plantas; et
has coniiciebam effe infantes. Mirum eft,
in quosnam cogitationum labyrinthos
phaenomena ifta me deduxerint, quot fufpiria mihi exprefferint, quantumque ca-
riffimae tunc patriae defiderium fubierit.
Nam, quamuis iftae arbores vifae mihi
fint fociabiles, linguae beneficio vtentes,
ac fpecie quadam rationis praeditae, adeo,
vt ad animantia rationalia quodammodo
referri

referri poffent, dubitabam tamen, comparari poffe cum hominibus; negabam iuftitiam, clementiam, aliasque virtutes morales inter easdem locum habere. His cogitationum turbis collifus, vifcera mea moueri fentiebam, et e fontibus oculorum torrentes lacrimarum defluentes faciem inundabant. Sed cum dolori ita indulferim, et in fletus me muliebres coniecerim, intrant cubiculum cuftodes corporis mei, quos refpectu fecurium tanquam lictores intuebar. His praeeuntibus ducor per vrbem ad perfpicuam quandam domum, in vmbilico fori pofitam. Vifus mihi tunc fum Dictatoriam dignitatem adeptus, et Confule Romano maior; nam non nifi duodecim fecures in comitatu confulum erant, cum ego octodecim ftipatus procederem. Valuis aedium, ad quas ferebar, caelata ftabat iuftitia, in formam arboris efficta, bilancem ramo tenens. Imago eadem erat filo virginali, adfpectu vehementi, luminibus oculorum acribus, neque humilis, neque atrocis, fed reuerendae cuiusdam triftitiae dignitate fpectabilis. Hinc fenaculum effe mihi liquido patuit. Introductus in curiam, cuius ftrata teffellati

lati operis marmore interftincta nitebant,
aureo ibi fedili tanquam tribunali fubli-
mem vidi arborem, cum bis fenis affef-
foribus, qui a dextra et finiftra Praefidis, ordine concinno, ac totidem fubfelliis affi-
debant. Praefes palma erat mediocris ftaturae, fed inter caeteros iudices ob folio-
rum varietatem, quae diuerfis coloribus
erant tincta, notabilis. Vtrumque latus
cingebant apparitores numero viginti quatuor, quorum finguli fex fecuribus armati ftabant.   Horrendum oculis meis fpectaculum! cum ex ifta armatura fangui-
nariam hanc gentem ominarer.

Ad introitum meum confurgentes fenatores excelfos ad aethera extendebant
ramos, quo religionis exercitio defuncti,
denuo confederunt.   Sedentibus cunctis,
ante cancellos ego fiftor inter duas medi-
us arbores, quarum trunci pelle ouina
erant obducti.   Credebam effe aduoca-
tos, et reuera tales erant. Antequam caufas dicere coeperunt, centonibus quibusdam atrati coloris obuoluitur caput Praefidis.   Mox actor breuem habuit orationem, quam ter repetiuit; refponditque
pari breuitate rei defenfor.   Actiones
                                    eorum

eorum fubfecutum eft femihorae filentium. Tunc adempto, quo tectus erat,
velamine, exfurgit Praefes, fublatisque
denuo ad fidera ramis, verba quaedam
decenter enunciauit, quibus fententiam
meam contineri iudicabam. Nam finito
fermone, dimiffus ad vetus ergaftulum
reducor, vnde tanquam e cella promptu-
aria ad flagrum me mox depromendum
ominabár. Solus ibi relictus, cunctis
quae acciderant ad animum reuocatis, ridebam ftultitiam huius gentis; nam vifa
mihi eft potius hiftrioniam egiffe, quam
iuftitiam exercuiffe, omniaque, quae vi-
deram, geftus, ornatus, modus procedendi etc. ludicris fpectaculis ac pantomi-
morum fcenis, quam graui Themidos
tribunali apparebant digniora. Felicitatem
tunc orbis noftri praedicabam, et praeftantiam Europaeorum prae caeteris hominibus. At, quamuis ftuporem et ftoliditatem gentis huius fubterraneae damna-
rem; coactus tamen fimul eram fateri, a
brutis animantibus debere diftingui. Nam
nitor ciuitatis, fymmetria aedificiorum,
et alia manifefte indicabant, ratione non
deftitutas effe has arbores, nec artium,

B 4 inpri-

inprimis mechanices, prorfus effe rudes.
Sed putabam, hoc folo virtutem ac praeftantiam omnem abfolui.

　Dum ita tacitus mecum loquebar, intrat arbor, fiftrum manu tenens. Eadem,
diffibulato meo pectore, ac nudato altero
brachio, mediam mihi venam fcite admodum pertudit. Poftquam fanguinis,
quantum fat videbatur, elicuerat, bra-
chium non minori dexteritate obligabat.
Ita officio functa, infpecto folicite fanguine, tacita ac velut admiratione fatura
digreditur. Haec omnia confirmabant
opinionem, quam de ftoliditate huius
gentis mihi finxeram. At, quam primum
linguam fubterraneam edoctus effem, et
explicata mihi cuncta fuiffent, contemptus in admirationem vertitur. Proceffus
hic forenfis, quem temere damnaueram,
ita mihi exponitur. E forma corporis
mei iudicauerant, me effe incolam firmamenti. Vifus fueram honeftam et primi
ordinis matronam velle violare. Ob crimen hoc in forum reus tractus fueram.
Aduocatorum alter culpam exaggerauerat,
fupplicium lege debitum pofcens; alter
vero non poenam deprecatus erat, fed
dila-

dilationem supplicii suaserat, donec innotuerit, quis, qualis et cuias essem, vtrum brutum, an animal rationale. Porro. ramorum extensionem didici esse actum religionis ordinarium, antequam res diiudicaretur. Aduocati ouina tecti erant pelle, vt memores essent innocentiae et integritatis in partibus obeundis. Et reuera probi hic omnes ac integri sunt, id quod monstrat, in republica bene constituta dari posse probos ac honestos causidicos. Seuerae adeo in praeuaricatores latae sunt leges, vt nec sycophantiis, nec fucis vllum mantellum sit obuium; nec deprecatio perfidiis, nec maledictis sit fuga, nec confidentiae vsquam hospitium sit, nec diuerticulum dolis. Verborum trina repetitio fieri solebat ob tarditatem perceptionis, qua ab aliis gentibus distinguebantur huius terrae incolae; nam paucis datum erat intelligere, quod obiter legerant, aut percipere, quod semel tantum audiuerant. Qui statim rem capiebant, vi iudicandi credebantur destituti, ideoque raro hi ad magna ac momentosa munera admittebantur. Experientia quippe didicerant, fluctuasse rempublicam in ma-

B 5 nibus

nibus eorum, qui promptiffimae funt perceptionis, ac qui vulgo magna ingenia dicuntur; tardos vero, ac per contemptum hebetes dictos, compofuiffe, quae primi turbauerant. Paradoxa haec omnia erant, licet ferio ponderanti non plane abfurda mihi fint vifa. Maximam vero admirationem mouebat hiftoria Praefidis: nam virgo erat, indigena huius loci, et a Principe conftituta *Kaki*, feu fupremus in ciuitate iudex. Apud hanc gentem enim nullum in diftributione officiorum obferuatur fexus difcrimen, fed habito delectu, reipublicae negotia digniffimis conferuntur. Vt rite de vniuscuiusque profectu ac dotibus animi iudicetur, inftituta funt feminaria, quorum ephori fiue directores dicebantur *Karatti* (vox ifta proprie denotat examinatores fiue fcrutatores). Eorum officium erat, profectum et vires vniuscuiusque examinare, indolem iuuentutis penitius infpicere, habitoque examine, principi quotannis exhibere indicem eorum, qui ad munera publica effent admittendi, fimulque oftendere, qua in re vnusquisque patriae maxime vfui effe poffet. Accepto ifto catalogo,

logo, Princeps nomina candidatorum
libro inferri iuffit, quo in memoria et
tanquam ante oculos haberet, quos ad
vacantia munera admoueret. Praedicta
virgo fplendidum ante quatuor annos a
Karattis obtinuerat teftimonium, eoque
nomine a principe conftituta erat Praefes
Senatus huius vrbis, in qua nata erat.
Sancta et conftans eft huius moris obferuantia apud *Potuanos*, cum credant, optime iis perfpectum effe ftatum loci, qui
in eodem nati funt et educati. *Palmka*
(id nomen huic virgini erat) fumma cum
laude triennii fpatio fpartam hanc ornauerat, habitaque fuit prudentiffima totius
ciuitatis arbor. Nam tanta illi erat perceptionis tarditas, vt rem, nifi ter vel
quater repetita effet, aegre perciperet.
At, quod femel percepit, penitus perfpe-
xit, tantoque iudicio quaeuis problemata
discuffit, vt effata eiusdem totidem oracula habita fuerint.

Nouit enim iuftum gemina fufpendere lance
Ancipitis librae, rectum difcreuit, vbi
inter
Curua fubit, vel cum fallit pede regula
raro.

Hinc

Hinc nulla ab ea quadriennii fpatio dicta
fuit fententia, quae non a fummo Tribunali *Potuano* confirmata et encomiis ornata effet. Igitur inftitutum iftud in fauorem fexus fequioris, quod primo intuitu damnaueram, non plane abfonum curatius examinanti vifum eft. Cogitabam
mecum, quid, fi vxor Praetoris noftri *Bergenfis* loco mariti ius diceret? quid, fi
aduocati *Seuerini* filia, eloquentia ac
praeclaris animi dotibus ornata virgo, pro
ftupido parente caufas in foro ageret? iurisprudentia noftra parum inde detrimenti caperet, et forfitan Themis toties non
vapularet. Cogitabam porro, quoniam
in foris Europaeis caufae celeriter adeo iudicantur, fententias iftas extemporales ac
praecoces, fi feueriori examini fubiice-
rentur, notas cenforias non effugituras.
Vt pergam reliqua explicare: venae fectionis rationem hanc audiui. Si quis criminis conuictus fit, pro flagris, membro-
rum mutilatione aut capitali fupplicio
ad venae fectionem damnatur, quo pa-
teat, vtrum e malitia, an fanguinis aut
humorum vitio deriuandum fit crimen,
et an tali operatione corrigi queat, adeo,
vt

vt tribunalia haec ad emendationem potius quam ad poenam fpectent. Emenda-
tio tamen haec poenam quodammodo
complectebatur, quoniam nota quaedam
ignominiae erat, ex iudicis fententia hanc
operationem fubire. Si quis iterum la-
beretur, indignus, ciuitate iudicatus, ad
firmamentum, vbi omnes absque difcrimine recipiebantur, folebat relegari. At
de exilio ifto, eiusdemque indole, plura
mox dicenda. Quod vero chirurgus ifte, qui
venam mihi mediam aperuit, ad vifum
fanguinis mox obftupuerit, caufa haec erat,
quod incolae huius globi, loco fanguinis,
liquidum et candidum habeant fuccum,
per venas fluentem, qui, quo eft candidi-
or, eo maior fanctitatis nota.

Haec omnia linguam fubterraneam
edocto penitius innotuerunt, quo facto
clementius iudicium ferre coeperam de
gente ifta, quam temere nimis damnaueram. At, quamuis ftupidas et ftolidas has
arbores primo intuitu iudicaueram, animaduerteram tamen mox non omni humanitate effe deftitutas, ac proinde nullum
mihi effe periculum vitae; in qua fpe confirmabar, cum viderem, bis quouis die alimenta

menta mihi afferri. Cibus vulgo conftabat e fructibus, herbis ac leguminibus;
potus erat liquidus fuccus, quo nil dulce
magis ac faporum.

Praetor ifte, in cuius cuftodia eram,
Principi fiue Dynaftae, haud procul ab hac
ciuitate degenti, mox indicabat, in manus fuas cafu incidiffe animal quoddam
rationale, fed infolitae figurae. Rei nouitate motus Princeps, in lingua me erudiri, et deinde ad aulam fuam mitti iubet.
Datus hinc mihi fuit Magifter linguae,
fub cuius inftitutione femeftri fpatio tantum profeci, vt cum incolis fatis expedite fabularer. Poftquam in lingua fubterranea tyrocinii rudimenta depofueram,
adfertur ab aula nouum mandatum de vl-
teriore mea inftitutione, iubeorque femi-
narfo vrbis initiari, vt a *Karattis* eiusdem
fiue examinatoribus perfpicerentur vires
ingenii mei, et in quo difciplinae genere
maximam fpem promitterem. Haec
omnia folicite exfequuntur; fed dum in
ftadio hoc eram, non corporis mei minor
cura habebatur quam animi, et foliciti inprimis erant, vt ad fimilitudinem arboris,
quantum fieri licuit, formarer; quem in
finem

finem ramos quosdam adscititios corpori aptabant.

Dum haec aguntur, hofpes meus redeuntem quauis vefpera e feminario, variis fermonibus ac quaeftionibus exercebat. Audiuit fumma cum animi voluptate me de iis, quae in fubterraneo hoc itinere vfu venerant, differtantem; maxime vero obftupuit ad defcriptionem terrae noftrae, et immenfi, quo cincta erat, coeli, innumeris fideribus interftincti. Horum omnium attentus auidusque erat auditor; at erubuit non nihil ad ea, quae narrabam de arboribus noftri orbis, quae inanimatae, immobiles, ac radicibus terrae ftent fixae, ac tandem non fine indignatione me intuebatur, cum teftarer, arbores noftras caefas calefaciendis fornacibus et cibis coquendis inferuire. Attamen re ferio penfitata, paulatim ira detumuit, protenfisque verfus coelum quinque ramis, (nam totidem illi erant) iudicia Creatoris, cuius fint variae occultae rationes, eft miratus: attente porro audiuit alia narrantem. Vxor illius, quae adhuc praefentiam meam auerfata fuerat, cum veram, ob quam in iudicium tractus eram,

caufam

caufam didiciffet, ac fpecie me arboris,
quam in orbe noftro fcandere folemus,
deceptum, abiecta omni fufpicione, in
gratiam mecum rediit. At ego, ne inter
initia coëuntis gratiae recentem cicatri-
cem refcinderem, non nifi praefente ac
iubente marito, fermones cum illa mifcui.

* * * * * * * * * * * * * * * * * * *

CAPVT III.
DESCRIPTIO VRBIS
KEBAE.

Interea, dum in curfu hoc tyrocinii eram,
per vrbem me circumduxit hofpes meus, vt monftraret, quicquid maxime cu-
riofum ac fpectabile erat. Ambulauimus
absque impedimento, ac, quod maxime
mirabar, fine vllo incolarum accurfu; aliter ac apud nos fieri folet, vbi ad omne,
quod infolitum eft, cateruatim aduolant
homines, vt curiofos pafcant oculos. Nam
incolae huius planetae nouitatis parum
auidi folida tantum fectantur. Ciuitati
huic nomen eft *Keba*, quae inter vrbes
Principatus *Potuani* fecundum locum tenet.

net. Incolae graues adeo funt ac prudentes, vt quot ciues, tot Senatores diceres.
Honeftiffimum ibi eft fenectutis domicilium; nusquam enim tantum tribuitur ae-
tati, nusquam fenectus eft honoratior,
cuius non in fententia fola, fed et nutu re-
fidet auctoritas. Mirabar gentem adeo
modeftam ac fobriam certaminibus ludicris, comoediis ac fpectaculis delectari;
nam haec grauitati eiusdem parum conuenire videbantur. Id quod animaduertens hofpes: per totum, ait, hunc Principatum feria ac nugae per vices nos par-
tiuntur,

Saturnumque grauem noftro Ioue frangi-
mus vna.

Inter alia enim huius Principatus egregia
inftituta erat permiffio voluptatum inno-
cuarum, quibus roborari creditur animus,
et ad molefta obeunda munera reddi idoneus, quibusque diffipari putantur atrae
iftae nubes, ac melancholici affectus, tot
turbarum, feditionum ac prauorum confiliorum fontes. Hac ratione ducti graui-
ora opera lufibus iocisque diftinguunt, feueritatem tamen comitatemque ita mi-
fcentes, ne illa in triftitiam, haec in petu-

C   lantiam

lantiam degeneret. At non fine indignatione animaduertebam, inter fpectacula
et ludos fcenicos numerari exercitia dif-
putatoria. Namque ftatis anni temporibus, factis fponfionibus, et certo vincen-
tibus ftatuto praemio, difputatores tanquam gladiatorum paria committebantur,
eisdem fere legibus, quibus certamina
apud nos fiunt inter gallos gallinaceos aut
animalia aeque ferocia. Hinc diuitibus
mos erat, alere difputatores, quemadmodum in orbe noftro canes venaticos, eosdemque in arte difputandi fiue dialectica
erudire, vt idonei et loquaces redderen-
tur ad ftata, quae quotannis fierent, certamina. Ita ciuis quidam opulentus, nomine *Henochi*, triennii fpatio magnas opes,
fcilicet 4000 *Ricatu* cumulauerat e tropaeis vnius, quem hunc in finem alebat, dif-
putatoris, et haud femel immodicae
fummae domino eiusdem oblatae fuerant
ab iis, qui ex eiusmodi exercitiis quaeftus facere folebant; fed adhuc vendere
nolebat thefaurum, vnde tot illi quotannis erant reditus. Mira ille linguae volubilitate pollens diruebat, aedificabat, quadrata rotundis mutabat, fyllogismorum ca-
ptionum-

ptionumque dialecticarum laqueis ſtrepe-
bat, et vnumquemque opponentem di-
ſtinguendo, ſubſumendo, et limitando elu-
dere, ac ad ſilentium pro lubitu reducere
callebat. Semel atque iterum ſpectaculis
eiusmodi ſumma cum animi aegritudine
interfui. Nam impium et indignum mihi
videbatur, auguſta adeo exercitia, quae
ornare ſolent gymnaſia noſtra, in ludos
ſcenicos transformari. Et cum ad animum reuocarem, ter me ſummo cum ap-
plauſu publice disputaſſe, et lauream exinde emeruiſſe, a lacrimis vix temperare
poteram. Caeterum non ipſe magis actus,
quam diſputandi modus ſtomachum mihi
mouebat. Conducti enim erant certi ſti-
mulatores, quos dicebant *Cabalcos*, qui,
cum viderent impetum disputantium lan-
gueſcere, latera eorundem ſiſtris quibusdam pungerent, vt denuo recale-
ſcerent, ac vires torpentes integrarent. Mitto alia, quorum meminiſſe pu-
det, et quae in gente adeo exculta damnabam. Praeter hos diſputatores, quos
Masbakos, ſiue altercantes, per ludibrium vocant ſubterranei, erant et alia certamina inter quadrupedia, tam fera, quam
manſueta, et alites maxime feroces, quae

C 2   certo-

certo fpectantibus pretio exhibebantur.
Quaerebam ab hofpite, qui fieri poffet,
vt gens, tanto iudicio praedita, ad ludos
circenfes reiiceret nobilia adeo exercitia,
quibus facultas loquendi paratur, veritas
detegitur, ingeniumque acuitur. Refpon-
debat ille, certamina haec barbaris olim
faeculis magni aeftimata fuiffe; fed cum
experientia tandem edocti fuerint, veritatem difputando potius fuffocari, iuuentutem procacem reddi, turbas inde enafci,
et folidis ftudiis compedes iniici, ab Aca-
demiis ad circos haec exercitia transtulif-
fe: et docuiffe euentum, filentio, lectione, ac meditatione citius magifterium adi-
pifci tyrones. Qua tamen refponfione,
quantumuis fpeciofa, non acquiefcebam.
In ciuitate hac erat Academia fiue Gymnafium, vbi decenter ac fumma grauitate
docebantur artes liberaliores. Ab hofpite meo in auditorium huius fcholae introducor die quodam folenni, quo crea-
retur *Madic*, fiue Philofophiae Doctor.
Celebratus fuit actus absque vlla caeremo-
nia, nifi quod Candidatus docte et eleganter de problemate quodam phyfico dif-
feruerit; quo exercitio defunctus, a Praefi-
dibus Gymnafii in album relatus eft eorum

qui

qui publice docendi iure gaudent. Ro-
gitanti hofpiti, ecquid actus iste mihi pla-
cuiffet, refpondebam, ficcum nimis ac ie-
iunum prae noftris promotionibus mihi
vifum. Exponebam porro, qui apud nos
creari foleant Magiftri ac Doctores, nempe praeuiis fpeciminibus difputatoriis.
Ad haec frontem ille contrahens, modum
et indolem eiusmodi difputationum, et,
qui a fubterraneis differant, quaerit. Refpondebam ego, vulgo fieri de rebus admodum doctis et curiofis, in primis de iis,
quae fpectant ad mores, linguas, et veftitus duarum veterum gentium, quae olim
in Europa maxime floruerant; teftabar-
que me trinis eruditis difputationibus
commentatum in veteres earundem gentium crepidas. Hoc audito, tantum edidit
cachinnum, vt tota domus inde exfona-
ret. Excitata ad ftrepitum hunc vxor illius aduolat, caufam rifus curiofe fcifci-
tans. At, tantam ego conceperam iram,
vt refpondere non dignarer; nam indignum mihi videbatur, res adeo graues ac
ferias cum rifu ac ludibrio excipi. At
a marito tandem id, quod rei erat, edo-
cta, in rifum non minorem erupit. Res
haec

C 3

haec per totam breui vrbem diffeminata,
perpetuis fannis anfam dedit, et vxor Senatoris cuiusdam, in rifum prona, narratione hac adeo commota fuit, vt ilia crebris cachinnis paene diffolueret.   Et cum
non ita multo poft febri correpta morere-
tur, credebatur ex immoderato hoc rifu,
quo pulmonem nimis exagitauerat, mor-
bum, qui fatalis illi erat, contraxiffe.
Sed de vera mortis caufa non fatis liquide
conftat; murmura tantum eiusmodi au-
diebantur.   Erat alias praeclarae indolis
matrona, ac ftrenua materfamilias; nam
feptem illi erant rami, quod rarum in ifto
fexu.   Hinc mortem illius aegre tulerunt omnes honeftae arbores.   Humo
mandatur intempefta nocte extra vrbis po-
moeria, iisdemque veftibus effertur, quibus mortua eft inuenta.   Cautum enim
lege eft, ne quis in vrbe fepeliatur, cum
aërem ex effluuiis cadauerum putrefcere
credant.   Cautum porro eft, ne cum infigni comitatu ac fplendido ornatu effe-
rantur funera, vermium fcilicet pabula
mox futura.   Quae omnia fatis prudenter inftituta mihi videbantur.   Parenta-
lia tamen haberi folent orationesque fune-
                                            bres,

bres, fed quae pura tantum hortami-
na funt ad bene viuendum, quaeque
mortalitatis imaginem ante oculos audi-
entium ponunt. Adeffe iubentur Cenfores, obferuaturi, an defunctorum praeter merita memoriam aut extenuent oratores, aut attollant. Hinc encomiorum parciffimi funt oratores fubterranei, cum poena immodice et praeter
merita laudantibus fit ftatuta. Non ita
multo poft, cum tali parentationi inter-
fuerim, quaerebam ab hofpite de forte et
ftatu defuncti herois, cuius memoria ce-
lebrabatur. Refpondit ille, agricolam
fuiffe, quem ad vrbem tendentem mors
in itinere occupauerat. Hinc, qui nuper
a fubterraneis derifus fueram, meo more
non minus effufe ridebam, telaque, quae
in Europaeos vibrauerant hi, ftrenue re-
torfi. *Eccur*, aiebam, *boues ac tauri, ru-*
fticorum focii, et commilitones, pro roftris et-
iam non laudantur? eandem, quam foffores ter-
rae materiam orationi fuppeditabunt, eodem
minifterio fungentes. At a rifu me temperare iubet hofpes, docens, agricolas in his terris fummo in honore haberi, ob nobilitatem minifterii, in quo occupantur, nul-
lumque vitae genus hic honeftius agricul-

C 4   tura

tura cenferi. Hinc quiuis honeftus ru-
fticus, ac diligens paterfamilias, nutritor et
patronus oppidanorum falutatur. Eo refpectu fieri folet, vt agricolae, cum circa
autumni initium, aut menfe Palmae ad vrbem cum ingenti numero vehiculorum,
frumento onuftorum, tendunt, extra por-
tas vrbis obuios habeant Magiftratus vrbis,
ac tubarum clangore, et fymphoniae fono,
ouantium ritu, in ciuitatem introducantur.
Stupefcebam ad hanc narrationem, ad animum reuocans fortem agricolarum noftrorum, fub foeda feruitute gementium,
et quorum occupationes fordidas et illibe-
rales iudicamus prae aliis artibus, quae
miniftrae funt voluptatum, vt, coquorum,
fartorum, vnguentariorum, faltatorum etc.
Hofpiti quidem hoc paulo poft, fed fub
fide filentii expofui, verens, ne nimis finiftra iudicia de genere humano ferrent
fubterranei. Silentium ille pollicitus, ad
auditorium me, vbi habenda effet oratio
funebris, fecum duxit. Fateor, nil vnquam me folidius, veracius, et ab omni
adulationis fpecie magis immune audiuif-
fe: et vifa mihi haec parentatio exemplar,
ad quod omnes eiusmodi orationes exprimi deberent. Orator primo confpectum
                                        dedit

dedit virtutum defuncti, moxque vitia ac infirmitates enumerauit, monendo auditores, vt ab hifce fibi cauerent. Rede: untibus ex auditorio obuius fit noxius quidam, tribus cuftodibus ftipatus. Idem nuper ex iudicis fententia poenam brachii (ita vocant venae fectionem) fubierat, iam vero in nofocomium vrbis publicum trudendus. Quaerenti damnationis caufam, refpondetur, eundem publice de qualitatibus ac effentia Dei difputaffe; id quod prohibitum in his terris, vbi curiofae eiusmodi difputationes temerariae adeo ac ftolidae cenfentur, vt in compofitae mentis creaturas cadere nequeant. Solitum eft igitur fubtiles hos difputatores, tanquam infanos, poft venae fectionem in ergaftula publica compingere, donec delirare ceffant. Hinc tacite mecum: hei! *quid de Theologis noftris* hic fieret? quos quotidie „ de qualitate et attributis Numinis, de na- „ tura fpirituum, et id genus aliis myfteri- „ is rixantes cernimus. Qualis fors effet „ Metaphyficis noftris, qui tranfcendenta- „ libus fuis ftudiis fuperbientes, fupra „ vulgus fapere, imo Diis fe proximos cre- „ dunt? Certe pro laureis, birretis, pileis „

C 5 Docto- „

„Doctoralibus, quibus in terris noftris
„decorantur, iter fibi panderent ad erga-
„ftula, aut nofocomiorum candidati fie-
„rent.

Haec & alia, quae valde paradoxa
mihi vifa funt, tempore tyrocinii notabam. Aderat tandem mandato Principis
definitum tempus, quo e Gymnafio in
aulam cum teftimonio dimittendus effem.
Splendida mihi encomia et niueos calcu-
los pollicebar, fretus qua propriis virtutibus, cum linguam fubterraneam exfpe-
ctatione celerius didiciffem, qua hofpitis
mei fauore, ac iudicum decantata integritate. Tandem traditum mihi eft teftimonium, quod prae gaudio tremens aperui,
auidus laudes meas legendi, exindeque,
qualis fors mea foret, nofcendi. At lectio
eiusdem in iram et defperationem me con-
iecit. Literae commendatitiae his verbis
conceptae fuerunt:

„Mandato Serenitatis veftrae obfe-
„quentes, inftructum folicite in Gymna-
„fio noftro dimittimus animal nuper ad -
„nos ex alio orbe delatum, hominemque
„fe nuncupans. Perfpecto penitius eius-
„dem ingenio, ac moribus exploratis,
„doci-

docilem fatis ac promptiffimae perceptio-,,
nis offendimus, fed obliqui adeo iudicii,,,
vt ob ingenium nimis praecox, vix ad,,
creaturas rationales referri, nedum ad,,
munus aliquod momentofum admitti,,
queat. At, cum pernicitate pedum nobis,,
omnibus fit praeftantior, curforis aulici,,
officio fungi ftrenue poterit. Datum ex,,
Seminario de Keba, menfe Veprium, a,,
Serenitatis Veftrae feruis humillimis,,,

Nehec. lochtan. Rapafi. Chilac.

In lacrimas hinc effufus hofpitem meum adibam, humillime obfecrans, vt,
auctoritate fua interpofita, clementius teftimonium a *Karattis* extorqueret, vtque
monftraret iisdem teftimonium meum
Academicum, in quo ingeniofus et optimae notae ciuis falutor. Regeffit ille,
teftimonium iftud in noftro orbe fuo ftare
pretio, vbi forfitan maior vmbrae quam
corporis, maior corticis quam medullae
habeatur ratio, fed nullius hic effe ponderis, vbi in vifcera rerum penetratur:
hortatur porro, vt fortem meam patienter
feram, maxime cum teftimonium refcindi
aut mutari nequeat. Nam nullum hic gra-
uius

uius crimen effe virtutum immeritarum
praeconio. Vulneri tamen fomentum aliquod admoturus,

  - - *verba facit, quibus hunc lenire do-*
           lorem
  Poſſit, et ingentem morbi partem remo-
          uere:
  Ne cures haec, quae ſtulte miraris et
         optas.
  Quos non praecipitat ſubiecta potentia
        magnae
  Inuidiae? mergit longa atque inſignis ho-
        norum
  Pagina: namque homini, nimios qui ca-
        ptat honores,
  Et nimias venatur opes, numeroſa paran-
        tur
  Excelſae turris tabulata, vnde altior illi
  Caſus, et impulſae praeceps immane
        ruinae.

Porro addidit; nihil tale in tenui aut me-
diocri fortuna metuendum. Quod vero
ad teſtimonium *Karattorum* attinet, illud
confirmat, oculatiſſimos ſimul ac integerrimos effe iudices, qui nullis neque donis
corrumpi, neque minis deterreri poffunt,
vt vnguem latum a vero deflectant; qua-
            -propter

propter in hac etiam caufa nullum effe
fufpicioni locum. Candide tandem ipfe
faffus eft, iam dudum innotuiffe fibi imbecillitatem iudicii mei, ac ftatim e memoriae meae vbertate, et celeri apprehen-
fione iudicaffe, lignum me non effe, ex
quo Mercurius fieri poffet, ac proinde ob
infignem iudicii eclipfin amplo alicui muneri non fuffecturum. Didiciffe fe, ait,
e narrationibus et defcriptione gentis Europaeae, me

Stultorum in patria, prauoque fub aëre
natum.

Caetera de amicitia fua prolixe teftatus,
itineri vt absque mora accingerer, me
hortatus eft. Confilium prudentiffimi viri
fecutus fum, in primis cum ita poftularet
neceffitas, et temerarium mihi videretur,
mandato Principis obniti.

In iter igitur me coniicio, comitantibus nonnullis arbufculis, quae fimul mecum a feminario dimiffae, eundem in finem ad regiam vrbem ablegantur. Dux
itineris erat fenior quidam e numero *Ka-*
rattorum, fiue ephororum, qui, cum aetate confectus, pedum vitio laboraret, tau-
ro vehebatur. Nam infolitum hic eft ve-
hiculis

hiculis vti, et foli hoc fenes decrepiti fiue aegroti priuilegio gaudent, quamuis
nobis excufatiores effent huius planetae
incolae ob difficultatem et tarditatem inceffus. Memini, cum defcriptionem femel feciffem vecturarum noftrarum, equorum fcilicet, quadrigarum et pyxidum,
in quas farcinarum inftar compacti, per
vrbem vehimur, ad hanc meam narrationem fubridere fubterraneos, maxime cum
audirent, e vicinis alterum inuifere alterum non folere, nifi plauftro vel pyxidi
inclufum, et a duobus ferociffimis quadrupedibus per vicos ac plateas abreptum.
Ob tarditatem inceffus, qua laborant arbores hae rationales, triduum huic itineri infumere cogebamur, quamuis *Keba* ab
vrbe principali vix fpatio quatuor milliarium dirimatur. Nam fi folus fuiffem,
vna die iter hoc explicuiffem. Gaude-
bam equidem, pedum beneficio me fubterraneis longe praeftare, fed dolebam fimul,
ob iftam corporis praeftantiam, ad vile et
abiectum minifterium profcriptum iri.
Vellem me, dixi, *eodem pedum vitio, quo*
fubterranei laborare; cum hoc folo defectu
euitarem deftinatum mihi feruile et ignobile
munus.

munus. Quo audito, Dux noſter: *ſi bac,* ait, *corporis praeſtantia natura non quodammodo compenſaſſet animi tui defectus, tanquam inutile terrae pondus te omnes intueremur; Ob ingenii enim velocitatem ſola rerum putamina, non nucleos vides; & cum duo tantum rami tibi ſint, in quouis opere manuario ſubterraneis longe inferior es.* Haec omnia cum audiuerim, gratias Deo egi ob pedum praeſtantiam, cum absque hac virtute me inter creaturas rationales locum vix habiturum viderem.

Iter faciens non ſine admiratione videbam, incolas labori adeo intentos, vt ad adſpectum praetereuntium, quamquam inſolitum eſſet ſpectaculum, nemo labores intermitteret, aut lumina circumferre dignaretur. At finito die, laboribus ſolitis defuncti, ludis ac omnimodis animi remiſſionibus vacant, conniuente ſummo Magiſtratu, qui ludos hos corporum ac animorum fulturas exiſtimans, creaturas iudicat, iisdem non minus ali, quam cibo et potu. His et aliis de cauſis iter hoc ſumma cum animi voluptate confeci. Regionis forma pulcherrima eſt. Imaginare amphitheatrum aliquod, et quale ſola rerum natura poſſit effingere. Vbi natura

tura minus prodiga fuerat, fuppleta omnia erant arte incolarum, qui, pofi- tis a Magiftratu praemiis, ad rufticos la- bores et agros colendos ornandosque acue- bantur, qui vero agrum fordefcere pati- ebatur, aerarius fiebat. Peragrauimus multos fpectabiles vicos, qui ob frequen- tiam, vnius perpetuae et contiguae vrbis confpectum dant, vnamque faciem longe lateque contexunt. Infeftabamur tamen nonnihil a fimiis quibusdam fylueftribus, quae viis paffim inerrantes, me, quem ob affinitatem formae gentilitium credebant, crebris affultibus vellicabant. Hinc iram et indignationem fupprimere non pote- ram, maxime cum viderem, fcenam hanc rifus materiam arboribus dare: nam ad aulam ducebar, cum ita iufferat Princeps, eodem habitu, quo in planetam hunc de- latus fueram, harpagonem fcilicet dextra tenens, quo perfpiceret, qualis effet or- bis noftri ornatus, et quo apparatu huc primum appuliffem. Et commode tunc ad manum erat harpago, quo fimias caterua- tim ingruentes in fugam mittere conabar, quamuis fruftra; nam in fugientium locum plures fuccefferunt, adeo, vt quouis momen- to gradum praeliantis componere cogerer.

CAP.

* *

CAPVT IV.

AVLA PRINCIPIS
POTVANI.

Tandem ad vrbem regiam *Potu* ventum
eſt. Magnifica quidem ac ſpecioſa
vrbs eſt. Ædificia ibi porrectiora ſunt
Kebanis, ſtrataque magis patula et com-
modiora. Primum, ad quod delati ſu-
mus, forum ingenti mercatorum copia
erat frequens, artificumque et opificum
tabernis vndique cinctum. Videbam attonitus in medio fori noxium quendam,
collo in laqueum inſerto ſtantem, et ingenti grauiſſimarum arborum corona,
quae ſpeciem ſenatus praebuit, circumda-
tum. Quaerenti mihi, quid rei eſſet, ac
quam ob noxam ſuſpendium meruiſſet
in primis cum nullum crimen in his terris ſit capitale? reſpondetur, reum hunc
eſſe nouatorem (Proiect-Macher) qui
abrogationem veteris cuiusdam conſuetu-
dinis ſuaſerat, circumſtantes eſſe iure-
conſultos et ſenatores, qui nouum commentum more ſolito examinarent, ita vt, ſi bene

D　　　　　　dige-

digeftum, ac reipublicae falutare depre-
henfum foret, reus non modo abfoluen-
dus, fed et remunerandus effet; fi vero
damnofum publico, aut fi nouator ad
propriuм commodum ifta legis antiquatione collineare videretur, gula eiusdem,
vti reipublicae perturbatoris, mox laqueo
frangeretur. Et haec eft caufa, cur pauci
hanc aleam iacere, aut legis cuiusdam
abrogationem fuadere audeant, nifi res
adeo aequa fit ac liquida, vt de fucceffu
dubitari nequeat. Adeo exiftimant fubterranei, feruandas effe leges veteres, et
maiorum inftituta in honore habenda;
credunt quippe nutare rempublicam, fi
ad cuiusuis libidinem mutentur aut anti-
quentur. Tunc ego mecum: „Hei! quid
„ de nouatoribus noftri orbis hic fieret,
„ qui fub fpecie publicae vtilitatis quoti-
„die nouas meditantur leges, non ftatui
„publico, fed priuatis quaeftibus ancil-
„lantes.

Tandem in fpatiofam domum intro-
ducimur, folitum iis receptaculum, qui
e feminariis totius Principatus emanci-
pantur. Ex eadem domo educuntur Principi fiftendi. Dux nofter, fiue *Karatti,*
accin-

accinctos nos ſtare iubet, dum digredia-
tur, aduentum noſtrum Principi nuncia-
turus. Vix egreſſus erat ille, cum ingens
aures noſtras ferit clamor, qualis triumphantium eſſe ſolet, mox tibiarum ſonitu
ac tympanorum ſtrepitu omnia perſona-
bant. Excitati ad hunc ſtrepitum, et foras egreſſi, conſpicamur arborem quandam, magnifico comitatu incedentem,
coronaque e floribus contexta redimitam,
moxque patuit, eundem eſſe ciuem, quem
collo in laqueum inſerto ſtantem nuper
in foro videramus. Cauſa triumphi erat
approbatio legis, quam capitis periculo
ſuaſerat. At quibus argumentis veterem
ille legem impugnauerit, non mihi innotuit, nec vllo modo ad notitiam meam
peruenire potuit ob taciturnitatem incolarum, qua fit, vt minima res, quae ad
ſtatum publicum pertinct, aut in Senatu
peragitur, plebem lateat; aliter ac fieri
ſolet apud nos, vbi Senatusconſulta et
conſiliorum concluſa in cauponis ac triuiis
poſtridie narrantur, diſcutiuntur, notantur. Poſt vnius horae intercapedinem
reuertitur *Karatti*, nosque omnes ſequi ſe
iubet. Dicto nos audientes ducem ſequi-

mur.

mur. In itinere noſtro paſſim occurrebant arbuſculae, quae venales offerebant impreſſos de rebus curioſis ac memorabilibus libellos. In iſta libellorum farragine conſpicabar forte opuſculum, cui titulus erat: *De nouo et inſolito Phaenomeno*, *ſiue Dracone volante*, *qui anno ſuperiore apparuit*. Videbam me ipſum, qualis eram, cum circa planetam cum harpagone et fyrmate funis volutarer, aeri inciſum. Vix riſum eo aſpectu continere poteram, et tacite mecum dicebam:

Hei qualis facies, et quali digna tabella!

Empto tamen libro tribus *Kilac*, qui duobus ſolidis noſtrae monetae aequiparari poſſunt, riſum compreſſi, iter tacite perſecutus ad regiam. Hanc ars potius ac nitor commendant, quam atria

- - - - *Regali ſplendida luxu*
Aut picturata lucentia marmora vena.

Paucos tantum conſpicabar aulicos ſiue apparitores; nam temperantia Principum omne, quod ſuperfluum eſt, proſcribit. Nec opus hic eſt tot miniſtris, quot poſcunt aulae noſtri orbis; nam quot rami his arboribus erant, tot brachia, adeo vt
labo-

labores manuarii, ac ministeria oeconomi-
ca triplo vel quadruplo citius expediri
possint.

Hora prandii erat, cum aulam Principis intrauimus. Et cum seorsum mecum
loqui desiderauerat Serenitas sua, antequam accumberet, solus in diaetam intromittor. Erat in hoc Principe insignis
clementiae ac grauitatis mixtura. Tanta
eiusdam erat constantia, vt serenitas oris
vultusque nulla aegritudine posset obnu-
bilari. Viso Principe, in genua mox
procubui. At ad adorationem hanc stupebant circumstantes, et cum causam,
cur genua flecterem, roganti Principi in-
dicassem, surgere me iussit, dicens, talem
cultum soli Numini deberi: addit porro,
sola obedientia, labore ac industria hic
fauorem Principis obtineri. Postquam
surrexeram, variae mihi quaestiones da-
tae; et primum

> *Qua veniam, caufamque viae nomenque*
> > *rogatus*
> *Et patriam: Patria est, respondeo, gran-*
> > *dior orbis,*
> *Klimius est nomen; veni nec puppe per*
> > *vndas,*

Nec

Nec pede per terras; patuit mibi peruius
aether.

Pergit ille quaerere de rebus, quae in itinere euenerant, de noftri orbis moribus
ac fcitis. Pathetice tunc expofui hominum virtutes, ingenia, vrbanos mores &
alia, quibus genus humanum maxime fu-
perbire folet. Sed narrationem hanc frigide excepit, ac ad nonnulla, quae maximam admirationem mea opinione ciere
debuiffent, ofcitauit. Tunc ego mecum:
Hei! quam varii funt mortalium guftus! quae
nos maxime afficiunt, hifce naufeam mouent.
Maxime vero aures Principis offendere
videbam id, quod de modo procedendi
in iure, de aduocatorum noftrorum eloquentia, et de iudicum in fententia dicenda celeritate expofui. Conabar hoc
paulo explicatius reddere, fed loquentem
interpellans ad alia digreffus eft, tandemque de cultu ac religione noftra fcifcitari
coepit Explicui tunc breuiter omnes
fidei articulos, ad quorum recitationem
nonnihil ex rugis remifit, teftans, vnicuique fe haud inuitum fubfcribere poffe,
tantum miratur, gentis iudicii expertae
fana adeo de Deo eiusdemque cultu effe
prin-

principia. At cum mox audiret, chrifti-
anos in fectas innumeras effe diuifos, ac
ob iftam in fide difcrepantiam in propria
vifcera armari: „Apud nos, ait, etiam „
variae de rebus ad cultum diuinum per- „
tinentibus funt diffentientes fententiae; „
at alter alterum proinde non perfequitur. „
Nam omnis perfecutio ob res theoreticas,
aut errores, e fola perceptionis varietate „
orientes, non nifi a faftu oritur, cum „
alter altero perfpicaciorem fe ftolide au- „
tumat: qui faftus vix placere poterit „
Deo, modeftiae ac humilitatis commen- „
datori. Nemini, ait, qui bona fide in „
theoreticis a recepta opinione aberrat, „
circulos iudicii turbamus, modo in pra- „
cticis, quae cultum Numinis fpectant, „
confentiat, ac in eo veftigia premimus „
decefforum noftrorum, qui inhumanum „
exiftimarunt, iudiciis creaturarum com- „
pedes iniicere, ac in confcientias domi- „
nari. Huius quoque regulae obferuan- „
tiam in rebus politicis folicite commen- „
damus, ita, fi fubditorum variae fint „
opiniones de corporis noftri forma, de „
vitae genere, de oeconomia, et id genus „
aliis, iidem vero agnofcant me legitimum „

D 4   Prin-„

„Principem , cui obfequium debetur,
„cunctos exiftimo bonos effe ciues.‘‘
Refpondebam ad haec : *Sereniffime Princeps ! iftud apud nos dicitur Syncretismus,
maximeque a literatis noftris improbatur.*
Non dedit mihi fpatium plura loquendi;
nam fubiratus mox abiit, iubens vt ma-
nerem, donec prandium finitum effet.

, Ad menfam fedebant ipfe Princeps
cum fereniffima eiusdem coniuge, item
Filius Principis cum magno Cancellario
fiue *Kadoki.* Idem *Kadoki* ob morum vrbanitatem ac prudentiam circumfpectam
maximi inter *Potuanos* nominis erat. Per
integros viginti annos nullam in fenatu
fententiam tulerat, cui caeteri non fuffra-
gati erant, nihil in rebus publicis ftatue-
rat, quod non inconcuffum fteterat, di-
ctaque eius totidem erant axiomata. At
perceptionis adeo tardae fimul erat, vt ad
minimum edictum concipiendum 14 dierum fpatium ftipulari foleret. Hinc fi
in noftrum orbem delatus foret, vbi cunctatio omnis defidiae ac ignauiae nomen
accipere folet, parum idoneus rebus alicuius ponderis effet iudicandus. At, cum
quicquid perciperet, penitus perfpiceret,
nihil-

nihilque, nifi praeuio ac graui examine
adhibito ftatueret, dici poterat plura fe-
ciffe, quam decem ex iis, qui prompte et
celeriter negotia obeunt, ac vulgo magna ingenia dicuntur, quorum acta refor-
mari, mutari ac limam faepius fubire folent, adeo vt, tempore minifterii exacto,
nihil non tentatum, fed nihil fimul pera-
ctum cernere liceat. Inter apophtheg-
mata igitur aulae huius infigne eft iftud,
nempe eos, qui prompte nimis munera
obeunt, comparari poffe cum otiofis am-
bulatoribus, qui progrediendo, retroë-
undo eandem femitam terunt, mouendo-
que nihil promouent.

Poftquam accubuerat tota fereniffima
Domus, intrat virgo octo ramorum cum
totidem patinis et orbibus, adeo vt mo-
mento citius tota quadra ferculis inftrua-
tur. Secuta mox alia arbor cum octo la-
genis diuerfi generis mufto aut fucco im-
pletis. Huic erant nouem rami, quocirca minifteriis domefticis aut oeconomicis
aptiffima iudicabatur. Sic a duabus folis
miniftris, commode peragitur id, quod
ab integris miniftrantium cohortibus effici nequit in aulis terreftribus. Eadem,

D 5 qua

qua appofita erant, dexteritate fercula etiam auferuntur. Prandium frugi erat,
fed fimul nitidum. Ex appofitis ferculis
vno tantum, quod maxime ad palatum
erat, vfus eft Princeps; aliter ac diuites noftri orbis, qui lautam negant coenam, nifi ablatae patinae alia melior atque amplior fuccenturietur. Dum pran-
debant, varii de virtutibus ac vitiis, item
de rebus politicis fermones ferebantur,
adeo vt voluptates ftudiis condirentur.
Mei quoque mentio identidem facta eft,
quem ob celeritatem apprehenfionis credebant lignum effe, e quo vix Mercurius
fieri poffet.

Poftquam exempta fames epulis, men-
faeque remotae,
teftimonium meum exhibere iubeor.
Quo perlecto, in pedes meos oculos
coniiciens Princeps, recte ait iudicaffe *Karattos*, et fieri ita debere. Hoc
refponfo tanquam fulmine percuffus,
manantibus vbertim lacrimis, petebam
reuifionem actorum, cum, virtutibus
meis et ingenii dotibus penitius examinatis, longe clementius fperarem iudicium. Princeps, vt erat clemens ac
aequus,

aequus, ob moleſtum et inſolitum hoc
poſtulatum, mihi non ſuccenſens, nouum
et cupidius examen praeſenti *Karatto* in-
iungit. Durante hoc tentamine, paulum
ſeces ſit, caetera perlecturus teſtimonia.
Digreſſo Principe, *Karatti* nouas mihi
quaeſtiones propoſuit ſoluendas. Reſpondebam ego ſolita mea celeritate, quam
miratus ille: *Celeriter quidem*, ait, *rem ca-
pis, ſed iugulum rei non arripis; indicant
enim ſolutiones tuae, quaeſtionem potius prompte perceptam, quam recte perſpectam.* Finito tentamine, principis diaetam intrat,
moxque reuertitur cum ſententia huius
tenoris: male me ac imprudenter feciſſe
reuocando in dubium *Karattorum* iudicium, ideoque eam me poenam incurriſſe,
quam temere calumniantibus dictitat legis ſpatii quarti maioris ſpatium tertium
minus (per ſpatia maiora et minora, ſiue
Skibal et *Kibal* intelligunt libros et capita)
ac meruiſſe me venae ſectionem more maiorum pati ambobus meis ramis ſiue brachiis, ac ergaſtulo publico includi. Verba Legis libr. 4. cap. 3. de Calumniis haec
ſunt: *Spik. autri. Flak. Skak. mak. Tabu
Mibalatti Silac.* At quamuis euidens ſit
ver-

verborum fenfus, et fanctio legis nullam
exceptionem patiatur, decreuiffe tamen
Serenitatem fuam grauiffimum hoc deli-
ctum peculiari gratia, qua ob animi prae-
cocis vitium, qua ob ignorantiam legis
mihi ignofcere, cum peregrino et nouo
hofpiti noxa absque legis violatione re-
mitti quodammodo poffet. Tandem, vt
eo maiorem in me teftaretur fauorem ac
beneuolentiam, locum mihi dediffe inter
curfores aulicos ordinarios, quo fauore ac-
quiescere me debere.

Hac dicta fententia, arceffitur *Kiua*
fiue fecretarius, qui me cum caeteris nuper aduenientibus candidatis in album pro-
mouendorum inferret. Idem fecretarius
vir erat egregiae formae, vndecim fcilicet ramorum, ideoque vndecim fimul
epiftolas eadem, qua nos facilitate vnam
folam fcribimus, exarare poterat; mediocris tamen iudicii erat, quam ob caufam
ad maiora afcendere nequiret, fed in eodem officio, quod triginta fere annos ex-
ercuerat, confenefcere cogeretur. Is vir
erat, quocum poftea coniunctiffimus viuebam, quemque maxime colere debe-
bam, cum copias edictorum aut epiftolas
fcri-

fcriberet, quas curfor ego per prouincias
diffeminarem. Obfupui faepe, cum viderem, qua dexteritate fpartam impleret,
cum haud raro vndecim exemplaria eodem tempore fcriberet, iisdemque fimul
totidem figilla imprimeret. Igitur inter
res maxime profperas in familiis numerantur partus multorum ramorum. Hinc
mulieres puerperae, poftquam foetus feliciter funt enixae, vicinis notum facere
folent, quot ramis in lucem prodierint
infantes. Fama hic erat, patrem fecreta-
rii noftri duodecim ramos habuiffe, totumque eius genus pluralitate ramorum
prae aliis celebre. Accepto meo diploma-
te, cum inter curfores Principis ordinarios receptus fuiffem, cubitum iui; fed,
licet valde feffa effent membra, maximam tamen noctis partem pervigil oculos
fruftra in fomnum orabam. Nam animo
continue oberrauit ignobile, ad quod
damnatus eram, minifterium, et indecorum ac turpe videbatur Minifterii Candidato ac Baccalaureo magni orbis, vilem
agere curforem fubterraneum. In trifti
ifta imagine magnam noctis partem vigil
exegi, et in hoc aeftu legebam et relege-
bam

bam testimonium meum academicum,
quod mecum alportaueram (nam antea
notaui diem ac noctem hic parum differ-
re). Tandem his curis et cogitationibus
feffum altus fopor oppreffit. Variae tunc
quiefcenti occurrebant imagines. Vide-
bar in patriam redux, popularibus, quae
in itinere fubterraneo acciderant, ad ra-
uim vsque exponere: mox aëriam nauigationem mihi fingens, cum toruo aliterem
habebam, qui tantum mihi negotium fa-
ceffebat, vt fomnus praelianti tandem excuteretur. At euigilans cum horrore confpicabar lecto adftantem eximiae magnitudinis fimiam, quae per ianuam cubiculi, non
fatis folicite claufam intrauerat, ac in cubile irrepferat. Iftud improuifum phaenomenon tantum mihi terrorem incuffit, vt
ingenti vociferatione, qua tota camera ex-
fonuit, auxilium implorarem. Excitatae
hoc ftrepitu arbufculae quaedam, quae in
cubiculis meo contiguis cubabant, intrant, luctanti mihi cum fimia in auxilium veniunt, foedumque iftud animal foras eiiciunt. Audiui, mox fabulam hanc
Principi largam rifus materiam praebuiffe.
At, ne in eundem cafum faepius reciderem,

iuffit

·iuffit illico me more fubterraneo veftiri, ramisque exornari. Veftes vero Europaeae, quas adhuc portaueram, mihi ademptae, ob infolentiam fufpenfae fuere in cimelio Principis cum hoc epigrammate: CVLTVS CREATVRAE SVPERTERRANEAE. Hinc ego mecum: „Quid fi fartori Ber-„ genfi Iano Andreae veftium harum for-„ matori innotefceret, opificia fua inter„ cimelii fubterranei rariora afferuari?„ faftu fine dubio intumefceret, vixque„ pofthac ipfis confulibus aut vrbis cen-„ turionibus cederet.„

Poft hunc cafum reliquum noctis infomne egi vsque ad folis ortum. Tunc furgenti affertur diploma, quo curforis minifterium mihi iniunctum fuerat. Innumera mox dabantur negotia peragenda, perpetuumque eram mobile, ad vrbes minores ac maiores edicta ac literas publicas perferens. In hifce expeditionibus meis indolem huius gentis curiofius fcrutatus, miram in plerisque detegebam vrbanitatem ac raram fapientiam. Soli incolae ciuitatis *Mabolki*, qui omnes vepres funt, parum culti ac morati mihi videbantur. Quaeuis enim prouincia fuis peculi-

culiaribus gaudet arboribus fiue incolis;
id quod maxime patet e gente ruftica fiue
agricolis, qui omnes indigenae funt: Nam
in magnis ciuitatibus, praefertim in vrbe
regia, colluuies erat omnium arborum.
Creuit ifta, quam de prudentia incolarum
huius principatus conceperam, opinio,
prout virtutes eorum penitius infpiciendi
data eft copia. Leges et confuetudines,
quas maxime improbaueram, maxime
mox ob aequitatem ac iuftitiam laudabam,
verfo in admirationem contemptu. Haud
difficile mihi foret integrum exhibere indicem rerum ac confuetudinum, quae leuiter intuenti ftultae, curiofius vero ri-
manti folidae ac prudentes vifae funt. E
fexcentis vnum tantum afferam exemplum,
quod characterem huius gentis graphice
exprimit. Rectoratum fcholae cuiusdam
cum ambiret Philologiae ftudiofus, peti-
tio eiusdem tali munita erat commendatione: teftabantur nempe ciues vrbis *Na-
bami*, candidatum in coniugio cum lafci-
ua ac infida vxore integros quatuor annos
placide vixiffe, ac cornua fua patienter
geffiffe. Teftimonium his fere verbis
conceptum erat:

                                Cum

Cum teftimonium vitae et morum
a tribulibus petierit doctus ac veneran-
dus vir *Iocthan Hu*, teftamur nos ciues
habitantes in vico fiue regione vrbis,
Pofko, integrum quadriennium eundem
in matrimonio cum infida coniuge absque vllo ftrepitu vixiffe, cornua fua patienter geffiffe, ac tanta moderatione,
animi iftud malum pertuliffe, vt digniffi-
mum fcholae vacantis Rectorem, modo ftudia moribus refpondeant, fore,
ominemur. Datum die decimo menfis,
Palmae 3000*mo* anno poft magnum Di-
luuium.„

Ifti tribulium commendationi anne-
xum erat teftimonium a feminarii *Karát-
tis* de doctrina ac ftudiis eiusdem, quod
magis ad rem facere videbatur; nam
quodnam effet meritum cornuti ludimagiftri prae aliis Doctoribus, haud facile
capiebam. At paradoxi huius teftimonii
hic erat fenfus: Inter virtutes, quae Doctorem maxime commendant, eft mode-
ratio; namque hic, nifi ferrea praeditus
fit patientia, cum toto eruditionis fuae
apparatu parum aptus erit muneri fchola-
ftico, quod absque feueritate ac iracun-

E   dia

dia fit exercendum, ne intempeftiuis fuis
caftigationibus iuuenum animi exafpe-
rentur. Iam cum maius moderationis
exemplum vix dari poteft ifta, qua infigne adeo malum domefticum pertulerat
candidatus, ita vicini fupplicantis non
dubitarunt huic maxime argumento in-
fiftere, vt exinde euincerent, quid fibi
'polliceri poffent a ludimagiftro, hac virtute inter alios confpicuo. Dicitur ad
infolitam hanc commendationem impenfe
rififfe Principem; at cum non plane ab-
furdam iudicauerit, in petitorem vacantem contulit Rectoratum : et conftat,
fpartam hanc tanta dexteritate eundem
impleffe, ac tyrones moderatione et clementia adeo fibi deuinxiffe, vt potius
tanquam parentem, quam fcholae moderatorem, eundem intuerentur, tantoque in
literas fub ephoro adeo miti ac moderato
ferebantur ftudio, vt paucae in toto principatu hodie dentur fcholae, e quibus tot
praeclarae, eruditae ac bene moratae arbores quotannis dimittuntur.

Quoniam quadriennii tempore, quo
minifterium curforis obibam, occafionem
nactus fum fcrutandi tam ingenium huius
terrae,

terrae, quam indolem ac mores gentis,
eiusdem politiam, facra, leges ac ftudia,
legentibus fpero non ingratum fore, fi,
quae fparfim in hoc opere reperiuntur,
hic vno veluti fafce complectar.

* * * * * * * * * * * * * * * * * * *

CAPVT V.

NATVRA TERRAE PO-
TVANAE ET GENTIS
INDOLES.

Principatus *Potuanus* terminis admodum
exiguis clauditur, ac modicam tantum
partem huius globi perreptat.   Totus globus *Nazar* dictus in circuitu vix ducenta
milliaria germanica complectitur.   Poteft
commode circumiri a quouis viatore absque itineris duce ; nam vna eft vbique
eademque lingua, licet a reliquis rebuspublicis ac principatibus, fcitis ac moribus
valde differant *Potuani*.   Et velut in orbe
noftro Europaei inter alias gentes emi-
nent, ita hi, fcilicet Potuani, inter reliquos huius globi incolas, virtute ac prudentia maxime funt confpicui.   Itinera

E 2   paffim

paſſim lapidibus diſtinguuntur, qui milliaria notant, et aut manus habent por-
rectas, aut alia ſigna, quae ad quamuis
vrbem ac vicum ſemitas monſtrant. Totus principatus vicis ac ſplendidis vrbibus
frequens eſt. Illud ſane memorabile et
admiratione dignum eſt, quod cuncti huius globi incolae eadem lingua loquantur,
quamuis ſingulae gentes ſorte, moribus,
ſcitis ac ingenii dotibus, ita diſcrepent, vt
orbis hic maxime perſpicuam exhibeat
imaginem varietatum, quibus laetatur natura, eoque intuitu viatores non tam
afficit, quam percellit, ac in ecſtaſin paene
coniicit.

Dirimuntur terrae aquis tam maioribus quam minoribus, quas ſecant naues,
remis, virtute quaſi magica impulſae;
nam non lacertis, vti noſtrae, ſed machinis, automatorum inſtar, aguntur.
Machinarum harum indolem et artificium
definire nequeo, cum in matheſi parum
verſatus ſim: huc adde, quod arbores hae
tanta ſubtilitate omnia comminiſcantur,
vt nemo, niſi Argo ſit oculatior, et diuino
paene acumine praeditus, artificium detegere queat. Globus, inſtar terrae noſtrae,

ftrae, triplici gaudet motu, adeo vt tempora hic, non fecus ac apud nos, noƈte,
die, aeftate, autumno, hieme ac vere
diftinguantur, locique fub polorum car-
dinibus fiti caeteris fint frigidiores. At
quod ad lumen attinet, parum eft difcri-
minis inter noƈtes diesque, ob caufas,
quas nuper expofui. Et dici poteft nox
quodammodo gratior die; nam nihil fingi
poteft fplendidius lumine ifto, quod a
fole receptum in planetam hunc reflettit
ac reuerberat hemifphaerium fiue compa-
ƈtum firmamentum, fpeciem contiguae
et immenfae lunae longe lateque conte-
xens. Incolae conftant e diuerfi generis
arboribus, velut quercubus, tiliis, populis, palmis, vepribus etc. vnde nomina
fortiuntur fedecim menfes, in quos annus fubterraneus defcribitur. Nam quouis decimo fexto menfe ad fedis fuae
principia regreditur *Nazar*, non tamen
ftato die, idque ob motum inaequalem;
quippe non fecus ac luna noftra multifor-
mi ambage ingenia torquet eorum, qui
firmamentum inhabitant. Annorum epo-
chae funt variae, et figuntur a rebus maxime memorabilibus, in primis ab ingenti

E 3　　　　come-

cometa, qui ter mille abhinc annis dilu-
uium vniuerfale creditur excitaffe, quo
fubmerfum fuit totum arboreum genus
cum caeteris animantibus, exceptis tantum paucis, qui in collibus ac montium
cacuminibus commune naufragium effu-
gerunt, et ex quibus praefentes incolae
defcendunt. Terra frugum, herbarum
ac leguminum feraciffima, eosdem fere
omnes producit fructus, quos gignit Europa noftra: auenam tamen non patitur,
nec opus ea eft, cum equos hic globus
non ferat. Maria ac lacus pretiofos pifces
fuggerunt, ac litora ripasque ornant varietate gratiffima nunc continua nunc in-
termiffa villarum tecta. Succus, quem
bibunt, e certis elicitur herbis, quae
cunctis anni tempeftatibus virent. Succi
huius venditores vulgo dicuntur *Minhal-*
pi, id eft, herbicoctores, qui in quauis
ciuitate ad certum numerum reftringun-
tur, quique foli gaudent priuilegio herbas
coquendi. Qui hoc priuilegio donati
funt, ab omni alio minifterio, quaeftu ac
opere manuario abftinere iubentur. In
primis cautum eft, ne ii, qui in officiis
funt, et publicis ftipendiis fruuntur, hos
quae-

quaeftus exerceant; quoniam hi ob auctoritatem, qua in ciuitate pollent, omnes
attrahant emptores, ac ob alia, quibus
fruuntur, emolumenta res viliori pretio
vendere queant, vti faepe fieri cernimus
in orbe noftro, vbi officiales ac ftipendia-
rii his mediis, aliorum opificum ac mercatorum coriis breui ditefcunt.

Incolarum multitudinem mire pro-
mouet lex falutaris de procreanda fobole.
Nam, pro numero liberorum, augentur aut
minuuntur beneficia aut immunitates.
Et qui fex liberorum pater eft, tributis
tam ordinariis quam extraordinariis exi-
mitur. Hinc procreatio fobolis et copia
liberorum hic non minus falubris cenfetur, quam in noftro orbe, vbi capitibus
liberorum imponi folet tributum, incommoda fit ac damnofa. Nemo in hoc orbe
duo fimul munera exercet, credunt nempe, minimam occupationem totum pofcere
virum. Hanc ob caufam, pace dicam
incolarum noftri orbis, munera rectius et
melius adminiftrantur, quam apud nos.
Sancta adeo eft huius legis obferuantia,
vt Medicus non in totam medicinam fe
diffundat, fed vnius tantum morbi natu-

E 4 ram

ram folicite fcrutetur; Muficus vni foli
inftrumento operam det: aliter ac in orbe
noftro, vbi varietate officiorum humani-
tas infringitur, morofitas augetur, munera negliguntur, et nusquam folemus
effe, quia vbique. Ita Medicus, dum
morbis corporis humani ac vitiis reipublicae fimul medeatur, labitur in vtroque.
Ita a mufico, fi citharoedum ac fenato-
rem fimul agit, non nifi diffonantia funt
exfpectanda. Admiratione nos illos pro-
fequimur, qui varia fimul officia obire
non verentur, qui maximi momenti rebus
vltro fe ingerunt, ac nulli officio fe im-
pares exiftimant. At fola eft audacia, ac
virium propriarum ignorantia, quam ftulte admiramur; quippe, fi negotiorum
pondera ipfis effent perfpecta, fique mo-
dulum virium nofcerent, oblatos vltro
fafces remitterent, ac ad folum nomen
tremerent. Nemo igitur hic inuita Minerua aliquid fufcipit. Memini de hoc
praecepto differtantem me audire illuftrem
Philofophum *Rakbafi*, et quidem hunc in
modum: „Suum quisque nofcat ingeni-
„um, acremque fe et vitiorum et bono-
„rum fuorum iudicem praebeat, ne fce-
nici

nici plus, quam nos, videantur habere „
prudentiae; illi enim non optimas sed „
fibi accommodatiffimas fabulas eligunt. „
An hiftrio hoc videbit in fcena, quod „
fapiens non videbit in vita? „

Incolae huius principatus in nobiles
et plebeios non funt diuifi. Obtinuit quidem olim haec ordinum diftinctio. At,
cum obferuauerint Principes, exinde femina difcordiarum fpargi, omnem, quae
natiuitatem fequitur praerogatiuam, prudenter fuftulerunt, adeo, vt e fola virtute,
muneribus et occupationibus aeftimentur
arbores; id quod alibi explicatius reddam.
Sola, quae natiuitatem comitatur, prae-
eminentia confiftit in ramorum multitudine; nam pro eorundem copia aut defectu nobilior aut ignobilior cenfetur foetus, quoniam copia ramorum arboribus
habilitatem ad opera manuaria conciliat.
De ingenio ac moribus gentis non pauca
in anteceffum fparfim attuli; quocirca
remiffo ad ea, quae fuperius dicta funt,
lectore, fectionem hanc claudo, ad
alia progreffurus.

     CAP.

* *

CAPVT VI.
DE RELIGIONE GENTIS
POTVANAE.

Syftema religionis *Potuanae* paucis ab-
foluitur capitibus, et continet breuem fidei confeffionem, quae Symbolo
noftro Apoftolico paulo extenfior eft.
Prohibitum hic eft, fub poena relegationis
ad firmamentum, in libros facros commentari. Et, fi quis difputare audeat de
effentia et attributis Dei, de fpirituum et
animarum qualitatibus, ad venae fectionem damnatur, ac in nofocomium vrbis
publicum truditur. Nam ftultum aiunt
ea defcribere ac definire velle, ad quae ca-
ligat mens noftra, non minus quam oculi
noctuae ad lumen folis. Confentiunt
omnes in colendo fummo aliquo ente,
cuius omnipotentia cuncta funt creata, et
cuius prouidentia eadem conferuantur.
Si hunc cultum excipias, nemini ob diffentientes fententias, modum cultus fpe-
ctantes, moleftia exhibetur; tantum illi,
qui palam impugnant religionem legibus
fanci-

sancitam, vt pacis publicae turbatores puniuntur. Hinc liberum mihi erat religionis exercitium, et a nemine eo nomine
infeftabar. Preces *Potuanorum* rarae funt,
fed admodum ardentes, adeo, vt orantes,
quamdiu durant preces, quafi in ecftaſſ
effe videantur. Hinc cum narrarem, precari nos ac hymnos facros canere minifteriis oeconomicis ac operibus manuariis
occupatos, vitio id nobis vertebant Potuani, dicentes, Principem terreftrem aegre laturum, fi quem videret fuppliciter
cum petitione fe accedentem, ac fimul in
praefentia fua veftes verrentem aut capillos crifpantem. Nec magis ad palatum
illis erant hymni noftri facri; exiftima-
bant nempe, ridiculum effe muficis modulis dolorem et poenitentiam exprimere,
cum lacrimis et fufpiriis, non modulis, tibiis ac tubis ira Dei flectitur. Haec et
alia audiebam non fine indignatione, praefertim cum beatus parens meus Cantor
olim Ecclefiae diuerfos hymnos, qui hodie-
que celebrantur, modulis muficis aptaue-
rat, ipfeque vacantem quendam Cantora-
tum ambire decreueram. Sed iram fupprimere conabar: nam fubterranei noftri
anto

tanto acumine opiniones tuentur, et adeo
fpeciofe omnia exponunt, vt errores eorum vel maxime euidentes refellere in pro-
cliui non fit. Sunt et aliae circa facra opiniones, quas eadem arte et fub eadem veritatis fpecie propugnant. Ita cum nonnullis eorum, quibuscum familiariter viuebam, faepe indicaffem, nullam illis,
quippe in tenebris verfantibus, effe poft
mortem fperandam falutem, refpondebant, feuere damnantem alios maximum
damnationis periculum incurrere. Nam
damnatio aliorum ex arrogantia plerumque nafcitur, quam odit et in creaturis
improbat Deus, humilitatis maximus com-
mendator: aliorum iudicia damnare, et
diffentientes ad fuas opiniones vi adigere,
idem effe, ac fibi folis omne rationis lumen arrogare; id quod ftultorum eft, cum
folos hi fe fapere credant. Porro cum femel
opinionem quandam probaturus confcientiae meae fidem difputanti opponerem,
laudat argumentum aduerfarius, iubetque,
pergerem confcientiae meae teftimonium
fequi; id quod fe ipfum quoque femper
facturum pollicetur; ita enim, vnoquo-
que in controuerfiis confcientiae dictamen

men sequente, cessaturas omnes lites, et omnem disputandi materiam praeciden-dam. Inter alios errores, quos tueban-tur huius principatus incolae, erant se-quentes. Non quidem negabant, bona opera remunerari, ac mala a Deo puniri; sed non nisi in altera vita iustitiam istam in praemiorum ac poenarum distributio-ne exercendam iudicabant. Afferrebam ego varia eorum exempla, qui ob scelera et iniquitatem in hac vita poenas subie-runt; at illi totidem allegabant opposita sceleftiffimarum scilicet arborum, quae impiae simul ac summe felices vsque ad obitum fuerunt: quoties, aiebant, cum aduerfariis congredimur, e vitae commu-nis pharetra sola ea tela desumimus, ac ad ea sola exempla attendimus, quae in vsum noftrum funt, ac quae thefes noftras cor-roborant, neglectis ac praetermiffis iis, quae iisdem aduersantur. Adduxi ego proprium exemplum, monftrando non paucos, qui vim ac iniuriam mihi attule-runt, exitum funeftum habuisse: regere-bant ii, e philautia haec omnia proficisci, dum crederem, me in oculis Dei maiorem ac praeftantiorem esse aliis, qui, licet gra-uiffimas

uiffimas immerito iniurias paffi funt, per-
fecutores tamen fuos in perpetua felicitate vsque ad obitum confenefcentes viderunt. Porro, cum femel commendarem
preces Deo quotidie faciendas, refpondebant, nec fe quidem precum neceffitatem
negare, fed perfuafum fibi effe, pietatem
et verum cultum maxime in obferuantia
legis diuinae confiftere. Haec vt pro-
barent, a Principe vel legislatore tale argumentum mutuabantur; Princeps dupli-
cibus imperat fubditis; nonnulli quotidie peccant, ac mandata eiusdem fiue infir-
mitate animi, fiue malitia aut contumacia
transgrediuntur: at in atrio Principis hi
perpetuo cum fupplicationibus ac depreca-
tionibus verfantur, petentes veniam criminum mox renouandorum. Alii vero
raro et non nifi rogati in aulam veniunt,
fed domi femper manentes, mandata Principis fideliter ac ftrenue exfequuntur, le-
gisque obferuantia perpetua monftrant
Principi debitam obedientiam. Quis du-
bitet, quin hos amore fuo dignos iudicet;
illos vero tanquam malos, inertes ac fimul moleftos fubditos, intueatur, idque
refpectu qua transgreffionum, qua crebra-
rum petitionum? Hifce

Hifce et aliis difputationibus faepius exercebar, quamuis absque fucceffu; nam neminem in fententiam meam pertrahere valebam. Hinc omiffis caeteris religionis controuerfiis, pergam exponere dogmata eorum generalia et notatu maxime digna, iudicio legentium relinquens, cretane an carbone fint notanda.

Credunt *Potuani* vnum Deum, omnipotentem, omnium creatorem et conferuatorem, monftrantque eiusdem omnipotentiam et vnitatem e rerum creatarum magnitudine et harmonia. Cumque fint Aftronomiae ac Phyfices apprime gnari, de effentia et attributis Dei magnifice adeo fentiunt, vt ftolidum exiftiment; definire velle ea, quae captum noftrum tranfcendunt. Annus quinque feftis diebus diftinguitur: quorum primus fumma cum religione celebratur locis obfcuris, quo radii lucis penetrare nequeunt, vt monftrent numen, quod adorant, incomprehenfibile effe. Iisdem in locis adorantes, tanquam extra fe rapti, immobiles manent ab ortu folis vsque ad eiusdem occafum. Feftum hoc dicitur *dies incomprehenfibilis Dei*, et incidit in primum diem

diem menfis Quercus. Reliqua quatuor
fefta quatuor anni tempeftatibus habentur,
et inftituta funt eum in finem, vt grates
agantur Deo ob praeftita beneficia. Pauci
funt in toto principatu, qui his facris
folennibus non interfunt. Qui abfunt,
ni fonticas abfentiae caufas dent, mali
fubditi exiftimantur, ac in perpetuo contemptu viuunt. Publicae precationum
formulae ita conceptae funt, vt non ipfos
precantes, fed folum Principem ac reipublicae falutem fpectent. Hinc nemo
preces pro fe ipfo publice effundit. Sco-
pus inftituti eft, vt credant *Potuani*, falutem fingulorum cum falute reipublicae
adeo arcte effe coniunctam, vt feparari
nequeat. Nemo ad cultum diuinum aut
vi aut pecuniaria mulcta adigitur: nam
cum pietatem maxime in amore confiftere
iudicent, cumque experientia doceat,
amorem vi potius frigefcere quam accen-
di, non folum inutile, fed etiam noxium
credunt, flagris ad pietatem tepidos pel-
lere velle. Thefin hanc tali exemplo
illuftrant: Si maritus reciprocum a coniuge amorem poftulans, teporem aut frigus eiusdem fuftibus ac pugnis expugnare

molia-

moliatur, tantum abeſt, vt his mediis
amor accendatur, vt potius creſcat frigus,
et denique in odium et horrorem termi-
netur.

Haec ſunt praecipua capita Theologiae Potuanae, quae nil niſi mera religio
naturalis nonnullis videbitur, et talis mihi initio apparuit. At contendunt *Potuani*, omnia ſibi diuinitus eſſe reuelata, datumque ante aliquot ſaecula codicem, qui
credenda et facienda complectitur. Olim,
aiunt, ſola religione naturali contentos
vixiſſe maiores, docuiſſe vero experienti-
am, ſolum naturae lumen non ſufficere,
cum ob nonnullorum deſidiam et incuriam praecepta iſta naturalia penitus obli-
terarentur, et ob aliorum nimis ſubtilem
philoſophiam, cum nihil eſſet, quod
libertatem cogitandi ſiſteret, ac intra limites contineret, omnia deprauarentur:
hinc ſcriptam ſibi legem à Deo fuiſſe da-
tam. Et patuit inde, quantum errent ii,
qui neceſſitatem reuelationis praefractè
negant. Fateor equidem lubens, diuerſa
Theologiae *Potuanae* dogmata, ſi non
laudanda, attamen non plane contemnen-
da mihi videri, nonnullis vero adſtipulari

F   ne-

nequeo. Iftud vero non folum laude fed et admiratione dignum mihi videbatur, quod tempore belli a praeliis victores redeuntes, pro laetitia ac gaudio, quo nos victorias celebramus, ac *Te Deum* canimus, in trifti filentio aliquot dies exegerint, quafi puderet victores cruentae victoriae. Hanc ob caufam rerum bellicarum rara fit mentio in chronicis fubterraneis, fed annales eorum res tantum ciuiles, inftituta, leges et fundationes complectuntur.

* * * * * * * * * * * * * * * * * * *

CAPVT VII.
DE POLITIA.

In Principatu Potuano fucceffio haereditaria, et quidem linealis, integros mille annos viguit, et adhuc fancte obferuatur. Monftrant quidem annales, femel ab ordine fucceffionis deflexiffe *Potuanos;* nam, cum recta poftulare videatur ratio, vt imperantes prudentia et animi dotibus fubditis praeftent, neceffe exiftimarunt nonnulli, virtutum potius quam natalium

ratio-

rationem habendam, ac illum eligendum,
qui inter ciues praeftantior credebatur.
Hinc, fublata antiqua fucceffione, Principatus omnium fuffragiis delatus fuit
Philofopho cuidam, nomine *Rabaku.*
Idem prudenter initio ac placide adeo
rempublicam moderabatur, vt regimen
illius vifum fit exemplar, ad quod alia
exprimerentur. Attamen exiguae durationis fuit, adeo, vt fero tandem animaduerterint *Potuani*, falfum effe, quod vulgo
dici folet: nempe beatum effe regnum,
vbi Philofophi ad clauum fedent. Nam,
cum nouus Princeps e fordidis initiis ad
fumma creuerat, folae eiusdem virtutes
et regnandi artes venerationem illam ac
maieftatem, quae reipublicae robur ac
caementum eft, parere ac tueri nequibant.
Qui nuper illius aut aequales, aut fuperiores fuerant, vix adduci poterant, vt pari
aut inferiori morem gererent, et vt eam
nouo Principi praeftarent obedientiam,
quam fubditi imperantibus debent, ideoque, quoties moleftum quid et arduum
illis imperatum fuit, murmura paffim
edebant, haud attendentes, qualis tunc
effet Princeps, fed qualis ante promotio-

nem

nem fuiffet. Hinc more fupplicantis
cuncta eblandiri coactus fuit. Sed blan.
ditiis parum profecit; nam imperata ac
leges illius infuper habentes, ad quoduis
edictum frontem contrahebant. Videns
tunc *Rabaku*, aliis opus effe mediis ad
fubditos in officio tenendos, a clementia
et popularitate ad feueritatem delabitur.
Sed altero hoc extremo fcintillae, quae
fub cinere latuere, in apertum incendium
eruperunt, inque Principem palam infur-
gere coeperunt fubditi, vnaque male fo-
pita rebellio initium erat fequentis. Tandem, cum animaduerteret, rempublicam
ftare nequire, nifi fub moderatore, illu-
ftri profapia orto, et cuius natales populo
venerationem imprimere folent, fe ipfum
fponte abdicans, infignia Principatus trans-
tulit in Principem, cui iure natiuitatis
debebantur. Ita cum antiqua domo re-
gnatrice pax rediit, et procellae iftae,
quibus diu vexata fuerat respublica, de-
tumuerunt. Cautum ex eo tempore eft
capitali fupplicio, ne quid in ordine fucceffionis in pofterum innouaretur.

Eft igitur hic Principatus haereditarius, et verifimile eft, veterem fucceffionis
ordi-

ordinem inconcuſſum ſemper manſurum,
adeo, vt non niſi vrgente extrema neceſſi-
tate a primogenito diſcedatur. Mentio
quidem in annalibus *Potuanis* fit Philoſo-
phi, qui regiam hanc legem infracturus
temperamentum aliquod commentus eſt.
Suaſit ille, a regia quidem proſapia non
eſſe diſcedendum, ſed, delectu filiorum
defuncti Principis habito, ſceptra illi de-
ferenda, cuius virtutes maxime enitebant,
et quem huic oneri maxime parem ſubditi
iudicarent. Idem, poſtquam legem hanc
propoſuerat, tentamini ſe more patrio
ſubiecit, collo, dum de vtilitate conſilii
ſuffragia ferrentur, in laqueum inſerto.
Habito vero ſenatu, ac numeratis ſuffragiis,
legis iſtius rogatio tanquam temeraria ac
reipublicae exitialis damnata ſuit. Credebant ſcilicet, multarum turbarum hoc
fomitem fore, ac ſeminibus diſcordiarum
inter liberos regios anſam daturum, ſatius
proinde fore, antiquum obtinere, ac tutius
eſſe, vt ad Principem primogenitum ius
principatus deuolueretur, quamuis natu
minores animi dotibus eſſent praeſtantiores. Antiquata igitur lege, nouatoris
gula laqueo frangitur. Nam ſoli, qui in

hoc

hoc Principatu capite puniuntur, funt
nouatores: credunt quippe *Potuani*, quamuis mutationem ac reformationem, licet
bene digeftam, motibus ac procellis caufam dare, totamque rempublicam fluctu-
antem reddere; fi vero male digefta ac
praecox fit, praecipitium ac ruinam
afferre.

Imperium Principum *Potuanorum*,
quamuis nullis legibus circumfcribatur,
paternum potius quam regium eft. Ingeniis enim non legibus iuftitiam colen-
tes, principatum ac libertatem, res alibi
diffociabiles, conftanter mifcent.

Inter huius Principatus leges maxime
falutaris eft illa, qua Principes aequalita-
tem, quantum respublica patiatur, inter
fubditos tueri conantur. Hinc nullae hic
funt dignitatum claffes, tantum inferiores
fuperioribus obtemperare, et iuniores fe-
niores colere ac venerari coguntur. Monftrant quidem annales fubterranei, ante
aliquot faecula in vfu fuiffe dignitatum
claffes, easdemque legibus publicis fuiffe
ordinatas, fed patet fimul, magnis has
motibus caufam dediffe: nam fratri natu
maiori durum atque acerbum videbatur,

fratri

fratri fuo minori loco cedere, et parentibus intolerabile erat liberis pofthaberi,
adeo, vt altera arbor alterius praefentiam
fugeret, et tandem omnes conuerfationes
ac fodalitates penitus ceffarent. At non
fola erant haec incommoda. Diftinctio-
nibus his procedente tempore effectum
eft, vt praeftantiores ac digniores arbores, quas natura maximis animi dotibus
et plurimis ramis decorauerat, vltimis ac
infimis fubfelliis in conuiuiis ac fodalita-
tibus locarentur. Nam omnis arbor, cui
valor aliquis erat internus, quaeque virtute ac prudentia confpicua fatis erat, adduci non poterat, vt titulum aut προεδρίας
characterem ambiret. Arbores vero nauci
ac nullius pretii, quo naturale vitium et
inanitatem fplendidis honorum titulis
quodammodo tegerent, absque intermiffione Principem tamdiu petitionibus fa-
tigabant, donec titulum quendam extor-
querent. Hinc effectum, vt tituli tandem
viliffimarum arborum haberentur notae
ac indicia. Miras igitur ac ridiculas fce-
nas aduenis exhibebant congregationes
folennes ac conuiuia, cum viderent, vepres aut dumos honoratioribus fubfelliis,

palmas

palmas vero, cedros et confpicuas quercus
decem vel duodecim ramorum fcamnis
aut infimis fedilibus locari: nam, durante hoc ftatu, pauci erant vepres fine aliquo charactere. Foeminis tituli dabantur
eonfiliariarum oeconomiae, moderationis
aut aulae, et maiores in fexu fequiore,
quam virili, turbas iftud ciebat. Non-
nullarum arborum vana ambitio eo vsque
progrediebatur, vt, quamuis duobus tantum aut tribus ramis effent a natura dona-
tae, titulos tamen decem vel duodecim
ramorum venarentur, et, quae vepres
aut dumi erant, palmae vocari geftirent.
Id quod aeque ridiculum effet, ac fi de-
formis aut monftrofus homo titulum for-
mofi (Wolgebohrn), aut infimo loco natus
titulum illuftris profapiae (Edelgebohrn)
ambiret. Hinc cum malum iftud in fummum excreuiffet, ac tota regio quafi ad
primum chaos redacta fuiffet, cunctis
inanes vmbras ac fine honore nomina au-
cupantibus, aufus eft incola quidam ciuitatis Keba legem proponere de abroganda
hac confuetudine. Idem more maiorum
cum laqueo in forum abftractus eft; at
fenatu coacto ac fuffragiis initis, confilium

um illius, nemine intercedente aut abro-
gante, vtile reipublicae iudicatum eft.
Quo facto, florea corona redimitus in triumphum per ciuitatem, comitante ac plau-
dente toto populo, ductus eft. Et cum
proceffu temporis animaduerfum fuerit,
quantam vtilitatem abrogatio huius confuetudinis attuliffet, *Kadoki* fiue magnus
Cancellarius factus eft.

Ex eo tempore fancte obferuata eft
lex de aequalitate inter ciues perpetuo
conferuanda. Attamen confuetudinis
huius antiquatione non ceffauit omnis æ-
mulatio, fed fola virtute ac meritis alter
alterum fuperare, conatus eft. Patet
ex hiftoria fubterranea, vnum folum nouatorem ex eo tempore extitiffe, qui legem
de claffibus dignitatum reuocare bis tecte
molitus eft, fed ob primum conatum ad
venae fectionem damnatus eft, et, cum
accufatus fuerit in molimine ifto perfiftere, ad firmamentum denique relegatus eft.
Nullae hinc dignitatum aut titulorum claffes hodie in hoc Principatu obtinent,
tantum fupremus Magiftratus diftinctione
quadam certas profeffiones aliis nobiliores
declarat, qua tamen declaratione nemini
ius datur primum locum in conuentibus

F 5 fibi

fibi vindicandi. Diftinctio haec cernitur ex edictis aut literis Principis, quae claudi folent his verbis: MANDAMVS ET INIVNGIMVS AGRICOLIS NOSTRIS, FABRICARVM INVENTORIBVS, MERCATORIBVS, OPIFICIBVS, PHILOSOPHIS, ARTIFICIBVS, AVLAE MINISTRIS, etc.

Didici in archiuo Principis feruari catalogum quendam dignitatum huius tenoris.

CLASSES DIGNITATVM.

1) Qui opibus fuis Rempublicam fubleuarunt difficillimis temporibus.

2) Miniftri, qui feruiunt gratis ac absque ftipendio.

3) Ruftici et agricolae octo ramorum et fupra.

4) Agricolae feptem ramorum et infra.

5) Fabricarum fiue manufacturarum conditores.

6) Opifices, qui opificia neceffaria exercent.

7) Philofophi et mitra donati Doctores vtriusque fexus.

8) Artifices.

9) Mercatores.

10) Au-

10) Aulae Miniftri, qui ftipendio fruuntur 500 Rupatorum.

11) Iidem, quibus annuum ftipendium eft
1000 Rupatorum.

Valde ridiculus mihi vifus eft hic honorum index, cui nemo in orbe noftro album calculum adiiceret. Subodorabar
equidem, quaenam effet inuerfi ordinis
ratio, quonam fundamento niteretur, et
quibus argumentis eandem propugnarent
fubterranei. Sed fateor, adhuc mihi paradoxon effe, quod capere nequeo.

Inter alia notatu digniffima notabam
fequentia. Quo pluribus beneficiis quis
a republica cumulatur, eo modeftiorem ac
fubmiffiorem fe exhibet. Ita faepe videbam, *Bospolak*, virum inter Potuanos opu-
lentiffimum, tanta humilitate obuios in itinere ciues excipere, vt omnes fubmitte-
ret ramos, capitisque inclinatione cuiuis
plebeiae arbori gratum animum teftaretur.
Quaerenti mihi caufam refpondetur, ita
fieri debere, cum in ciuium neminem plura beneficia effent collata, ac proinde maximus is reipublicae debitor exifteret. Ad
hunc tamen cultum nemo lege obligatur,
fed, cum *Potuani* fane ac cum iudicio
omnia

omnia expendant, fponte hanc virtutem
exercent, exiftimantes fe ad talem, quem
grata mens dictitat, cultum obftringi:
aliter fane, ac apud nos, vbi ii, qui maximus honoribus maximisque emolumentis cumulantur, pauperiores alto fupercilio defpiciunt. Ciues vero meritiſſimi,
quos omnes colere ac venerari iubentur,
funt numerofae fobolis auctores. Heroës
hi fubterranei funt, facraque apud pofteros memoria eorundem manet. Soli etiam funt, quibus nomen M A G N I confer-
tur. Longe aliter ac apud nos, vbi *Ma-*
gni dicuntur humani generis euerfores.
Hinc facile eft coniicere, quid de *Ale-*
xandro Magno aut *Iulio Caefare* ftatuerent
fubterranei, cum vterque fine prole mor-
tuus aliquot hominum myriades neci dederit. Memini epitaphium ruftici cuiusdam videre *Kebae* hac infcriptione ornatum: HIC IACET IOCHTANVS MA-
GNVS, TRIGINTA LIBERORVM
PATER, SVI TEMPORIS HEROS.
Notandum tamen eft, ad gloriam iftam
acquirendam non fufficere folam fobolis
procreationem, fed opus effe, vt et libe-
ri honefte fint educati.

In

In legum ac edictorum latione omnia lente procedunt; nam veterum fere Romanorum ritu leges hic conduntur. Nouae legis rogatio cunctis ciuitatum curiis affigitur. Et tunc liberum est ciuibus eandem examinare, ac monita sua ad Prudentum collegium, eum in finem in ciuitate *Potuana* constitutum, deferre. Serio hic perpenduntur omnia, quae de legis latione, obrogatione aut abrogatione, approbatione, correctione, limitatione aut extensione allata sunt. Et cum iureconsultorum limam omnia sic subierint, tandem ad consensum ac subscriptionem Principis mittitur promulganda lex. Cunctatio haec ridicula quidem nonnullis videri potest; at effectus huius cautionis est aeterna legum duratio, et fama accepi, nullam huius Principatus legem quingentorum annorum spatio minimae mutationi fuisse expositam.

In custodia Principis est catalogus arborum maxime insignium, vna cum earundem testimoniis tam doctrinae, quae ab Examinatoribus siue *Karattis* dantur, quam vitae morumque, quae a vicinis et tribulibus emeruere. Hinc reipublicae

non

non defunt idonei viri, qui vacantia munera implebunt. Iftud inprimis memorabile eft, quod nemini ius habitationis in vrbis regione aut vico concedatur, nifi munitus fit teftimonio regionis aut vici, vbi olim habitauit, cautionemque exhibeat vitae futurae.

In legem femel latam, ac publica auctoritate fancitam, prohibitum eft fub poena capitis commentari, adeo, vt in rebus politicis reftrictior fit libertas, quam in facris. Caufam huius inftituti hanc afferunt: Si quis in religione aut rebus fidei aberret, fuo folo periculo errat; at, fi quis leges publice fancitas in dubium vocet, aut interpretationibus fuis in alium fenfum detorquere moliatur, focietatem turbat.

De ftatu aulico et de eiusdem oeconomia fuperius a me allata funt nonnulla. Monftraui, *Kadoki*, fiue magnum Cancellarium, fupremum inter aulicos locum tenere. Huic proximus eft *Smirian*, fiue magnus aerarii praefectus. Spartam hanc eo tempore obibat vidua feptem ramorum nomine *Rabagna*, ob integritatem et egregias animi dotes ad tanti ponderis officium

um admota. Diu hoc munere functa erat,
et quidem aliquot annos ante obitum mariti, qui, quamuis et ipfe in rebus aerarii
apprime verfatus effet, coniugis tamen
confilio ac nutu regebatur, adeo vt nihil
proprio arbitratu ordinaret, hinc vicari-
um potius, quam maritum diceres. Literas quidem et edicta proprio nomine edidit, quoties illa aut puerperio aut morbis
impedita, negotiis vacare nequibat, nihil
tamen ratum ac authenticum cenfebatur,
antequam vxoris fubfcriptione aut figillo
effet munitum. Duos *Rahagna* habuit fra-
tres, quorum alter cellae aulicae infpector
erat, alter lanio aulicus, nec aufi funt
ob tenuitatem ingenii, licet fororem haberent in tanto honoris faftigio pofitam,
maiora ambire: tanta hic iuftitia diftri-
buuntur munera.

Ipfa *Rahagna*, quamuis arduis negotiis diftenta teneretur, infanti tamen poft-
humo mamillas praebebat. Munus iftud
nutricationis nimis moleftum ac tanta matrona indignum mihi iudicanti, refpondebant fubterranei: Ecquid credis naturam „
foeminis mammarum vbera, quafi quos- „
dam naeuulos venuftiores, non alendorum
..libero-

„liberorum, fed ornandi pectoris caufa
„dediffe? In moribus inolefcendis ma-
„gnam partem ingenium altricis et natu-
„ra lactis tenet. Quae partus fuos ali-
„arum nutricationi committunt, vincu-
„lum iftud coagulumque amoris ac ani-
„mi interfcindunt. „ Hinc cunctae huius
Principatus matronae proprio liberos la-
cte alunt.

Princeps haereditarius erat iuuenis
fexennis, in quo erat indoles et magna-
rum virtutum femina, ac iam fex ramis
erat inftructus; id quod rarum eft in viridi adeo aetate: nam nemo nifi cum quinque aut fex ramis nafcitur, caeteri cum
aetate excrefcunt. Praeceptor eiusdem, fa-
pientiffima totius Principatus arbor, in-
ftruebat difcipulum in notitia Dei, in
Hiftoria, Mathefi et Philofophia morali. Vidi celebratiffimum iftud Syftema
morale fiue Compendium Politicum, quod
in vfum Principis compofuerat. Eidem
compendio titulus eft: *Mahalda Libab He-
lil*; quod lingua fubterranea denotat *Clauum Reipublicae.* Complectitur praecepta
admodum folida ac falutaria, quorum nonnulla adhuc memoria retineo; funtque fequentia. 1) Accu-

1) Accufationi aut laudi non temere fidem habendam; at fufpendendum iudicium, donec matura rerum acquiratur notitia.

2) Si quis criminis alicuius arceffitus et conuictus fit, examinandum eft, vtrum reus quid boni olim fecerit; atque ita bonarum ac malarum actionum comparatione facta, ac ratione fimul habita, fententia tandem pronuntianda.

3) Moleftis et crebro contradicentibus Confiliariis, tanquam cordatioribus fubditis, confidat reipublicae Moderator: nam nemo pro dicenda veritate fe ipfum periculo exponit, nifi is, cui patriae vtilitas propria falute fit carior ac antiquior.

4) In Senatum non recipiat, nifi latifundiorum Dominos; nam eorundem commoda cum commodo publico funt coniuncta: contra, qui bona immobilia in Principatu non poffident, regionem, non pro patria, fed pro ftabulo quafi peregrinantes habent.

5) Minifterio quidem mali viri pro tempore, fi ad certa negotia idoneus fit, vti poteft; fed eundem peculiari vel fa-

G   uore

uore dignari inconſultum erit: nam
ſi improbus aut odioſus vir inter amicos Principis recipitur, patrocinio eiusdem peſſimae notae ciues emergunt,
ac munera publica inuadunt.

6) Illos quam maxime habeat ſuſpectos,
＊ qui ſaepiſſime aulam frequentant, ac
atriis illius perpetuo inerrant; nam qui
limina principum crebrius et haud rogati terunt, ii ſunt, qui facinus aut
perpetrarunt aut moliuntur.

7) Ardentiſſimos honorum captatores mi-
nimo honore dignetur: nam, cum nemo ſtipem petit, niſi qui inops eſt, et
fame premitur; ita nemo quoque honores auide venatur, niſi qui virtute ac
meritis nullam aeſtimationem ſibi ac-
quirere potuit.

8) Praeceptum eſt reuera quidem vtiliſſi-
mum, ſed cui adſtipulari nequibam ob
odiolum, quo illuſtratur, exemplum.
Praecepti verba haec fere ſunt: nullum
ciuem prorſus inutilem iudicandum;
nam nemo tam hebes atque obtuſus eſt,
qui non, ſi verus fit delectus, vſui alicui inſeruire, imo in certa re excellere queat. Ex: gr: ille iudicio pollet,
hic

hic ingenio, ille robore animi, hic corporis; ille iudicis, hic fcribae officium implebit; ille in rebus inueni-
endis aut detegendis fagax, hic in re-
bus.exfecutioni dandis ftrenuus eft: ideoque pauci funt, qui plane inutiles dici queant. Nam, quod tot creaturae
tales videantur, non creatoris culpa eft,
fed eorum, qui vires vniuscuiusque
non rite perfpiciunt, et eo, quo iubet
Minerra, ducunt. Thefin hanc meo
exemplo illuftrat his verbis: vidimus ae-
uo noftro animal fuperterraneum, quod
omnium fuffragiis ob praecox ingenium
tanquam inutile terrae pondus habitum
fuit, ob greffus tamen celeritatem et pedum praeftantiam non exiguo nobis vfui
fuiffe. Lecta hac paragrapho, tacite ita
mecum locutus fum: *Prologus eft honefti viri, fed epilogus ac finis eft nebulonis.*

9) In arte regnandi praecipuum iftud iudicat, vt imperator folicite circumfpi-
ciat idoneum haereditario principi
praeceptorem, eligatque pietate et eruditione maxime monftrabilem, cum ex
inftitutione futuri fuccefforis falus reipublicae fluat. Nam quod in viridi ae-

tate

tate difcimus, in naturam abit. Neceffe hinc effe, ut iuuenis moderator
fit patriae amans, qui amorem in proprios fubditos principi inftillet: eo enim
cuncta, quae iuueni dat, praecepta collineare debere.

10) Neceffe eft, vt indolem fubditorum
penitus fcrutetur Princeps, eidemque
fe conformet; et, fi vitiis fubditorum
mederi velit, exemplo potius, quam
legibus reformet.

- - *Velocius et citius nos*
Corrumpunt vitiorum exempla domeftica,
magnis
Cum fubeant animos autoribus - -

11) Vt neminem otiofum effe patiatur, cum
otiofi viri patriae fint oneri: nam indu-
ftria continuisque laboribus crefcunt et
roborantur vires reipublicae; mala vero confilia ac fubdolae machinationes
diffipantur et euanefcunt. Hinc con-
fultius ftatui eft, vt fubditi rebus inutilibus, nugis ac ludis occupentur, quam
vt indulgeant otio, prauorum confiliorum fomiti.

12) Officium Principis eft, vt concordiam inter fubditos feruet; quamuis non
male

male faciat, si aemulationem quandam inter confiliarios fuos foueat, cum hoc modo faepe detegitur veritas, velut veram caufae cognitionem e iurgiis aduocatorum hauriet iudex.

13) Prudenter agit Princeps, si in rebus momentofis totius senatus sententias audiat; tutius tamen est singulorum senatorum seorsum, quam totius coacti senatus vno eodemque tempore mentem explorare: nam in toto coacto senatu, vbi sententiae palam dicuntur, fieri solet, vt difertissimus saepe senator torrente eloquentiae suae caeteros abripiat, et sic pro multis vnicam tantum sententiam audiat Princeps.

14) Poenae non minus neeessariae sunt, quam praemia: nam illis sistuntur mala, his promouentur bona. Hinc opus est, et malum virum ob rem bene gestam praemio quo mactare, ad munera rite obeunda acuantur alii.

15) In promotionibus ad dignitates ac publica munera docet dexteritatis in primis habendam esse rationem. Nam licet pietas et integritas per se virtutes fint magis commendabiles, hae tamen

G 3 sunt

funt, quarum fpecie faepe fallimur.
Nam vnusquisque pietatem fimulat, cùm
fciat, hac virtutis oftentatione viam fibi ad honores pandi. Vnusquisque etiam eodem intuitu probum atque integrum fe profitetur. Huc adde, quod
de pietate aut integritate viri non facile fit iudicare, antequam ad munus ad-
mittatur, in quo, tanquam in confpicuo theatro, fpecimina virtutum edi-
turus eft. Dexteritatem vero praeuio
examine facile eft explorare. Nam
ftupido ac ignaro difficilius eft ftupidi-
datem ac ignorantiam, quam hypocri-
tae impietatem, aut nebuloni iniquitatem tegere. Porro capacitas ac probitas
non funt contrariae femper virtutes,
quin in vno eodemque homine facile
coalefcant, veluti ftupor cum probitate
non femper eft coniunctus. Si vero vir
capax fimul fit probus, omnibus nu-
meris eft abfolutus. Stupidus vir aut
bonus aut malus eft; fi malus, notum
eft, quot monftra alat ignorantia, quando cum malitia eft coniuncta; fi vero
bonus eft, ob ftuporem virtutes, quas
poffidet, exercere nequit. Et, fi ipfe
vel

vel nequeat, vel non audeat facinora
machinari, audebit feruus aut mini-
fter, cuius opera vtitur. Nam ftolidus
fundi dominus vulgo aftutum villicum
habet, et ftupidus iudex dolofum fcribam, qui absque metu fraudes exercet;
cum quicquid peccat, domini corio
peccat. Hinc in diftributione munerum in primis refpicienda eft dexteritas.
16) Nemo, tanquam ambitiofus, temere
damnandus, ac ob id folum a limine
honorum remouendus eft, quod munera, quibus parem fe credit, ambiat.
Nam fi in diftributione officiorum hanc
regulam nimis ftricte fequitur Princeps,
humilitatis laruam induet ambitiofiffi-
mus quisque, certus, quod hac via
tutius et celerius ad metam perueniat.
Princeps vero acerrimos honorum ve-
natores contra mentem fuam promo-
uebit, quia fpecie humillimos circum-
fpicit, id eft, eos, qui, vacante aliquo
munere, fugam fimulant ac latebras
quaerunt, quique per amicos diffemi-
nant, ab omni fe dignitate, ab omni
honore publico abhorrere. Affert huc
exemplum viri cuiusdam, qui vacante

G 4

per-

perſpicuo quodam et ſaliuam illi maxime mouente munere, per literas Principi indicat, peruenſſe ad aures ſuas, quod Serenitati ſuae ſtatutum ſit, dignitatem, quam multi ſolicite ambiunt, in ſe conferre, quocirca ſplendidum iſtud munus, cui imparem ſe profitetur, deprecatur, et vt in alium magis idoneum conferat, humillime rogitat, in primis cum ipſe ſtatu ſuo praeſenti contentus ad maiora non adſpiret. Motus adeo Princeps hac humilitatis teſtatione eſt, vt praeter mentem ſuam deprecantem ad eandem dignitatem eueheret. Mox tamen didicit, falſa humilitatis ſpecie ſe circumuentum, cum nouus miniſter faſtu ac impotentia animi omnes excederet.

17) Pauperem, qui non eſt ſoluendo, Senatorem vel Quaeſtorem aerarii conſtituere idem eſſe, ac famelicum cellae promptuariae praeficere. Idem dicendum de diuite auaro: ille enim nil habet; hic vero nunquam ſat habet.

18) Nulla legata aut fundationes confirmare, quae ad alendas otioſas arbores ac ad earundem inertiam fouendam ſolum

Ium tendunt. Hinc cuncta huius Principatus monasteria, cuncta collegia, non nisi nauas ac frugi arbores admittunt, eas scilicet, quae aut opere aliquo manuario rempublicam subleuare, aut studiis ac literis societatem, cuius membra sunt, ornare queunt. Excipiuntur tantum pauca quaedam monasteria, quae arbores alunt effoetas ac senio marcidas; hae enim aetatis priuilegio omni labore sunt exemptae.

19) Quando vitia status reformationem poscunt, lento incedere gradu necesse est. Nam cuncta simul ueterata vitia vno veluti ictu exstirpare velle, est idem, ac aegroto vomitum, purgationem ac venae sectionem vno eodemque tempore praescribere.

20) Qui audacter cuncta pollicentur, et plura in se negotia simul suscipiunt, aut stolidi sunt, qui proprias vires ignorant, et pondera rerum non perspiciunt, aut mali ac spurii ciues, qui sibi ipsis, non reipublicae seruiunt. Prudens homo acertos experitur, antequam molem subeat; et genuinus ciuis, cui patriae salus sit cordi, nil perfunctorie agendum existimat.   G 5   CAP.

* *

CAPVT VIII.
DE ACADEMIA.

In hoc Principatu tres funt Scholae fuperiorȩs fiue Academiae, quarum prima eſt *Potu*, altera *Keba*, tertia *Nahami*. Studia, quae in iisdem excoluntur, funt Hiſtoria, Oeconomia, Mathefis et Iurisprudentia. Quod ad Theologiam attinet, cum concifa adeo et compendiofa fit, vt duabus fere paginis tota pandi et explicari queat; cumȩue praȩcepta iſta tantum contineat, vt amore ȩt veneratione profequamur Deum, rerum omnium creatorem ac moderatorem, qui in altera vita virtutes remunerabit, et fcelera puniet; ita nullum eſt ſtudium academicum, nec eſſe poteſt, cum legibus folicite cautum fit, ne quis de Dei effentia eiuȩdemque attributis difputet. Nec Medicina hic inter ſtudia academica numeratur; nam cum arbores hae fobrie viuȩnt, morbi interni plerumque ignorantur. Nil dicam de Metaphyfica et tranfcendentalibus ſtudiis, cum nuper monſtrauerim,difputantes de effentia

diuina,

diuina, de angelorum qualitate, deque
animarum natura, poft venae fectionem
in nofocomia aut ergaftula compingi.

Exercitia academica haec fuut. Tenentur ftudiofi iuuenes tempore tyrocinii
difficilium ac curiofarum quaeftionum ana-
lyfin reddere. Nodi hi foluendi ftatis
temporibus proponuntur, certo iis ftatuto praemio, qui fcitiffime et elegantiffime
aenigmata explicant. His mediis verus
vniuscuiusque profectus elicitur: et perfpiciunt ftudiorum moderatores, quanta
cuique fit hafta, et qua in re magifterium
polliceri queat. Nemo nifi vni foli difciplinae operatur. Nam polymathiae ftudium fluxi ac vagi ingenii notam autumant.
Hinc fit, vt ftudia, cum intra limites adeo
anguftos coarctantur, breui maturefcant.
Ipfis quoque Doctoribus annua incumbunt
fpecimina exhibenda. Philofopho morali difficile quoddam problema datur enu-
cleandum. Hiftorici eft hiftoriam aut
partem quandam hiftoriae contexere. Oe-
conomus et Mathematicus abdita detegere
ac fcientiis fuis nouis commentis lucem
affundere tenentur. Iurisconfultorum
fpecimina funt aptae ac fcitae compofitae
oratio-

orationes: nam foli hi funt, qui in Rheto-
rica aut arte dicendi fe experiri coguntur;
cum foli fint, quibus haec exercitia in pofterum proderunt, ac ad obeunda aduocatorum munera, quae in vi dicendi confi-
ftunt, idoneos reddent. Hinc, cum narrarem, cuncta apud nos fpecimina academica in re oratoria fieri, iftud inftitutum palam improbantes: fi omnes, aiebant, opifices in fuendis calceis exempla
exhiberent, pleraque fpecimina cruda atque incondita fore, ac folos futores praemia et coronas emerituros. Mentionem
tantum feci artis oratoriae, de difputationibus nil aufus dicere, cum eaedem hic
inter fpectacula ludicra numerentur. Doctores publici, quae vtilia monitu fuafu-
que funt, non feuere, non imperiofe prae-
cipiunt, vti Philofophis noftris mos, fed
feftiuos delectabilesque apologos commenti, res falubriter animaduerfas, cum
audiendi quadam illecebra inculcant.

Mirum eft, quanta grauitate quanto-
que decore actus academici celebrentur,
ac promotiones hic procedant. Nam cau-
tio fumma adhiberi folet, ne quid in acti-
bus academicis deprehendatur, quod rifui
anfam

ansam dare, aut speciem ludicri spectaculi
exhibere queat; quippe existimant, ritus
academicos grauitate ac decore distingui
debere a ludis theatralibus, ne arteslibera-
les ob earundem exercitia parum decentia
sordeant aut vilescant. Hinc non ausus sum
mentionem facere rituum, quibus gradus
ac promotiones in nostro orbe celebrantur,
cum id, quod mihi acciderat Kebae, promotiones nostras Doctorales describenti,
satis grauis causa esset perpetui silentii.

Praeter has Academias cunctae ciuita-
tes maiores sua habent seminaria, sua
gymnasia, vbi solicite delectus habetur ingeniorum, quo mature perspici queat, quaenam sit Rhodus, in qua quisque saltabit,
aut in quo studii genere spem maxime polliceri possit. Dum in seminario Kebano
tyrocinii rudimenta deposui, commilitones habebam quatuor iuuenes summi sa-
cerdotis filios, qui omnes in re militari
erudiebantur; quatuor alios Senatorii generis in opificiis et rebus manuariis; et
duas virgines, quae in re nauali instrue-
bantur. Nam respicitur tantum tyronum
indoles, nulla sortis aut sexus ratione habita. Habita ingeniorum exploratione,
testimo-

teſtimonia vnicuique dant ſeminariorum
moderatores, ea qua ſuperius monſtratum
eſt fide. Teſtimonia haec ſincera admodum et absque ſtudio partium data cen-
ſentur, quamuis ſecus mihi videretur,
cum teſtimonium, quod ego a Seminario
Kebano obtinueram, ſtultum, abſurdum atque iniquum crederem.

· Nemini hic permittitur libros ſcribere,
antequam tricefimum annum impleuerit,
ac a ſtudiorum moderatoribus maturus et
idoneus ad ſcribendum ſit iudicatus. Quocirca pauca, ſed docta ac bene digeſta
ſcripta, in lucem prodeunt. Hinc cum
infra annos pubertatis quinque vel ſex dif-
ſertationes ſcripſiſſem, nemini id detegere audebam, ne riſui exponerer.

Satis hoc de gentis indole, de Religione, Politia et Literis dictum. Reſtant
alia nonnulla notatu digna, et huic genti
peculiaria memoranda.

· Si arbor arborem in duellum prouocat,
prouocanti in perpetuum interdicitur ar-
morum vſu; iubetur inſuper tanquam in-
fans ſub tutela viuere, quoniam affectibus
imperare neſcit. Aliter ac apud nos, vbi
prouocationes eiusmodi notae atque indicia

cia heroici animi cenfentur, maxime in feptentrione noftro, qui originem huic prauae confuetudini dedit, cum prouocationes inter Graecos, Romanos aliasque antiquiores gentes plane fuerint ignotae.

In iure *Potuano* paradoxon iftud notaui. Litigantium nomina occulta manent iudicibus, et lites non in locis, vbi funt natae, dirimuntur, fed ad remotiores prouincias diiudicandae ablegantur. Mirae adeo confuetudinis ratio haec eft. Docet experientia, iudices plerosque aut praemio corrumpi, aut ftudio partium abripi. Igitur eiusmodi tentationibus obuiam iri credunt, fi nomina litigantium lateant, fique ignorentur actor et reus fimul cum rebus, praediis ac fundis, quae in difceptationem veniunt. Sola argumenta vtriusque partis ad forum arbitrarium, pro lubitu Principis, mittuntur cum notis quibusdam ac characteribus: exempli gratia: *an A, qui eft in poffeffione, rem poffeffam reftituere debet, vrgente et actionem mouente B.* Vellem equidem hunc morem apud nos introductum, cum, quid ftudium partium aut alia irritamenta efficere in iudicum animis queant, faepe fimus experti.

Iura

Iura libere exercentur absque perfonarum refpectu. Soli Principes ad interdictum non veniunt. Statim vero ac viuere defierint, accufatores publici fiue
reipublicae aduocati dicam defuncto fcribunt. in Senatu tunc maxime frequenti
acta extincti Principis ad examen vocantur, et tandem fententia fertur, quae pro
meritis mortuorum certis characteribus
diftinguitur. Characteres vero hi fere
funt: LAVDABILITER, HAVD IL-
LAVDABILITER; BENE, NON MA-
LE; TOLERABILITER, MEDIOCRI-
TER. Quae notae voce Praeconis in foro coram populo enunciantur, mox lapidibus fiue monimentis defunctorum im-
primendae. Confuetudinis huius talem
Potuani dant rationem: principem viuen-
tem in ius vocari non poffe absque motu
ac turbis; nam, dum viuit, caecam illi
deberi obedientiam ac perpetuam venerationem, qua respublicae maxime ftare folent: cum principis vero obitu folui vin-
culum iftud, quo imperantibus obftricti
funt fubditi, ac proinde fui quodammodo iuris factos libere agere poffe. Ita fa-
luberrimo hoc, quamuis valde paradoxo,
infti-

inftituto fecuritati principis profpicitur, maiestati fummi imperii nil detrahitur, et tamen faluti reipublicae fimul confulitur. Nam characteres hi, quamuis defunctis dati, totidem viuentibus ad virtutem funt ftimuli. Docet hiftoria *Potuana*, per integros quadringentos annos, duos tantum principes fuiffe, qui infimum characterem, fcilicet *Mediocrem*, tulerunt. Caeteri fere omnes *Laudabilem* aut *haud illaudabilem* emeruere, prout monftrant epigrammata vn iuscuiusque monumenti, quae adhuc farta, tecta, et a temporis iniuria inuicta manent. Character *Mediocris*, qui dialecto *Potuano* dicitur *Rip-fac-fi*, tantum in familia principali luctum ciet, vt fuccceffor defuncti Principis, vna cum eiusdem confanguineis, integros fex menfes pullati incedant. Tantum abeft, vt fucceffores iudicibus ob ingratas eiusmodi fententias fuccenfeant, vt ftimuli illis potius fint ad res praeclare gerendas, et vt virtute, pru- dentia, iuftitia et moderatione notam, do- mui principali inuftam, deleant.

Cur vero horum Principum alter cha- ractere hoc notatus fuerit, caufa haec erat: In rebus bellicis exercitatiffimi qui-

H. dem

dem funt *Potuani*, nemini tamen bellum
inferunt, fed illatum fortiter propulfant.
His mediis effectum eft, vt arbitri fiant
inter alios belligerantes, variique huius
globi populi iuftae ac pacificae gentis imperio fe fponte fubiecerint.   At Princeps
M. kleta, auidus proferendi fines Principatus, vicinos bello adortus, eosdem
breui fubegit.   At, quantum gens *Potuana*
hac deuictae gentis acceffione creuit, tantum decrementi paffa eft, amore vicinorum, in terrorem ac inuidiam verfo.   Et
ingens ifta exiftimatio iuftitiae et aequi-
tatis, qua fola creuerant ac fteterant res
Potuanae, ex eo tempore nutare coepit.
Hinc *Potuani*, vt beneuolentiam aliarum
gentium fibi rurfus conciliarent, defuncti
Principis memoriam hac nota affecerunt.
Quaenam vero noxa fuerit alterius Principis, hoc charactere notati, non conftat.
Doctores publici funt ii, qui tertiam
aetatem attigerunt.   Vt explicatius hoc
fiat, notandum eft, vitam arborum in
tres claffes defcribi. . Prima aetas earum
eft, quae in rebus publicis erudiuntur.
In fecunda aetate ea, quae didicerunt,
publice exercent.   In tertia vero aetate, a
mune-

muneribus publicis honefte dimiffae, alias inftruunt. Hinc nemo publice docendi iure gaudet, nifi in adminiftratione rerum publicarum confenuerit, cum nemo folida praecepta dare exiftimetur, nifi qui ex vfu plenam hauferit notitiam.

Si quis turpitudine vitae defamatus, honeftum ac reipublicae falutare confilium dederit, fupprimitur nomen viri, ne fententia proba turpiffimi autoris contagio dehoneftetur; et iubetur decretum ex viri honeftioris nomine fieri: fic bona fententia manet, turpis autor mutatur.

In articulo de religione didici, interdictum effe, de rebus fidei fundamentalibus, in primis vero de effentia et attributis Dei difputare: at liberum eft, de aliis rebus iudicia proferre, et fententias particulares ventilandas proponere. Dicunt *Potuani*, incommoda, quae ex eiusmodi litibus nafcuntur, comparari poffe cum procellis, quae tecta atque arbores profternunt, at fimul purificant aërem, impediuntque, ne nimia tranquillitate putrefcat. Cur paucos habeant dies feftos, caufa haec eft, ne otio torpeat arboreum genus: credunt enim *Potuani*, in vtili

H 2 labore

labore non minus, quam in votis ac precationibus effe cultum Dei.

Studium poëticum frigide tantum excolitur, licet Principatus hic non plane deftitutus fit Poëtis. At Poëfis fubterranea fola ftili fublimitate differt a dictione foluta. Hinc tanquam puerile quippiam deridebant id, quod de pedibus ac rythmis noftris narrabam.

Inter Doctores *Potuanos* funt, qui Profeffores boni guftus dicuntur. Horum eft, curam agere, ne vitiliginibus ac rebus nihili occupentur iuuenum animi, ne fcripta nimis triuialia ac plebeii faporis, quorum lectio guftum deprauat, in lucem prodeant; et vt e libris imprimendis deleantur ea, quae contra fenfum communem funt. Et hunc folum in finem inftitutae funt cenfurae ac reuifiones librorum; aliter ac in orbe noftro, vbi a cenforibus optimae notae libri ob id folum fupprimi folent, quod a regnante quadam opinione, fiue adoptata quadam loquendi formula, paulum deflectant, aut quod vitia mortalium falfe aut candide perftringant. Quo fit, vt ftudia fufflaminentur, et fcripta fani coloris enitefcere nequeant.

At,

At, quoniam liberum *Potuanis* cum conterminis gentibus eft commercium, inter alias faepe merces libri nonnunquam triuiales ac plebei faporis irrepunt. Hinc inftituti funt cenfores, qui bibliopolia identidem frequentant. Vocantur hi *Syla-Macati* (i. e.) bibliothecarum purgatores: Nam, velut in orbe noftro certum eft hominum genus, qui caminos ac fornaces quotannis verrit, ita cenfores ifti, examine librorum venalium habito, fordes folicite fecernunt, ac in cloacas, quicquid eft librorum triuialium, qui guftum deprauare queunt, abiiciunt. Hinc mecum: Hei! quanta librorum foret ftrages, fi id inftitutum in orbe noftro obtineret?

Maxime vero laudanda eft cura eorum, qui e iuuenum indole, quem vitae curfum potiffimum fequantur, exquirunt. Nam ficut in fidibus muficorum aures vel minima fentiunt; fic iudices hi atque animaduerfores virtutum ac vitiorum, magna intelligunt faepe ex paruis; ex oculorum obtutu, fuperciliorum aut remiffione aut contractione, ex moeftitia, ex hilaritate, ex rifu, ex locutione, ex reticentia et ex fimilibus rebus facile iudicant, quid

H 3 aptum

aptum cuique, et quid a natura difcrepet.

Sed vt iam ad me ipfum redeam. Parum iucunde tempus transmifi cum paradoxis his arboribus, quibus contemptui ac derifui eram ob imputatum mihi praecox ingenium. Et aegre ferebam dicteria, eo nomine in me coniecta: nam vulgo *Skabba*, id eft, praecocem aut praematurum me nominabant. Maxime vero dolebam, idem de me iudicium ferri a lotrice mea, quae, quamuis ex infima plebis faece effet, mifera fcilicet et triobolaris tilia, odiofo tamen ifto titulo me notare non dubitauit.

CAP.

* * * * * * * * * * * * * * * * * * * *

CAPVT IX.

ITER KLIMII CIRCA
PLANETAM NAZAR.

Postquam spatio biennii molesto curso-
ris officio functus eram, totamque regionem mandatis ac literis publicis onera-
tus peruolaueram, taedebat me tandem
molesti ac simul indigni muneris. Hinc
aliis super alias precationibus a serenissi-
mo Principe honestam dimissionem petebam, munus paulo honoratius simul am-
biens. Sed repulsam semper tuli, cum
iudicauerit Princeps, non esse virium mearum, maioris momenti res gerere. Alle-
gauit etiam leges et consuetudines, quae
petitionibus meis refragabantur, quaeque
ad insignia atque ardua ministeria solos idoneos viros admittunt. Necesse igitur esse
dicebat, in officio mihi semel collato per-
manere, donec aliquo merito ad maiora
viam mihi sternerem. Claudit orationem
his monitis:

Metiri se quemque suo modulo ac pede fas
est.

H 4 *E coelo*

E coelo magnum defcendit γνῶθι σεαυτόν;
Figendum ac memori tractandum pectore -
Iteratae hae repulfae ad audax et defperatum confilium me adegerunt. Conabar ex eo tempore aliquid noui comminifci, quo praeftantiam indolis patefacerem, et maculam, qua notatus eram, diluerem. Integrum fere annum in legibus et confuetudinibus huius Principatus inueftigandis omne ftudium pofueram, periculum facturus, an vitia quaepiam, reformationem pofcentia, forte detegerem. Meditationes meas aperui dumo cuidam, quem arcta familiaritate complexus eram, et quocum feria et iocos mifcere confueueram. Ille quidem commenta mea non plane abfurda iudicabat, fed an reipublicae huic vtilia forent, valde dubitabat: Effe reformatoris officium, aiebat, ftatum et indolem regionis reformandae oculis fiftere; nam eadem res pro diuerfis terrarum ingeniis diuerfos et contrarios effectus producit, veluti idem medicamentum, quod vni corpori prodeft, aliis noxium deprehenditur. Docuit porro, quanto me periculo exponerem, aleam hanc fubeundo, comitia de capite meo haben-

habenda, actumque de vita mea fore, fi
confilia mea ab examinatoribus improba-
rentur. Ardenter igitur rogabat, vt ma-
turius omnia expenderem, quamuis a
conatu non plane diffuaderet, cum fieri
poffet, vt quippiam folerti examine tam
mihi ipfi, quam ftatui vtile detegerem.
Secutus confilium amici, tempus prorogabam, ac patienter deinceps curforis munere fungebar, vrbes ac prouincias more
folito circumuolans. Continuus ifte cur-
fus anfam mihi dedit, totum Principatum
cum vicinis regionibus accurate perfpici-
endi. Et ne memoria exciderent, quae
in itineribus meis annotaueram, cuncta
eo, quo poteram, ftylo perfecutus; non
exiguae molis volumen Principi offere-
bam. Quantum hoc opus Serenitati fuae
ad palatum fuerit, exinde mox patuit,
quod labores meos in Senatu publico en-
comio extolleret, perlectoque ftudiofe
libro, meo vti minifterio ad totum Planetam *Nazar* detegendum decerneret.
Aliam ego lucubrationum mearum meffem exfpectaueram, quocirca tacite cum
Poëta ingeminabam:

- - *Virtus laudatur et alget.*

H 5 At,

At, cum rerum nouarum auidiffimus effem, ac praemia poft reditum a benigniffimo Principe fperarem, haud prorfus inuitus operam meam addixi.

Globus Planetae *Nazar*, quamuis circuitu vix ducenta milliaria germanica complectitur, valde tamen fpatiofus ob tarditatem inceffus incolis videtur. Hinc fubterraneis hifce adhuc pleraeque regiones maxime vero remotiores funt incognitae. Nam cuiuis *Potuano* biennii fpatium non fufficeret, orbem hunc pedibus emenfuro. Mihi vero ob pedum pernicitatem vnus menfis fat erat. Quod vero maxime me anxium habuit, erat ea, quam imaginabar, linguarum diuerfitas. Sed animum mihi addiderunt nonnulli, qui totius Planetae incolas, licet moribus mire difcordes, eadem tamen dialecto vti teftabantur; porro totum arboreum genus innoxium, fociabile et beneficum effe, adeo, vt absque vllo difcrimine totam huius globi fuperficiem perreptarem. His dictis calcaria addita funt fponte currenti, initioque menfis Populi itineri me dabam.

Quae fequuntur ftupenda adeo funt, vt ad fictiones poëticas aut meros ingenii
lufus

lusus referri queant, maxime cum diuer-
sitas ista corporum et animorum, quam in
itinere hoc expertus sum, ne inter gentes
quidem a se inuicem diffitissimas, et sub
alio sole viuentes, expectari posset. At
notandum est, plerasque huius globi gentes per freta ac maria dirimi, ac speciem
quandam archipelagi praebere hunc globum. Raro haec freta traiiciuntur, et
portitores, qui ad ripas excubant, solo-
rum peregrinantium causa in his stationi-
bus ponuntur. Ipsi enim indigenae vix
pedes extra limites patriae proferunt, et,
si necessitate adacti freta transmittere co-
gantur, subito reuerti solent, vtpote alie-
ni soli diu impatientes. Hinc quot gentes,
tot noui orbes. Praecipua vero huius diffi-
militudinis causa oritur e terrarum diuersa
natura, quam indicant agrorum ac glebarum
varii colores, ac plantarum, frugum ac leguminum insignis dissimilitudo; vt mirum
proinde non sit, in ista terrarum ac frugum
diuersitate, tot diuersas incolarum indoles,
ac tot oppositas naturas deprehendi. In
nostro orbe indole, moribus, studiis, co-
lore et corporis forma a se inuicem leuiter
tantum distant gentes etiam maxime remotae.

motae. Nam, cum foli qualitas vndiquaque eadem fere eft, nifi quod vna terra alia fit feracior, ac frugum, herbarum
ac aquae eadem fit natura, tot heterogenea
animantia produci nequeunt, quot in hoc
globo fubterraneo nafcuntur, vbi cuiuis
terrae fua peculiaris qualitas. Alienige-
nis iura quidem itineris et commercii,
fed habitationis non conceduntur, nec ob
terrarum diuerfas adeo atque oppofitas naturas concedi poffunt. Hinc peregrini
omnes, qui in itinere occurrunt, aut viatores funt aut mercatores. Terrae vero,
quae principatui *Potuano* funt confines,
eiusdem fere indolis funt: incolae earundem grauia olim bella gefferunt cum *Po-*
tuanis, iam vero iisdem aut foedere funt
iunctae, aut domitae fub manfueta eorum dominatione acquiefcunt. At traiecto ingenti, quod totum globum fecat,
freto, noui vifuntur orbes, noua et ignota *Potuanis* animalia. Id folum commune habent cum hoc principatu, quod cunctae totius globi creaturae rationales arbores fint, et eadem fere dialecto ytantur:
Hinc moleftum non eft iter, in primis, cum
ob frequentiam mercatorum aut viatorum
per

per prouincias transeuntium, affueti fint,
omnes creaturas heterogeneas ac fibi dis-
fimillimas videre. Iftud monuiffe operae
pretium duxi, ne fubfequenti narratione
aures offendantur, ac narranti ob fplendida mendacia dica fcribatur.

Longum foret, nec operae eft, figilla-
tim et fecundum ordinem hiftoricum
omnia, quae in hoc itinere mihi oblata
funt, perfequi; defcribere tantum lubet
gentes maxime paradoxas, in quarum
moribus, ac indole non pauca adeo infolita ac ftupenda deprehendi, vt globus
Nazar eo nomine inter miracula mundi
numerari queat. Obferuaui, totum plerumque arboreum genus humanitate, iudicio ac grauitate a *Potuanis* parum dif-
ferre, ritibus vero, ingeniis corporisque
forma adeo difcordare, vt quaeuis prouincia nouus mihi orbis apparuerit.

In prouincia *Quàmfo*, quae prima vltra fretum regio eft, nulli corporis infir-
mitati ac morbo obnoxii funt incolae, fed
omnes vsque ad canitiem in valetudine in-
offenfa viuunt. Hinc vifae mihi funt
omnium creaturarum feliciffimae: at, e leui cum iisdem conuerfatione, opinione me
infi-

infigniter falfum effe, animaduerti. Nam
cum inter huius prouinciae incolas neminem viderim triftem, ita neminem fimul
contentum, ne dicam laetum, confpexi.
Nam vti coeli ferenitate ac aëris temperie,
non nifi turbida ac nubila prius experti,
afficimur; ita arbores hae felicitatem non
percipiunt, quia perrennis ac fine inter-
ruptione eft, fanosque fe non fentiunt,
quoniam morbos ignorant. Vitam igitur
agunt in perpetua fanitate, at fimul in perpetuo tepore: perpetua enim bona langue-
fcunt fatietate; et foli iucunde viuunt,
quorum fuaues voluptates acoribus condi-
untur. Teftari poffum, in nulla gente
mores minus lepidos, conuerfationem magis frigidam et inuenuftam me deprehen-
diffe. Innoxia fane gens eft, fed ea, quae
nec amore, nec odio digna; nullius offenfa metuenda, et nullius fauor ex-
fpectandus: et vt paucis dicam: nihil hic,
quod difpliceat, nihil etiam, quod placeat, reperies. Porro, cum perpetuum iftud
corporis beneficium mortis imaginem nunquam oculis fiftat, nullamque miferatio-
nem erga afflictos et laborantes alios mo-
ueat; ita nimis fecure ac frigide absque
zelo

zelo et mifericordia totum vitae tempus
transigunt. Quocirca in illa gente nullum pietatis, nullum amoris ac mifericordiae veftigium apparet. Nam cum morbi mortalitatem nobis repraefentent, ad
bene moriendum nos quoque acuunt, ac
quafi in procinctu itineris paratos ftare iu-
bent; et, cum cruciatibus nos affligat,
afflictorum fimul mifereri docent. Hinc
facile mihi erat difcernere, quantum morbi et pericula mortis ad pietatis ac fociali-
tatis exercitia nos ducant, imo, quam in-
iufte fuccenfeamus Creatori, quoniam ad
certas nati videmur afflictiones, quae fa-
lubres tamen et vtiles nobis funt. Notandum tamen iftud eft, has Quercus,
quoties in alia loca divertuntur, morbis et
infirmitatibus, non fecus ac alias arbores,
effe expofitas. Hinc foli huius regionis
aëri aut victui hoc beneficium, modo beneficium dici mereatur, acceptum feren-
dum iudico.

Prouincia *Lalac*, quae cognomina-
tur *Mafcatta*, id eft, beata, nomini refpondere videbatur; nam omnia ibi fponte proueniebant.

Flumina

Flumina iam laĉis, iam flumina Neĉaris
ibant,
Flauaque de viridi ſtillabant ilice mella:
Ipſa quoque immunis raſtroque intaĉa,
nec vllis
Saucia vomeribus per ſe dabat omnia
tellus.

At inſigne hoc beneficium non aliis feliciores reddit incolas. Nam cum nullo ad
victum parandum opus ſit labore, otio ac
deſidia plerique torpentes, perpetuis vexantur morbis. Hinc pauci ſunt, quos
non praematura mors abripit, vermibus
ſcilicet ac putredine corruptos. Materiam
non minus amplam meditationibus philo-
ſophicis ſuggeſſit natura huius terrae, pa-
tuitque e gentis conditione et forte, ſer-
uos et operarios quodammodo feliciores
eſſe illis, qui de victu nunquam ſoliciti,
deſidiae ac voluptati indormiunt.

Nempe inamareſcunt epulae ſine fine pe-
titae,
Illuſique pedes vitioſum ferre recuſant
Corpus - - - -

Hinc tot praua conſilia, deſperati conatus, violentae mortes. Nam affluentia
illa, in qua viuunt, omnem guſtus ac vo-
luptatis

luptatis fenfum eripiens, naufeam ac vitae faftidium vnicuique affert. Ita regio ifta, quam beatorum domicilium imaginabar, triftis filentum fedes mihi vifa eft, mife-ratione dignior, quam inuidia.

Hoc celerare fugam, terraque excedere
fuafit.

Proxima huic terrae eft regio dicta *Mardak*, cuius incolae funt cupreffi, eius-dem omnes corporis formae; folis vero oculorum diuerfis figuris a fe inuicem diftinguuntur. Quidam lumina habent oblonga, quidam quadrata; minutiffima alii, alii patula, quae totam fere frontem occupant: nonnulli nafcuntur cum binis, alii cum trinis, alii cum quaternis oculis. Sunt etiam, qui vno folo oculo gaudent; fobolem diceres Polyphemi, nifi quod oculum hi in occipitio habeant pofitum. Hinc, pro diuerfis luminum figuris, in toti-dem tribus defcribuntur.

NOMINA TRIBVVM
HAEC SVNT:

1) *Nagiri*, id eft eorum, qui lumina ha-bent oblonga, et quibus proinde cun-cta obiecta apparent oblonga.

I   2) *Na-*

2) *Naquiri*, quorum oculi quadratae funt
. formae.

3) *Talampi*, cum oculis minutis.

4) *Iaraku*, cum binis oculis, quorum
alter altero paulo obliquior.

5) *Mehanki*, cum trinis.

6) *Tarrafuki* cum quaternis.

7) *Harramba*, quorum lumina totam fron-.
tem perreptant.

8) *Skadolki*, qui vnum in occipite oculum habent.

Harum omnium numerofiffima ac proinde potentiffima tribus eft *Nagirorum*,
id eft, eorum, qui oculos oblongos habent, ac quibus proinde obiecta apparent
oblonga. Ex ifta tribu foli reipublicae Re-
ctores, fenatores ac facerdotes defumuntur.
Soli ad clauum fedent hi, et neminem ex
alia tribu ad munera publica admittunt, nifi
qui fatetur, tabulam quandam, foli dedi-
catam, et in loco editiffimo templi pofitam, fibi etiam videri oblongam, eamque
confeffionem iureiurando firmat. Sacra
haec tabula praecipuum cultus *Mardakani*,
obiectum eft. Hinc honeftiffimi ciues,
qui crimine periurii fe polluere nolunt, ab
omni publico honore remoti, perpetuis
fannis

Iannis ac perfecutionibus exponuntur; et quanquam teftentur, oculis fe fidem ab-nuere non poffe, querelae tamen infuper habentur, et quod vitium naturae eft, fo-li eorundem malitiae aut contumaciae im-putatur.

Formula iurisiurandi, cui omnes, ad munera ac honores admittendi, fubfcribere tenentur, haec fere eft:

Kaki manafca quihompu miriac Iacku mefimbrii Caphani Crukkia Manafkar Que-briac Krufundora.

i. e. Ego iuro, facram folis tabulam,, mihi videri oblongam, et polliceor, in hac ,, opinione me ad vltimum vitae halitum,, permanfurum.

Praeftito hoc iureiurando, candidati honorum fiunt, et in tribum *Nagirorum* cooptantur.

Poftridie aduentus mei, dum per fo-rum otiofus ambulo, fenem quendam ad flagra deduci confpicor, comitante ingen-ti cuprefforum caterua, et dicteria in no-xium eiaculante. Roganti mihi, quid rei effet, refpondetur, haereticum effe, qui palam docuerat, tabulam folis fibi qua-dratam videri, in eaque peftifera opinio-

I 2 ne

ne, poſt crebras admonitiones, pertinaciter perſtiterat.

Hinc templum ſolis, periculum facturus, an orthodoxos haberem oculos,
ingreſſus, cum tabula iſta ſacra mihi
quoque quadrata appareret, hoſpiti meo,
qui ad aedilitatem vrbis nuper euectus erat,
id candide indicabam. Profundo ille ſu-
ſpirio verba mea excepit, teſtans, ſibi etiam quadratam videri, ſed nemini id detegere auſum, ne negotium ſibi faceſſeret
tribus regnatrix, et munere priuaret.

Tremens igitur ac tacitus vrbem reliqui, verens, ne crimen oculorum tergo lu-
erem, aut odioſo haeretici titulo notatus,
cum ignominia eiicerer. Nulla ſane inſtituta horrida magis, magisque barbara
et iniqua mihi ſunt viſa: ſola enim videbam ſimulatione, ſolo periurio, iter ad honores pandi. Hinc redux in principatum
Potuanum, quoties data ſuit occaſio, in
barbaram iſtam rempublicam bilem euo-
mui. At cum iunipero cuidam, mihi admodum familiari, pro more furens *indi-*
gnationem meam patefacerem, ita fari exorſus eſt ille: „Nobis equidem ſtulta at-
„que iniqua *Nagirorum* inſtituta videbuntur,

tur, tibi vero non mirum videbitur, fi,,
ob iftam luminum varietatem tanta feue-
ritas exerceatur; quippe afferere te me-,,
mini, in plerisque rebuspublicis Europae-,,
is dari regnatrices tribus, quae ob natu-,,
rale oculorum, fiue rationis vitium, in,,
caeteras ferro ac igne graffantur, teque,,
eiusmodi coactiones tanquam pias ac re-,,
buspublicis admodum falutares laudaffe.,,
Intelligebam mox, quorfum tenderet arguta viri oratio. Hinc rubore fuffufus
difceffi, et ex eo tempore tolerantiae perpetuus praeco, mitiora de errantibus iudicia fero.

Principatus *Kimal*, omnium potentiffimus ob diuitias, quibus abundat, habetur. Nam praeter argentifodinas, quarum magna eft copia, ex arena fluuiorum
ingens vis auri quotannis elicitur: margari-
tarum quoque feracia paffim funt maria.
At, in folis opibus felicitatem non effe pofitam, e curatiori huius gentis examine didici. Nam quot incolae, tot fere foffores funt et vrinatores, qui in lucrum in-
tenti, ad perpetuam feruitutem, et maxime
improbos labores damnati apparent. Qui
ab his laboribus immunes funt, pro the-

fauris

fauris acquifitis excubias agunt. Tota regio latronibus infefta adeo eft, vt absque
cuftodibus corporum nemo iter facere audeat.

　Non tam fefta dies, vt ceffet prodere fu-
　　　　　　　　　rem,
　　Perfidiam, fraudes, atque omni ex cri-
　　　　　　　　mine lucrum.
　　Viuitur ex rapto; non hofpes ab hofpite
　　　　　　　　　tutus,
　　Non focer a genero, fratrum quoque gra-
　　　　　　　　tia rara eft.
　Filius ante diem patrios inquirit in annos;
　Victa iacet pietas, et virgo caede ma-
　　　　　　　　dentes
　　Vltima coeleftum, terras Aftraea reli-
　　　　　　　　quit.

Hine gens ifta, quam inuidis oculis intuentur vicini, commiferationem potius,
quam inuidiam meretur. Nam metus,
fufpicio, diffidentia, liuor, omnium animos perpetuo obfidet, alterque alterum
tanquam hoftem, bonis fuis infidiantem, in-
tuetur, adeo, vt metus, folicitudo, peruigilium, faciei pallor, fructus et mef-
fes fint felicitatis iftius, quam iactat principatus *Kimal.* Hinc non absque mole-
　　　　　　　　　　　　ftia

ftia ac metu regionem peragraui; nam in
quauis femita ac loco limitaneo caufam
itineris, nomen, patriam et alia cuftodibus
viarum indicare cogebar, expofitumque
me videbam cunctis his vexationibus,
quas in regione fufpicaci experiri folent
viatores. Montem haec terra habet igni-
uomum, vnde fubterranei ignis venae
perpetuis veluti fluctibus euoluuntur.

Poftquam emenfus eram hunc principatum, quo moleftiorem nullum in toto
meo itinere expertus fum, curfum perfequor continue orientem verfus. In gentes vbique fociabiles ac bene moratas, fed
fimul valde paradoxas, incidi. Maximam
vero admirationem mouebant incolae per-
exigui regni *Quamboia*, quos natura
inuerfo ordine formauerat, adeo, vt, quo
maturior quis aetate ac annis fit, eo pro-
teruior ac voluptuofior euadat, crefcant-
que cum annis petulantia, lafciuia ac vitia, quae viridem aetatem alibi comitari
folent. Nemini igitur munus hic reipublicae committitur, nifi annum quadragefi-
mum nondum impleuerit: fi vero hunc
terminum excefferit, inftar pueri petulan-
tis eft,

I 4

quem

- - *quem dura premit custodia matris.*
Videbam senio canos in plateis vrbis passim vitulantes, ludis puerilibus tempora fallere,

Aedificare casas, plostello adiungere mu-
res,
Ludere par impar, equitare in arundine
longa.

Videbam, eosdem a pueris eo saepe nomine reprehendi, ac nonnunquam flagris domum compelli. Virum conspexi decrepitum, in foro palam turbinem flagello rotantem, aut trocho ludentem. Idem olim vir fuerat omnium grauissimus, et magni consilii praeses. Inuersum hunc ordinem in sexu tam sequiori, quam virili deprehendi. Hinc iuueni vetulam vxorem ducenti, fata Actaeonis ominantur omnes ; id quod e diametro oppositum est iis, quae apud nos vsu veniunt, vbi senex iuuenculam ducturus cornua timet. Obuios semel habui duos defloccatos senes in foro digladiantes. Miranti insolitum in ista aetate feruorem, et causam duelli quaerenti, respondetur, litem inter eosdem enatam esse de meretrice, quam in lupanari ambo subagitauerant. Qui
istud

istud mihi narrabant, addiderunt, nates eorundem virgis strenue lacerandas, si ad aures tutorum aut moderatorum ista senum petulantia perueniret. Eadem vespera annosa dicebatur matrona suspendio vitam finiuisse, cum repulsam tulisset ab adolescentulo sago, cuius amore exarserat.

Inuersus hic ordo inuersas etiam leges postulat. Hinc in isto legis capite, vbi agitur de tutela, nemini bonorum administratio conceditur, nisi infra annos 40 sit. Porro pacta legitima non censentur, quae ab iis, qui annos quadraginta excesserunt, sunt inita, nisi a tutoribus aut liberis eorum sint signata. In capite de subordinatione, haec extant verba: *Senes ac vetulae liberis suis dicto obedientes sunto.* Hinc, qui in officiis est, paulo ante quadragesimum annum dimitti solet; et

  - - *Interdicto huic omne adimat ius*
   Praetor, et ad iuuenes abeat tutela pro-
                  pinquos.

Credebam ego, non consultum mihi fore, diutius in hac regione haerere, vbi, si decennium mihi adhuc viuere contingeret, iussu legis, repuerascere cogerer.

In

In regione dicta *Cocklecu* confuetudo
obtinebat non minus peruerfa, et ab Europaeis maxime damnanda. Inuerfus hic
ordo non naturae, fed folis legibus originem debuit. Incolae terrae omnes iuniperi funt vtriusque fexus: at foli viri ad
culinaria, et ignobiles labores damnantur.
Tempore belli militiae quidem nomina
dant, fed fupra fortem militum gregario-
rum raro afcendunt, cum pauci admodum fint, qui vexilliferi fiunt; eftque
munus vexilliferi fumma dignitas militaris, ad quam arbor mafculina afpirare
queat. Mulieribus contra maximi ponderis negotia, qua ciuilia, qua facra, et mi-
litaria committuntur. Nuper deriferam
Potuanos, quod in diftributione officiorum
nullum fexus difcrimen admitterent. At
haec gens furere mihi vifa eft, et naturae
penitus aduerfari. Capere fane non poteram indolentiam virorum, qui, cum
corporis viribus longe fint praeftantiores,
indignum adeo iugum fibi imponi paffi
fuerint, ac tot faecula ignominiam hanc
concoxerint. Nam facile effet, iugum ex-
cutere, modo vellent, aut auderent neruos
muliebri huic tyrannidi incidere. At,
inue-

inueterata confuetudo eo vsque excaeca-
uerat animos, vt nemini in mentem veni-
ret, pro tollenda ifta ignominia aleam fubire, quin crederent, naturam ita ordinaffe,
vt imperium penes mulieres effet, virorum vero effet texere, molere, penfum
facere, aedes verrere, vapulare. Argumenta vero, quibus hunc vfum tueri folent mulieres, haec funt: cum fexum
virilem, corporis viribus, et lacertis, ad du-
ros perferendos labores aptioribus, natura
donauerit, credi poteft, folum mafculi-
num genus ad ignobiles ac ferreos labores
relegaffe. Stupebant extranei, cum domos introeuntes matremfamilias viderent
in mufeo, cum ftilo ac pugillaribus fedentem, maritum vero culinae inerrantem,
et ollas patinasque tergentem. Et fane in
quamcunque domum venerim, cum pa-
trefamilias locuturus, mittor ad culinam,
vbi

> *Hic lauet argentum, vafa afpera tergeat*
> *alter;*
> *Vox dominae fremit inftantis virgamque*
> *tenentis.*

Inuerfae huius confuetudinis funeftos notabam effectus: Nam, quemadmodum in
aliis

aliis terris petulantes ac falaces dantur
mulieres, quae pro mercede corpora pro-
ftituunt, ac pudicitiam in propatulo habent, hic adolefcentuli ac viri noctes vendunt, eumque in finem lupanaria condu-
cunt, quorum portae titulis ac fignis me-
retriciis dignofcuntur. Iidem cum nimis
audacter ac palam quaeftus hos improbos
agunt, in carceres abducti, flagris in co-
mitiis, non fecus ac meretrices noftrae,
caeduntur. Contra matronae ac virgines,
hic absque vlla reprehenfione incedentes,
per vias viros contemplantur, nutant,
nictant, fibilant, vellicant, vocant, mo-
leftae funt, fores elogiorum carbonibus
implent, veneres fuas impune iactant, ac
tanquam totidem tropaeis fuperbiunt,
quemadmodum petulantes apud nos iuuenes iactanter enumerare folent, quot virginum aut matronarum pudicitiam expu-
gnarint. Porro matronis ac virginibus
vitio non vertitur, fi carmina amatoria
et munufcula offerant adolefcentulis: hi
vero frigus ac modeftiam fimulant, cum
contra decorum fit, vt adolefcens petitio-
ni et defiderio virgunculae ftatim annuat.
Ingens eodem tempore erat motus ob
                                        filium

filium fenatoris, cuius pudicitiam viola-
uerat virgo. Male ob iftud facinus paffim
audiuit puella , et audiebam, inter fe
muffitare amicos iuuenis , in ius mox
vocandam virginem, et a proximo Con-
fiftorio ad nuptias, ac reparationem honoris damnandam effe, in primis cum legi-
timis teftimoniis euinci poffet, inculpatae
adhuc vitae fuiffe iuuenem , quem ad
amores illicitos pellexerat virgo. Non
aufus fum, dum inter iuniperos hos verfabar , peruerfam hanc confuetudinem
palam damnare. At egreffus vrbe praecipua, nonnullis indicaui , contra naturam hic agi, cum e iure vniuerfali et fuffragiis omnium gentium conftet, ad ardua et momentofa negotia formatum effe
fexum virilem. Regerebant hi: confun-
dere me confuetudinem et inftitutionem
cum natura, cum infirmitates iftae, quae
in fexu muliebri notantur, e fola educa-
tione deriuentur, id quod maxime patet
e reipublicae huius ftatu ac forma, vbi
in fexu muliebri enitefcere videmus virtutes animique dotes , quas mares alibi
fibi folis vindicant. Nam mulieres *Coclekuanae* modeftae funt, graues, prudentes,
con-

conftantes ac taciturnae; contra viri leues, praecoces et loquaces. Hinc, cum quid abfurdi narratur, prouerbium iftud: *viriles effe nugas;* et, cum quid praecipitanter aut praemature actum eft, dicunt incolae: *Dandam effe veniam impotentiae virili.* At, his argumentis acquiefcere non potui; ftatum hunc peruerfum, deformem ac naturae plane aduerfantem iudicans. Indignatio ifta, quam faftus hic muliebris animo impreſſerat, caufa 'erat infelicis, quod paulo poft reditum meum cepi, confilii, quodque tot mihi moleftias peperit, vt fuo loco dicendum erit.

Inter fplendidiffima huius vrbis aedificia erat gynaeceum regium, trecentis qua viris, qua adolefcentibus fpeciofiſſimae formae inftructum. Hi omnes alebantur fumptibus reginae, cuius deliciis inferuiebant. Cum audirem, formam corporis mei a nonnullis extolli, veritus, ne in gynaeceum iftud a venatoribus abriperer, itei maturaui, et

- - - *pedibus metus addidit alas.*

Huic principatui vicina eft regio *Philofophica,* fic dicta ab incolis, philofophiae ac fubtilibus fcientiis penitus immerſis.

Fla-

Flagrabam ſtudio videndi terram, quam
centrum omnium ſcientiarum et veram
Muſarum ſedem mihi fingebam. Imaginabar non agros et prata, ſed contiguum
- *ac raris gemmantem floribus hortum,*
totusque in hac imagine gradum accele-
rabam, horas et momenta in digitos mit-
tens. Semitae, per quas iter feci, lapi-
doſae erant, ac foſſis cauernisque impe-
ditae, adeo, vt iam per loca abrupta, iam
per coenoſa, iisque ad vmbilicum madi-
dus, cum pontibus eſſent deſtitutae, ſau-
cios ac luteos traherem pedes. Sed mo-
leſtiis his fortiter obnixus ſum, ſatis
gnarus, per aſpera iri ſolere ad aſtra.
Horae ſpatio cum his difficultatibus luĉta-
tus, obuium habui agricolam, quem cö-
miter interpellans interrogo, quantum
adhuc abeſſem a *Maſcattia* ſiue Regione
Philoſophica. Reſpondet ille: *Quaeren-*
dum potius, quantum itineris ſit reliquum,
cum iam in meditullio regionis verſaris.
Attonitus hoc reſponſo: *Qui fit,* dicebam,
vt terra a ſolis philoſophis habitata, ſpeciem
horrentium potius luſtrorum, quam cultae
regionis praebeat? Regeſſit ille ; terrae
faciem breui fore meliorem, quam primum
tempus

tempus detur incolis, eiusmodi minutiis
vacandi. Nunc, ait, folis coeleftibus
rebus intentos omnes id agere, vt iter
quoddam ad folem detegant: Excufari
proinde debere, fi agros ad tempus incultos relinquant; haud enim facile effe,
flare fimul ac forbere. Intelligebam mox,
quo collinearet oratio verfuti villici; et
iter perfecutus, tandem ad metropolin
Caskam perueni. In portis ciuitatis pro
cuftodibus anferes confpexi, gallinas,
nidos auium et aranearum telas. Vrbis
plateis porci ac philofophi paffim inerra-
bant; fola hi corporis forma diftingue-
bantur a porcis, caeteroquin forde ac
illuuie fimiles. Pallia eiusdem generis
portabant omnes Philofophi; fed, quis
color iisdem, difcernere nequibam, cum
puluere et luto effent obfita. Eorundem
vnum, quem meditationibus defixum,
recta ad me tendere videbam, ita alloquor:
Dic, quaefo, quodnam nomen huic vrbi,
Magifter! Ille immobilis, inconniuens,
tanquam feceffu mentis atque animi facto
a corpore, diu ftabat; tandem vero ad
coelum oculos tollens, refpondet: *Haud*
procul a meridie fumus. Ineptum adeo
refpon-

responsum insignem animi aberrationem
indicans, persuasit, melius esse, parce stu-
dere., quam prae nimia doctrina delirare.
Vrbis mox interiora penetraui , visurus,
an praeter Philosophos, homines aut creaturas rationales, forte inuenirem. Forum
vrbis, quod valde spatiosum erat, diuersae
ornabant statuae et columnae, titulis atque
inscriptionibus distinctae. His accede-
bam , periculum facturus , ecqua forte
epigrammata legere possem. Sed, dum
in eo conatu desudo, tergum mihi inca-
lescere, ac madidum fieri animaduertebam.
Hinc retrospiciens , vt fontem calidi flu-
minis detegerem, conspicabar Philosophum, posteriora mea permingentem.
Nam meditationibus abstractus, statuam
me credidit, ad quam vesicam exonerare
solebat. Tantae ego contumeliae impatiens, in primis cum philosophum istum
albis insuper me dentibus deridere cernerem, palma excussissima alapam illi appli-
cui. Quo facto, rabie ille percitus, in
capillos meos inuasit, perque totum forum
vociferantem traxit. At, cum iram satiari
non posse viderem , statum praeliantis
composui, par pari referens, adeo, vt ratio

K   accepti

accepti et expenfi inter nos quodammodo
conueniret. Tandem, poft acre certamen,
cadimus ambo athletae. Ad fpectaculum
iftud accurrebant innumeri Philofophi,
moreque furentium impetum facientes,
pugnis ac fuftibus articulatim caefum, ani-
mamque propediem agentem, totum circa
forum capillis raptarunt. Caedendo tandem feffi, licet non fatiati, ad fpatiofam
domum me ducunt, et, cum obnixis in
ianuam pedibus obluctarer, meque ingref-
furum fidenter abnuerem, obducto me
collo, ceu porcum mugientem, intro rapi-
unt, ac in medio pauimento fupinum
ponunt. Turbata omnia et confufa ibi
erant, ac talis mihi vifus eft aedium ftatus, qualis apud nos effe folet circa termi-
nos Michaëlis aut Pafchatis, vbi res mobiles, vafa ac vtenfilia, in nouam domum
transferenda, confufe proiiciuntur. Coeperam tunc fapientes noftros fupplicitet
orare, vt irae modum imponerent, et ad
mifericordiam fe flecti paterentur, docens,
quam indecorum effet philofophiae et fa-
pientiae cultoribus, more ferarum faeuire,
et affectibus, contra quos declamare folent ipfi, nimium indulgere. At fordis
fabu-

fabulam narrabam. Nam Philofophus ifte,
qui tergum mihi perminxerat, certamen
integrabat, ac me miferum, quafi incudem,
tot ictibus caedebat, vt videretur, non
nifi morte mea placari poffe. Didici tunc,
nullam iram philofophica effe fortiorem,
virtutumque commentatores longe ab earundem cultura abeffe.

> - . - - *Nec enim minor irâ rebullit*
> *Pectore in hoc, leuiorue exurit flamma*
> *medullas.*

Tandem domum intrarunt quatuor Philofophi, quorum pallia fingularem fectam
indicabant. Iidem faeuientium minas,
qua voce, qua manibus, interpellantes,
fortem meam miferari videbantur: ac,
poftquam cum caeteris feorfum locuti
fuerant, in aliam domum me tranftule-
runt. Laetabar ego, praedonum me
manibus ereptum, in honeftos viros incidiffe, caufamque harum turbarum rogan-
tibus, fufe expofui. Subridebant illi ad
fabulam adeo lepidam, dicentes, folitum
effe Philofophis, in foro ambulantibus, ad
ftatuas has mingere, ac verifimile effe,
aggrefforem meum, in meditationibus
philofophicis defixum, pro ftatua me

cepiffe.

cepiſſe. Dicebant porro, eundem eſſe
magni nominis Aſtronomum, caeterosque, qui tanta rabie in ſcapulas meas ſae-
uierant, Doctores eſſe philoſophiae moralis. In portu me iam eſſe credebam,
et omnis periculi ſecurus, haec et alia nar-
rantes cum voluptate audiebam. At, ſu-
ſpicionem quandam mouebat formae meae
examinatio nimis curioſa: Porro quaeſtiones de vitae genere, itineris cauſa, et
patria, toties iteratae, nec non ſubſecuta
ſecreta murmura, inſtantis mali praeſagia
erant. Verum mens prae timore mihi
paene excuſſa fuit, cum in cameram
quandam anatomicam compingerer, vbi
proiectam videbam horrendam oſſium et
cadauerum ſtruem, quae foedo totam
odore implebant. Credebam mox latro-
num eſſe cauernam: ſed quae e parietibus
ſuſpenſa erant inſtrumenta anatomica, metum paulo diminuebant, cum exinde pa-
teret, hoſpitem meum medicinae aut chi-
rurgiae operari. Poſtquam ſemihorae
ſpatio in ergaſtulo hoc ſolus torpueram,
intrat matrona cum prandio, quod mihi
parauerat. Valde humana videbatur, at
attente me aſpiciens, per interualla ſuſpiria
edidit.

edidit. Quaerenti mihi doloris caufam, refpondet, inftans mihi fatum fufpiria haec elicere: *In boneftam equidem domum, ait, venifti; nam maritus meus buius infulae dominus, publicus ciuitatis Phyficus eft, et Medicinae Doctor, caeterique, quos vidifti, eius collegae funt.* At iidem *infolitam corporis tui formam mirati, decreuerunt, machinam interiorem ac vifcera tua penitius examinare, difjectionemque corporis facere, vifuri, ecquid noui detegant, quo anatomia illuftrari queat.* Palpitantem animum haec verba percufferunt. Edito igitur horrendo clamore: *Qui,* inquam, *Domina! dici pofjint boni viri, qui bonefti et innocui hominis ventrem findere non dubitant.* Tunc illa:

Non venit in mentem, quorum confederis
aruis:

In *boneftos viros incidifti, qui malo animo nil facturi, folo anatomiae illuftrandae ftudio, banc operationem decreuerunt.* Ad hoc regerebam, malle me a latronibus dimitti, quam ab honeftiffimis viris diffecari, moxque ad genua matronae prouolutus, manantibus vbertim lacrimis, interceffionem illius implorabam. Refpondet illa:

Inter-

Interceſſio mea parum tibi proderit contra Facultatis concluſum, quod irreuocabile ſolet eſſe, at per aliud te medium morti ſubducere conabor. His dictis, manu me prehenſum, per pſeudothyrum eduxit, ac trepidantem comitata eſt vsque ad portam ciuitatis. Tunc ſeruatrici meae valedicturus, verbis conceptiſſimis gratum animum, vti par erat, exprimere conabar, at prooemiari incipientem interpellans, ſe non abituram ait, antequam videret, me extra omne periculum conſtitutum, meque non reluctantem comitari pergit. Dum vna ambulamus, varii de ſtatu huius regionis feruntur ſermones, et auide ego omnia audiebam. At digreſſa eſt tandem ad narrationem, quae parum grata auribus meis erat, cum exinde coniicerem, pro praeſtita illam opera poſcere nonnulla, quae moraliter impoſſibilia mihi erant. Nam pathetice expoſuit, iniquam in hac regione matronarum ſortem, cum paedagogi hi philoſophici, literis penitus ſepulti, officia coniugalia prorſus negligant. „Poſ- „ſum, *ait*, iureiurando teſtari, actum de „nobis fore, niſi vnus et alter honeſtus „ac miſericors aduena miſerias noſtras
ſub-

fubleuaret, et malis, quibus excrucia-,,
mur, medicas identidem admoueret,,
manus." Simulabam ego, non intelligere
fcopum, ad quem collineabat. Gradum
addere coepi: at frigus meum aeftuantis
defiderium auxit. Hinc,

    Confumptis precibus, violentam tranfit ad
                iram,
    Intendensque manus, paffis furibunda
                capillis

ingratum animum mihi obiecit. At, cum
nihilominus ego iter perfequor, laciniam
togae meae apprehendens, obnitentem
retinere moliebatur. Hinc vi adhibita,
e manibus matronae me eripui, et, cum
inceffus celeritate praeftantior effem,
breui extra confpectum illius me proripui.
Quanta tunc rabie accenfa in me fuerit,
ex his verbis, quae identidem euomuit,
fcil. *Kaki fpalaki,* i. e. *ingrate canis,* didici.
At dicteria illius Spartana nobilitate con-
coxi, laetus, quod ex hac fapientum
terra, cuius absque horrore meminiffe
nequeo, faluus quodammodo euafiffem.

  Proxima huic prouinciae eft *Nakir,*
cognominem habens vrbem, fiue ingentem
vicum, de quo multa dicere nequeo, cum

maxi-

maxima, qua poteram, feftinatione, regiones, terrae philofophicae vicinas, trans-
eurrerem, ad gentes, philofophiae, in
primis vero anatomiae, minus ftudiofas,
properans. Tantus enim terror animum
inuaferat, vt quemuis in itinere obuium,
àn Philofophus effet, interrogarem, et
cadauera et inftrumenta anatomica quie-
fcentis animo diu oberrarent. Incolae vici
Nakir valde affabiles mihi vifi funt: nam
óbuius quisque officium non petenti offerens, de honeftate fua prolixe teftabatur.
Ridiculas fane iudicabam has conteftationes, cum nullum fufpicionis indicium
dediffem, nec vllius integritatem vnquam
in dubium vocaffem. At, cum nonnullis
indicarem, capere me non poffe, cur
vfui tot conteftationes eásdem addito
iureiurando integrarent. Egreffum hoc
vico, excepit viator tarde incedens, et fub
pondere farcinarum gemens. Subfiftit
ille me vifo, ac vnde venerim, fcifcitatur:
Verum, vbi vicum *Nakir* me nuper trans-
mififfe indicarem, glatulatur faluum me
euafiffe, cum incolae, technarum noti artifices, viatores deplumes a fe dimittere
foleant. Regerebam ego, fi facta verbis
respon-

respondeant, integerrimos esse debere,
cum vnusquisque, haud rogatus, honesta-
tem suam diris execrationibus praedica-
ret. Subridens tunc ille: *Caue, ait, ne
nimium credas propriae integritatis praeco-
nibus, inprimis vero iis, qui diabolum ho-
nestatis suae testem prouocant.* Admonitio
ista alta mihi mente diu reposita est, di-
dicique, recte monuisse subterraneum
hunc virum. Hinc, quoties debitores
de honestate iurant, contractum rescindo,
ac mutuum reposco.

Emensus hanc regionem, stagnum
fului coloris conspicor, ad cuius ripam
parata stabat triremis meritoria, qua vectores in *Terram rationalem* modico pretio feruntur. Pactus de naulo triremem
conscendo, summaque cum animi voluptate iter hoc explico: Quippe machinis
quibusdam latentibus, absque ministerio
remigum, impelluntur naues subterraneae,
incredibilique celeritate aequora sulcant.
Delatus in terram, mercenarium circum-
spicio, eoque duce ad ciuitatem rationalem propero. Dum iter carpimus, statum
mihi ciuitatis, indolemque incolarum, comes itineris luculenter exposuit. Audie-

K 5   bam,

bam', ciues ad vnum omnes Logicos esse,
et vrbem hanc veram esse rationis sedem,
indeque nomen sortitam. Ciuitatem in-
gressus, vera esse, quae narrauerat, expertus sum. Quiuis enim ciuis, ob iudicii
acumen, grauitatem, et compositos mores,
senator mihi apparuit. Hinc, sublatis in
coelum manibus : O terque quaterque
beatam ingemino terram, quae solos Catones parit. At, cum statum ciuitatis
penitius perspexeram, multa hic segniter
agi, et ob defectum stultorum rempublicam quodammodo languescere videbam.
Nam, cum aequa mentis lance omnia
ponderent incolae, et speciosis promissis,
fucatis orationibus, et crepundiis nemo
mouetur, cessant ista media, quibus ad
praeclaros, et reipublicae saepe salutares
conatus, facile, et absque sumptu publico,
animi subditorum acui solent.

Vitia ciuitatis, quae ab exacta ista
rerum ponderatione fluunt, pathetice mihi
explicuit minister quidam aerarii, et quidem his verbis: *Arbor ab arbore hic non
nisi solo nomine et corporis specie distinguitur.
Nulla inter ciues est aemulatio, cum nulla
acquiri possit distinctionis nota, et nemo*
                                        vide-

videtur sapere, cum omnes sint sapientes:
Stultitiam fateor esse vitium, sed vt penitus
exulet, non optandum. Sufficit cuiuis ciui-
tati, vt tot sint sapientes, quot sunt munera
publica. Sint, qui regant, sint, qui re-
gantur. Id, quod meris nugis ac crepun-
diis efficiunt aliarum societatum moderatores,
noster hic magistratus non nisi solidis prae-
miis, quae aerarium haud raro exhauriunt,
perficit. Nam ob praestitam patriae operam,
nucleos poscunt sapientes, stulti vero puta-
mine placantur. Sic exempli gratia distri-
butio honorum ac titulorum, quibus tan-
quam hamis blandientibus capiuntur, ac ad
quosuis labores facile impelluntur stulti,
parum operatur in ciuibus, qui, sola virtute,
ac valore interno, veram existimationem et
solidum honorem acquiri posse, iudicant, ac
proinde speciosis promissis sibi fucum fieri
non patiuntur. Porro, mentio nominis post
mortem in annalibus victuri, ad quaeuis pro
salute patriae subeunda stimulat vestros mi-
lites: Nostri vero, mera haec esse aurium
ludibria putantes, phrasin istam sc. reuera
mori, et in annalibus viuere, *non capiunt,*
cum vanam credant non audituris gloriae
praedicationem: Taceo innumera alia in-
commo-

*commoda, quae e nimio rerum omnium scru-
tinio fluunt, quaeque satis monstrant, necesse esse, vt in republica bene constituta dimidia saltem pars ciuitatis insaniat.* Idem
*in societate est stultitiae effectus, ac fermenti
in stomacho: nam, aut nimio, aut nullo fer-
mento laboramus.*

Haec perorantem summo cum animi
stupore audiebam: At, cum nomine senatus ciuitatem mihi offerret, in eaque domicilium figere, iteratis precibus hortare-
tur, rubore suffundor, suspicans, e concepta de stultitia mea opinione, petitionem
hanc procedere, et fermentum me iudicari, quo opus esset reipublicae, nimia sapi-
entia languescenti. In ista suspicione mox
confirmabar, cum audirem, statutum esse
senatui, ingentem ciuium numerum in co-
lonias mittere, ac in supplementum abe-
untium, totidem stultos e vicinis gentibus
mutuari. Hinc ciuitate ratiocinante sub-
iratus egredior. Diu vero animo obuer-
sabatur axioma istud subterraneum, politicis nostris adhuc incognitum; quod sc.
*in Republica bene constituta necesse sit, vt
dimidia saltem pars ciuitatis insaniat.* Mirabar, praeceptum adeo salutare nostri orbis

bis Philofophos tamdiu latere potuiffe. At
forfitan quibusdam innotuit, fed inter
axiomata politica referre noluerunt, cum
ftultorum apud nos plena fint omnia, et
nullus, abfit inuidia, fit vicus, nedum ciuitas, quae faluberrimi huius fermenti defectu laborat.

Poftquam temporis non nihil quieti
dederam, itineri me reddens, peragraui regiones nonnullas, quas filentio praetereo,
cum pauca ibi infolita, et a vulgaribus rebus abhorrentia, occurrerent. Credebam
tunc, finem effe rerum mirabilium, quas
Globus *Nazar* producit. At, cum in terram *Cabac* dictam ingrederer, noua oculis
fiftuntur monftra, ac ea, quae fidem
omnem excedere videntur. Inter huius
regionis incolas nonnulli funt acephali, fine capitibus nati. Iidem per os in medio
pectore pofitum loquuntur. Hanc ob
caufam, et ob iftud naturae vitium, a muneribus difficilioribus, et quae cerebrum pofcunt, abftineant, cum negotia maioris
ponderis acephalis committi nequeant.
Officia ifta, ad quae admitti folent, aulica plerumque funt. Sic cambellani, aulae magiftri, gynaeceorum praefecti, et ap-

paritores

paritores plerique, e centuriis eorum, qui
absque capite funt, defumuntur. Ex iisdem etiam creantur pedelli, aeditui, aliique, quorum officia fine cerebro peragi
quodammodo poffunt. In Senatum quoque nonnulli, fpeciali magiftratus fauore, et
propter merita parentum, recipiuntur, id
quod absque reipublicae detrimento nonnunquam fieri poteft. Docet enim experientia, in paucis fenatoribus totam refide-
re fenatus auctoritatem, caeterosque numerum tantum implere, ac ad ea fignanda,
aut fubfcribenda, quae ab aliis conclu-
duntur, adhiberi. Ita hoc tempore in fenatu vrbis duo erant affeffores, fine capite
nati, qui tamen fenatoriis ftipendiis frue-
bantur. Nam, licet fenfibus, ob naturalem
defectum, effent deftituti, adfenfum tamen dabant, et fuffragia cum aliis ferebant, feliciores in eo collegis, quod nemo, qui caufa excideret, acephalis fuc-
cenferet, fed in caeteros omnem bilem
euomeret. Et patuit inde, tutius interdum
effe, fine capite nafci. Ciuitas haec paucis huius globi vrbibus magnificentia ac
nitore cedit. Aulam habet, vniuerfitatem, et fplendida templa.

In

In duabus, quas mox intraui, prouinciis, *Cambara* scilicet et *Spelek*, incolae omnes sunt tiliae. In eo vero differunt, quod illi ultra quatuor annos vitae tempora non extendant, his vero longe productius aeuum contingat, nam vulgo ultra quadringentos annos vitam protrahunt. Hinc multos videas auos, proauos, abauos et atauos; audias fabulas veteres sermonesque maiorum, cumque veneris illo, putes te ante aliquot saecula natum. Quantum illorum sortem miserabar, tantum hos felices praedicabam. At, postquam statum vtriusque gentis curatius examinaueram, iudicio me deceptum animaduerti. Prouinciae *Cambarne* talis erat facies. Quiuis incola, intra paucos a natiuitate menses, ad plenam, qua corporis, qua animi maturitatem excreuit, adeo, vt primus annus formationi eiusdem sufficeret, reliqui vero viderentur concessi, vt morti se praepararent. Et cum ita res essent comparatae, speciem haec terra exhibuit reipublicae vere Platonicae, in qua omnes prorsus virtutes maturuere. Nam, cum intuitu vitae breuitatis, quali in procinctu semper starent, aspicientes aeuum

hoc

hoc tanquam portam, per quam ad alteram
vitam subito tranfirent, ita futuri potius,
quam praefentis ftatus imago animis in-
haerebat. Vnusquisque igitur tanquam
verus Philofophus exiftimari potuit, qui
rerum terreftrium fecurus, folum thefaurum, duraturum et perennem, qui in
virtute, pietate, et famae integritate conftat, fectabatur. Vt breui praecidam,
videbatur haec terra angelorum, aut fanctorum domicilium, ac vera fchola, vbi
virtus ac pietas optime doceantur. Exinde patet, quam iniqua fint murmura eorum, qui de breuitate vitae conqueruntur,
eoque nomine quafi litem Deo mouent.
Nam vita noftra breuis dici poteft, quia
maximam eius partem otio ac voluptate
perdimus, longaque fatis foret, fi tempora melius locarentur.

At, in altera regione, vbi aetas vltra
quatuor faecula producebatur, cuncta regnare videbam vitia, quae in genere humano notantur. Ante oculos tantum
praefentia, tanquam aeterna, et nunquam
peritura, verfabantur.

Hinc Fugere pudor, verumque, fidesque
et honeftum,

In

In quorum fubiere locum dolus infidiaeque.
Porro ex ifta vitae longaeuitate alius na-
fcebatur funeftus effectus. Nam ii, qui
cafu bonorum iacturam fecerant, quique
membris mutilati erant, aut in morbos in-
explicabiles inciderant, aetatis longae mo-
ram tremulis vocibus folebant accufare,
ac tandem necem fibi confcifcere, cum ob
vitae longaeuitatem nullum malorum finem viderent: Vitae enim breuitas mi-
feris et afflictis efficaciffimum eft folatium. Vtraque regio materia admira-
tionis meae fuit, indeque egreffus fum
plenus meditationum philofophicarum.

Iter perfequor per loca abrupta ac deferta, quae ducunt ad terram innocen-
tem, vulgo *Spalank.* Regio haec ita dicebatur ab incolarum innocentia, ac paci-
fica indole. Aefculi hi omnes erant, et
omnium mortalium feliciffimi habebantur:
nullis enim affectibus ac paffionibus erant
obnoxii, ac proinde ab omnibus vitiis immunes,

Sponte fua, fine lege, fidem rectumque cole-
bant.
Poena metusque aberant: nec verba minan-
tia fixo

L   *Aere*

Aere ligabantur: nec supplex turba time-
bant
Iudicis ora sui, sed erant sine vindice tuti.
Non tuba directi, non aeris cornua flexi,
Non galeae, non ensis erant: sine militis
vsu
Mollia securae peragebant otia mentes.

In terram hanc delatus, vera esse omnia,
quae fama acceperam, comperi: ingeniis
nempe, non legibus virtutes coli. Inuidiam, cupiditatem, iram, odium, super-
biam, gloriae studium, discordiam, et
cuncta, quae in genere humano notantur
vitia, videbam proscripta. At simul cum
vitiis deerant multa, quae mortales maxime ornare, et creaturas rationales a brutis distinguere creduntur. Praeter Theologiam, Physicam, et Astronomiam, omnes
ignotae erant artes et scientiae: Iurisprudentia, Politica, Historia, Ethica, Ma-
thesis, Eloquentia, multaeque aliae scientiae, ne nomine quidem illis notae. Et
cum nullum inter eos locum obtinent inuidia, ac gloriae studium, nulla proinde
erat aemulatio, quae ad magna ac prae-
clara quaeuis stimulare solent. Nulla
erant palatia, ac splendida aedificia, nulla
senna-

senacula aut fora, ac nullae opes, cum nullus esset magistratus, nullae lites, et nulla habendi cupido. Et vt paucis dicam: aberant vitia, et simul aberant elegantiae, artes, nitor, et innumera alia, quae virtutum nomine veniunt, quae societates ciuiles commendant, ac quae cultos ac politos reddunt homines, adeo, vt in verum potius aesculetum, quam in societatem viderer delatus. Hinc dubius diu eram, quodnam de hac gente iudicium ferrem, ecquid status iste naturalis homini optabilis foret. Tandem vero, cum considerarem, praestare incultam, quam vitiosam vitam agere, ac cum ignorantia artium quarundam abesse latrocinia, furta, caedes, et alia, quae corpus cum anima saepe perdunt, felicem hunc statum agnoui. Dum per hanc regionem incautius ambulo, siniftri pedis crus, lapidi allisum, grauiter laeditur, ac intumescit. Conspicatus hunc casum villicus, illico accurrit, ac manu decerptam vulneri imponit herbam, qua subito mitigatur dolor, ac tumor residet. Exinde coniicere licuit, in arte medendi excellere hanc gentem. Nec coniectura fefellit. Nam, cum intra

tra

tra limites adeo anguftos coarctantur *Spa-*
lankorum ftudia, cortice, velut polyhiftores noftri, non contenti, penitius omnia
rimantur. Cum medico meo ob praeftitam hanc operam gratias agerem, ac Deum
huius beneficii remuneratorem dicerem,
tam folide, erudite, ac pie, licet dictione tenui et agrefti, ille refpondit, vt virum diuinum aut angelum, qui fub forma arboris mihi apparuit, imaginarer. Patuit
inde, quam inique fu ccenfeamus apathi-
ae fectatoribus, quos, dum nihil cupi-
unt, nihil dolent, nihil irafcuntur,
nihil gaudent, omnibus vehementioris
animi officiis amputatis, in corpore igna-
uae ac quafi eneruatae vitae confenefcere
credimus. Patuit vero magis, quantum
errent ii, qui neceffitatem quandam vitiorum mortalibus imponunt, qui iram for-
titudinis cotem, aemulationem induftriae
calcar, diffidentiam prudentiae fomitem
ftatuunt. Nam ex malis ouis non nifi
mali corui nafcuntur, et virtutes quam plu-
rimae, quibus fuperbiunt mortales, et
quas carminibus celebramus, dedecora potius funt, quam ornamenta, fi oculo phi-
lofophico easdem intueamur.

Relicta

Relicta hac terra, iter facio per prouinciam *Kiliac*, vbi incolae nascuntur cum
certis fronti impressis notis, quae numerum annorum, ac viuendi spatium produnt.
Felices quoque hos praedicabam, cum neminem improuisa mors, in ipso peccandi
actu, opprimat. At, cum dies mortis
vnicuique esset perspecta, poenitentiam
in ultimum tempus prorogabant omnes.
Hinc, si quem pium inter eos ac hone-
stum videres, is erat, quem impressae fronti notae receptui canere iubebant. Videbam obstipis passim capitibus ire per vrbem nonnullos: omnes hi mortis candidati erant, qui dies ac momenta in digitos
mittebant, ac cum horrore appropinquan-
tem ultimam horam intuebantur. Hinc
sapienter in eo etiam prouidisse creatorem
videbam, et praestare iudicabam creaturis,
vt mortis hora eas lateat.

Emensus hanc regionem, fretum quoddam, atri coloris, scapha transmisi, ac delatus sum in terram *Askarac*. Noua hic
oculis offeruntur monstra: nam quemadmodum terra *Cabac* animantes generat sine
capite, ita nonnulli huius regionis incolae, septem capitibus distincti, in lucem

L 3   prode-

prodeunt. Infignes hi polyhiftores funt,
quos caeteri olim ciues, ob tantum naturae beneficium, diuino propemodum cultu profequebantur, adeo, vt ex folis eorundem centuriis imperatores, confules,
fenatores, quaeftores defumerentur. At,
cum quot capita illis funt, tot diuerfae indoles, ftrenue quidem et celeriter varia
fimul munera obierunt, nihilque, dum
rempublicam gerebant, intentatum re-
liquerunt, fed ob iftam fimul polypragmo-
fynen, et ob varias iftas, et in vno incola pu-
gnantes ideas, omnia mifere mifcebant, tantaque, procedente tempore, extitit rerum
confufio, vt integri faeculi labore opus
fuerit, ad componendas iftas, quas omni-
fcius hic magiftratus excitauerat, turbas.
Cautum hinc lege eft, vt aeternum a publicis ac momentofis negotiis arceantur fe-
pticipites, et vt respublica deinceps a folis
fimplicioribus, id eft, iis, qui vnum
tantum caput habent, geratur. Hinc, qui
olim tanti ponderis viri, ac Diis proximi
habebantur, in eodem iam fere ftatu funt,
quo acephali regionis *Cabac.* Nam; veluti illi, cum omnino deftituti fint capite,
nihil agere poffunt, ita hi, ob capitum multitudinem,

titudinem, omnia peruerfe agunt. Igitur
heptacephali noftri, ab omni munere publico remoti, in perpetua iam obfcuritate
confenefcunt. Ornamento tamen reipublicae quodammodo inferuiunt. Hiftrionum enim inftar paffim circumducun-
tur, vt artes exhibeant, ac vt monftrent,
quam munifica in iisdem formandis fuerit
natura: at, fi minus prodiga fuiffet, fique
vno folo capite donaffet, longe benignior
dici potuiffet. E tota hac heptacephalo-
rum gente, tres tantum eo tempore in officiis erant, fed ad munera ifta non admiffi
fuerunt, nifi poft amputationem fex capitum, quo fit, vt vno tantum capite re-
manente, confufae, quibus laborabant,
ideae euanefcant, et ad fenfum communem redigantur. Veluti arborum puta-
tores faepe ramos quosdam abfcindunt,
quo remanentibus maior concilietur fani-
tas. Pauci tamen ex heptacephalis iftud
tentamen, ob dolorem et mortis difcrimen,
fubeunt. Didici hinc, omne nimium no-
cere, et veram prudentiam in fimplicitate
cerebri, et compofita mente confiftere.

Ex hac regione per loca deferta itur
ad principatum *Boftanki*, cuius incolae,

L 4 quoad

quoad externam corporis formam, parum
differunt a *Potuanis*, intus vero istud habent anomalon, quod cor in dextro fe-
more sit positum, adeo, vt vere dici possint
corda in femoralibus gestare. Hinc inter
omnes huius globi incolas, maxime timi-
di, et imbelles censentur. Aeger animi ob
itineris molestiam, cum stabulum quoddam prope portam vrbis intrarem, lentum,
ac moras nectentem cauponem acriter in-
crepui. Ille vero ingenua procumbens, lacrimis misericordiam implorabat, dex-
trumque femur tangendum praebuit, quo
palpitationem   cordis   deprehenderem.
Hinc ira in risum versa, lacrimas supplican-
tis detergeo, ac omnem metum abiicere
iubeo.   Surgens ille, manum meam oscu-
latur, ac ad coenae officium digreditur.
At, non ita multo post gemitibus ac, horrendo eiulatu tota personabat culina. Ac-
currens ego, cum stupore videbam, timidum
nostrum cauponem flagellis ac pugnis in
vxorem ancillasque saeuientem. Viso me
in pedes se illico coniicit, ac aufugit. Hinc
ad plorantem familiam conuersus quaero,
qua noxa, aut crimine, virum adeo mansue-
tum, ad tantam iram prouocassent. Illae
vero

vero, oculis in terram defixis, tacitæ diu
ftabant, dolorem indicare non aufæ; me
vero quærere pergente, ac precibus minas
addente, ita fari exorfa eft matrona: „Haud„
fatis perfpecta, hofpes! tibi videtur mor-„
talium indoles. Ciues huius principa-„
tus, qui armati hoftis adfpectum fufti-„
nere nequeunt, et qui ad minimum ftre-„
pitum foras mifere trepidare folent, re-„
gnant omnes in culinis, et in familiam„
inermem faeue graffantur: cum armatis„
bella non gerunt, inermes fint, quas„
oderint. Hinc vicinarum gentium praed-„
dae, ac ludibrio expofita eft respublica„
noftra. At, in gente nobis vicina, cui„
tributum pendimus, alia eft virorum in-„
doles: non, nifi cum armatis hoftibus„
congrediuntur, foras imperant, fed do-„
mi feruiunt. „Mirabar prudentiam matronae, quam meliore forte dignam iudicabam. Et poftquam mores et ingenia humani generis paulo curatius examinaue-
rant, veram matronam dixiffe confeffus fum,
cum innumeris euincitur exemplis, non
folum effe Herculem, quem palla vxoris fubegit, fed vulgo hanc fortium virorum effe fortem, vt iugo muliebri colla patien-

L 5   ter

ter fubdant: contra timidiffimos, et qui
corda cum *Boftanki* incolis in femoralibus
portant, in culinis effe heroës. Gens haec
fub clientela vicini populi, cui vectigalis
eft, perpetuo viuit.

Relicta hac gente, aliam fcapham con-
fcendens, ducor ad terram, *Mikolac* dictam, in hac fcapha furto mihi furripitur
mantica. Poftquam fruftra diu cum por-
titore, furtum pertinaciter negante, rixa-
tus fueram, magiftratum loci adibam, indicans, ex quafi-maleficio faltem ad fimplicem rei reftitutionem teneri portitorem,
fi actio depofiti, aut furti mihi negetur.
Ille vero non folum negare praefracte
pergit, fed infuper calumniae actionem
mihi intendit. In re adeo dubia teftes
pofcit fenatus: at, eum nullos adducere
poffem, iusiurandum aduerfario, quo fe
purgaret, defero. Subridens ad vocem
iurisiurandi, Praetor: ,,Nulla, ait, ho-
,,fpes! hic religione adftringimur, foli
,,nobis dii funt leges patriae. Igitur pro-
,,bationes eiusmodi fieri debent modis le-
,,gitimis, vti expenfi latione, menfae ra-
,,tionibus, chirographi exhibitione, ta-
,,bulatum obfignatione, et teftium inter-
ceffione.

ceffione. Qui hifce deftituuntur, non „
folum fruftra agunt, fed et de calumnia „
damnantur. Teftibus rem planam red. „
de, et depofitum tibi reftituetur. „ Ita ob
defectum teftium caufa cadens, non tam
meam, quam reipublicae huius fortem miferatione dignam iudicabam. Nam patuit inde, quam debiles et infirmae fint fo-
cietates, fi folis legibus humanis nitantur,
et quam exiguae durationis fint aedificia
ifta politica, nifi religionis caemento fir-
mentur. Triduum hic manebam, et interea temporis in perpetuo metu verfabar.
Nam, quamuis faluberrimae fint leges ciuitatis, et crimina grauiffime puniantur;
nulla tamen in gente athea, et omni religionis vinculo foluta, eft, aut exfpectari
poteft fecuritas, cum nulla non fcelera,
modo lateant, perpetrare non vereantur.

Relicta terra athea, et afperi montis iugo fuperato, deferor ad vrbem *Bracmat,*
in planitie, ad montis radices fitam. Incolae huius vrbis iuniperi funt. Primus,
quem obuium habui, tota in me corporis mole ruens, humi fupinum proftrauit,
cumque caufam huius aduentitiae quaererem, veniam conceptiffimis verbis rogat.

Mox

Mox alter palum, quem textra tenebat, lateri praetereuntis impingens, elubem me paene fecit. Imprudentiam quoque hic cauſatur, ingenti verborum fyrmate culpam deprecans. Caecam igitur aut luſcam hanc gentem ſuſpicatus, occurſum praetereuntium ſolicite vitabam. At vitium iſtud oritur ex acuto nimis nonmullorum viſu, quo fit, vt remotiora, quae alios latent, diſcernant, propiora vero, ac quae ante pedes poſita ſunt, prae nimia oculorum acie non videant. Hi vulgo dicuntur *Makkatti*, et ſtudiis tranſcendentalibus, et aſtronomiae plerumque operantur. Nam in rebus terreſtribus, ob lumina nimis arguta, nullius fere uſus ſunt, quoniam minutiarum perſpicaciſſimi obſeruatores, in rebus ſolidis caecutiant. In metallifodinis tamen examinandis opera eorundem vtitur respublica, nam qui terrae ſuperficiem non vident, ea, quae ſub cortice eiusdem latent, perſpiciunt. Didici hinc dari nonnullos, qui ob lumen nimis lynceum caecutientes plus viderent, & minus acute viderent.

Superato abrupto ac difficillimo aſcenſus monte, terram ingredior *Mütak*, cuius

ius

fus metropolis fpeciem praebet faliceti,
cum incolas habeat falices. In forum delatus, robuftum quendam iuuenem confpicor, fella patrocliana fedentem, ac mifericordiam fenatus implorantem. Scifci-
tanti mihi, quid rei effet, refpondetur:
maleficum effe, cui hodie decima quinta
dabitur dofis. Perculfus hoc refponfo, di-
gredior, folutionem aenigmatis ab hofpite meo paulo poft petens. Ille vero ita fari
exorfus eft: „ Flagella, ftigmata, cruces et „
id genus alias poenas, quibus vicinae gen- „
tes fcelera coërcent, penitus nos ignora „
mus, quippe vitia non tam punire, quam vi- „
tiofos emendare conamur. Noxius ifte, „
quem in publica fella nuper fedentem vi- „
difti, auctor eft infulfus, qui ob pruritum „
fcribendi, quem neque legibus, neque ad- „
monitionibus coërcere potuit fenatus, iam, „
publicae poenae, fiue medicinae fubiici- „
tur, et pergent cenfores vrbis, qui omnes „
medicinae Doctores funt, crebris purga- „
tionibus eundem macerare, donec fomi- „
te libidinis reftincto fcribere ceffet. „ Vix
finito fermone ad publicum pharmacopo-
lium ducor, vbi cum ingenti animi ftupore, ordine difpofitas videbam pyxides,
his

his titulis fignatas: PVLVIS AVARI-
TIAE. PILVLAE LIBIDINIS. TIN-
CTVRA SAEVITIAE. LENITI-
VVM, fiue INFVSIO temperans contra
AMBITIONEM. CORTEX contra
VOLVPTATEM. etc. Exprimere non
poffum, quantas hae praeftigiae cerebri
vertigines mihi pepererint. Sed in eo-
ftafin plane coniectus fui, cum viderem
manuícriptorum quorundam faíciculos his
titulis: SERMO MAG. PISAGI, CV-
IVS MATVTINA LECTIO SEX SE-
DES, SIVE RESOLVTIONES ALVI
PRAESTAT. MEDITATIONES DOCT.
IVKESI, QVAE IN SOMNIIS ME-
DENTVR. ete. Valde igitur paradoxam
hanc gentem videbam, et, vt virtutem
horum medicaminum curatius examina-
rem, librum primum aperui. Infulfe
adeo erat fcriptus, vt ad primae fectionis
lectionem ofcitarem, et, cum legere pergerem, murmura inteftinorum, et mox
tormenta fentirem. Hinc, cum optime
mihi valenti purgatione alui non effet
opus, abiecto libro, in pedes me coniicio. Videbam hinc, nihil in mundo plane effe inutile, et libros maxime infipi-
dos,

dos, non omni vfu effe deftitutos. Didici porro, gentem hanc, licet mire paradoxam, non tamen plane ftultam effe.
Teftatus eft hofpes meus, diris fe info-
mniis diu vexatum, e fola Doct. *Iukefi* lectione conualuiffe, tantamque huius libri effe virtutem, vt ipfam vigilantiam fter-
tentem reddat. His et aliis auditis, mi-
ris cogitationum aeftibus agitabar. At ne
circuli priftinae meae philofophiae penitus
turbarentur, terram ocius relinquo, et fane, quod commodum mihi accidit, diutius his cogitationibus immorari non permiferunt noua aliarum gentium prodigia,
et occurrentia paffim phaenomena. Defunctus vero itinere circa hunc globum,
cum philofophiam *Mütacianam* curiofius
rimarer, artem medendi, quam profitetur
haec gens, non plane reiiciendam iudicaui.
Saepe enim expertus fum, in Europa noftra dari libros, qui vomitionem, alui folutionem, aut fomnum legentibus pariunt.
At, quod ad morbos animi attinet, princi-
piis *Mütacianis* fubfcribere non fuftineo,
quamuis fatear, dari infirmitates corporis
nonnullas, quas cum morbis animi con-
fundimus, vti prudenter monuit Poeta
quidam

quidam noftri orbis, fubfequenti epigrammate:

Sexte, diu mecum morbo vexaris eodem,
 Humores acres nos cruciare folent.
Cum mihi fit morbus circa praecordia ver-
  fans
 Exofus, querulus, difficilisque vocor.
At, te aegrotantem, plorant, miferantur,
  amici,
 In pedibus morbi vis quia tota fedet.
Comiter excufant te, cum faltare recufas,
 Immunem clamant, namque podogra te-
  net.
Inter conuiuas at me cantare negantem,
 Faftofum, querulum, difficilemque vocant.
Cum minus ardua res tibi fit faltatio, Sex-
  te,
 Quam fit cardiaco pfallere faepe mihi.

Relicta hac terra, et ftagno quodam
fului coloris traiecto, ad terram Mikrok
adpellor. At', ciuitatem cognominem in-
troiturus, portam claufam offendi. Hinc
fubfiftere aliquamdiu cogor, donec a fo-
mnolento vigile, ferro et compagibus ar-
ctis obftructa, referatur. Alta per totam
vrbem regnabat quies, nifi quod ftertenti-
um ftridor auribus ambulantis obftreperet,
                                    adeo,

adeo, vt in fomni verum domicilium, et quale fingunt Poëtae, delatus viderer. Hinc tacitus mecum: o vtinam hic nafci conti¬ giffet confulibus, fenatoribus quibus¬ dam, aliisque honeftis in patria mea ciui¬ bus, qui, cum pacis amantiffimi fint, in beata hac vrbe, commode ac quiete vi¬ tam transigerent! E fignis tamen ac titu¬ lis aedium, artes ac opificia coli, et iura ex¬ erceri patuit. Ducibus hifce titulis di¬ uerforium detexi, cuius tamen nullus pate¬ bat aditus, cum fores effent claufae et oppef¬ fulatae: nam, quamuis fol medium coeli or¬ bem traieciffet, nox erat incolis. Tandem, poftquam crebris affultibus fores infeftaue¬ ram, intromittor. Tempora hic in vigin¬ ti tres diftinguuntur horas, quarum nouen¬ decim fomno dantur, reliquae quatuor vi¬ gilio. Hinc mirum rerum tam publicarum, quam priuatarum neglectum fufpicatus, ci¬ bi, quicquid ad manum erat, ocius afferri iu¬ beo, cum vererer, ne coquum in ipfo prandii apparatu nox opprimeret. At, cum cun¬ cta hic compendio fiant, et omne, quod fuperfluum eft, reiiciatur, diecula *Mikro¬ kianorum* fatis longa eft, et rebus pera¬ gendis fufficiens. Poft prandium, quod

M   exfpe-

exſpectatione citius mihi afferebatur, ab
hoſpite per vrbem ducor. Templum intrauimus , vbi habitus fuit ſermo, breuis
quidem, ſi temporis, ſatis vero longus, ſi
ponderis ratio habeatur. Statim ad rem
acceſſit orator, nullae erant ambages, tau-
tologiae nullae, nihil ſuperfluum, adeo
vt, ſi cum longiſſimis Mag. *Petri* ſermo-
nibus, qui nauſeam mihi ſaepe mouerunt,
ſubterraneam hanc orationem comparem,
altero tanto copioſior eſt viſa. Eadem breuitate res forenſes expediuntur. Paucis
multa referunt aduocati, et teſtes mox
examinandos proferunt. Memini me tabulam initi nuper cum vicina gente foe-
deris videre, quod conceptum erat his verbis: *Amicitia perpetua erit inter populum Mi-
krokianum et Splendikanos. Limites vtriusque imperii erunt fluuius Klimac, cum iugo
montis Zabor. Subſcripſimus etc. etc.* Ita
tribus lineis abſoluitur hic, quod integra
volumina apud nos expoſcit. Patuit hinc,
minori cum ſtrepitu et temporis diſpen-
dio ad metam perueniri poſſe, ſi ſuperflua
tollantur, vti dimidio breuiora viatori forent itinera, ſi recta ſemper incedere liceret.
Incolae huius vrbis omnes cupreſſi ſunt,

fron-

frontibus tuberofis ab aliis arboribus di-
ftinctae. At ifta frontium tubera, ftatis
auctibus ac diminutionibus crefcunt de-
crefcuntque, et, cum intumefcere incipi-
unt frontes, grauedo fenfim obrepens, vtpote humoribus ab vlcere frontis in oculos defcendentibus, noctem appropin-
quantem indicat.

Vnius fere diei itinere ab hac terra di-
rimitur *Makrok*, fiue vigilantium regio:
quippe incolis, nunquam dormientibus,
perpetuum eft peruigilium. Vrbem ingreffus, feftinanti cuidam iuueni obuium me
fifto, humillime obfecrans, vt commodum
mihi aliquod hofpitium monftrare dignaretur: ille vero occupatum fe dicens, eodem impetu iter perfecutus eft. Tanta
omnium erat feftinatio, vt per vrbis vicos,
ac regiones, non ambulare, fed currere, aut
volare viderentur, ac fi metus effet, ne nimis fero venirent. Hinc ardere vrbem,
aut alio improuifo malo exterritos ciues fufpicatus, diu folus errabam, donec ad hofpitium, quod fufpenfa ante fores tabula
indicabat, delatus fum. Videbam hic
alios difcedentes, afcendentes alios, alios prae nimia feftinatione cefpitantes, adeo,

vt horae fere quadrantem in atrio aedium
ftarem, antequam intromitterer.   Innumeris mox et inutilibus quaeftiunculis excipior.   Quaerebat hic, cuias effem, quo
tenderem, quam diu in hac ciuitate com-
morarer: ille, vtrum pranfurus feorfum,
an in communi, aut in qua ftabuli cella,
an in rubra, viridi, alba, an atra, an in
fuperiori, an in inferiori domus contignatione, et eiusmodi generis alia.   Hofpes,
qui fimul curiae cuiusdam inferioris erat
fcriba, ad officium prandii digreffus, paulo
poft reuertitur, ingentique verborum fyrmate proceffum mihi litis, quae decem iam
annos durauerat, quaeque iam coram foro decimo quarto agebatur, exponit. Spe-
ro, ait, intra biennii fpatium terminandam
fore, cum duo tantum fuperfint fora, vltra
quae nulla datur appellatio.   Attonitum
me hac narratione reliquit, et patuit inde,
in nihilo agendo hanc gentem effe occupa-
tiffimam.   Dum aberat hofpes, aedes paffim circumreptans, in bibliothecam quandam incidi.   Ampla fatis ac inftructa erat,
fi numerum, tenuis vero ac inops, fi
pondus librorum fpectes.   Inter libros,
qui nitidiffime compacti erant, notabam fe-
quentes: 1) De-

1) Defcriptio Templi Cath. 24 vol.
2) Obfidio arcis Pehunc - - 36 vol.
3) De vfu herbae Slac - - 13 vol.
4) Oratio fun. in obitum Senatoris Iackfi, 18 vol.

Reuerfus hofpes, ftatum mihi vrbis deline-
auit, vnde conieci, plura a dormientibus
Mikrokianis, quam a perpetuo vigilanti-
bus *Makrokianis* peragi negotia, cum nucleos illi arripiunt, hi vero in cortice et
putamine ludunt.   Sunt quoque cupres-
fi huius regionis incolae, et externa corporis fpecie, fi frontium tubera excipias,
parum a *Mikrokianis* differunt.   Sangui-
nem tamen aut fuccum non habent, qualem aliae huius globi animatae arbores.
At loco fenguinis per venas fluit craffior
quidam liquor, qui virtute mercuriali
praeditus eft.   Et funt, qui verum ac ge-
nuinum mercurium autumant, cum in
thermometris eundem effectum producat.

Bidui itinere ab hac terra diftat respublica *Siklok*, quae in duas foederatas foci-
etates, fed fub diuerfis ac oppofitis legibus
viuentes, fubdiuiditur.   Prima dicitur
Miho, condita a *Mihac*, infigni olim legislatore, fed inter fubterraneos altero Ly-
M 3   curgo.

curgo. Legibus hic in primis fumptua-
riis rempublicam firmaturus, omnem lu-
xum feuere cohibuit. Hinc focietas ifta,
ob continentiam, ac parfimoniam, noua dici meretur Sparta. At mirabar, in republica optime conftituta, et legum praeftan-
tia fuperbiente, tot dari mendicos: nam,
quocunque fe vertebat oculus, arbor erat
ftipem petens, adeo, vt nullum iter viatori
fit moleftius. Curatius ftatum reipublicae perpendens, didici, ex ipfa incolarum
continentia miferias hafce fluere. Omni
enim luxu profcripto, et opulentioribus
genium defraudantibus, defidem, inertem, ac mendicam vitam agit plebs, cum
nihil habeat, vnde quaeftum faciet. Didici hinc, tenacitatem ac parfimoniam
eundem in rebus politicis effectum, quem
obftructio fanguinis in corpore humano
parit, producere.

In altera focietate, cui nomen *Libo*,
laute ac genialiter viuitur, ac nullis fumptibus parcitur. Hinc artibus opificiisque
paffim florentibus, ad labores, quibus non
folum paupertatem expugnare, fed et di-
tefcere queant ciues, acuunt. Et, fi quis
paupertate prematur, propriae defidiae in-
digentiam

digentiam imputet, cum quaeftus facien-
di nulla defit occafio. Ita opulentiorum
profufio toti ciuitati animam dat, non fecus, ac circulatio fanguinis membra corporis roborat, ac vegeta reddit.

Huic regioni contermina eft *Lama*,
Medicorum celeberrimum domicilium.
Tanto ibi ftudio ars medendi excolitur,
vt genuinus Medicinae Doctor nemo cen-
featur, nifi illuftrem *Lamae* fcholam fre-
quentauerit. Hinc tanta Doctorum multitudine oppleta eft vrbs, vt facilius fit
Doctores, quam homines inuenire. In-
tegras quoque plateas occupant pharma-
copaeorum tabernae, et inftrumentorum
anatomicorum officinae. Dum femel otiofus per vrbem ambulo, obuiam habui ar-
bufculam, catalogos defunctorum huius
anni venales offerentem. Videbam non
fine ftupore, natas fuperiore anno centum
quinquaginta arbores, at fexcentas effe
mortuas. Capere fane non poteram, in
ipfa Apollinis arce, tantam quotannis fieri
poffe ciuium ftragem. Bibliopolam proinde rogo, ecqua infolita tabes aut peftis
vrbem fuperiori anno depopulata fuiffet?
refpondet ille, duobus abhinc annis plures
M 4 fuiffe

fuiffe defunctos, folitam hanc effe pro-
portionem inter natos ac defunctos, ho-
rumque numerum triplo plerumque effe
maiorem, cum incolae huius vrbis perpetuis vexentur morbis, qui mortem ac-
celerant, adeo vt, ni quotannis fupple-
menta mitterent prouinciae, breui vacu-
ae foret vrbem. Hinc iter maturaui, in-
confultum ducens, diutius hic haerere,
maxime, cum nomen Medici, et afpectus
inftrumentorum anatomicorum, poft ea,
quae in terra philofophica acciderant,
nondum animo excidiffent. Igitur relicta
hac terra, in itinere non fubftiti, antequam ad vicum, quater mille paffus inde
diftantem, venirem, vbi incolae absque
medicis, et fimul absque morbis viuunt.

Poft bidui iter in terram liberam delatus fum. Singuli huius terrae incolae
fui iuris funt, et conftant e familiis fegre-
gibus, nullis neque legibus, neque imperiis fubiectis, fpeciem tamen focietatis
feruant, et in re communi confulunt fe-
niores, qui ad pacem ac concordiam perpetuo hortantur, et de primario ifto naturae praecepto, fcilicet, *quod tibi non vis
fieri, alteri ne facias*, admonent. Cunctis
vrbium

vrbium ac vicorum portis caelata ſtabat
libertatis effigies, vincula catenasque cal-
cans, cum hoc epigrammate: AVREA
LIBERTAS. In prima, quam intrabam,
ciuitate, omnia ſatis tranquilla videbam,
at certis faſciis diſtincti incedebant ciues,
quae notae ac ſymbolae erant factionum,
in quas tunc deſcripta erat ciuitas. Aditus potentiorum domuum armatis obſepti
erant cuſtodibus, et omnes quaſi in procinctu ſtabant, cum finitis induciis bellum poſtridie recrudeſceret. Hinc trepidus aufugiebam, nec liberum me credebam, antequam extra conſpectum liberae
terrae me proripueram.

Proxima huic terrae eſt *Iocktana*, ad
cuius deſcriptionem exhorrui, cum omnia
turbata magis, intuta, et confuſa crederem, quam in terra libera. Erat enim
haec regio omnium religionum ſentina ac
colluuies, et cuncta, quae per totum
hunc planetam ſparſa erant dogmata, hic,
tanquam in centro reperta, publice docebantur. Igitur ad animum reuocans,
quot fluctus in plerisque Europae ſocieta-
tibus ciere ſoleat religionum diuerſitas,
vix auſus ſum ingredi metropolin *Iocb-*
M 5 *tanſii,*

tanfii, vbi, quot regiones, vici ac plateae, tot templa, diuerſae, ac oppoſitae ſectae numerabantur. At euanuit mox timor, cum ſummam vbique regnare viderem concordiam, nullis ruptam querelis. Vna in rebus politicis erat facies, vna omnibus mens, vna quies, vnus labor erat. Nam, cum poena capitali ſancitum eſſet, ne alter alterius ſacra turbaret, aut alter alteri, ob dogmatum diuerſitatem ſuccenſeret, diſſenſio erat absque hoſtilitate, diſputatio absque altercatione, et nullum enaſci potuit odium, quia nulla erat perſecutio. Tantum perpetua, ſed honeſta inter diſſentientes erat aemulatio, cum quaeuis ſecta, vitae et morum ſanctitate, religionis ſuae praeſtantiam euincere conaretur. Igitur cura magiſtratus effectum eſt, vt dogmatum diuerſitas non maiores hic moueret turbas, quam diuerſae in foris mouere ſolent mercatorum tabernae, aut opificum officinae, quando ſola mercium, aut opificiorum bonitate, emptores alliciunt, nulla adhibita fraude, nulla violentia, aut obtrectatione, quo fit, vt cuncta, quae enaſci queant, diſcordiarum femina ſuffocentur, ac ſola foueatur honeſta

nefta, et reipublicae falutaris aemulatio.
Hinc patuit, non e religionum varietate,
fed e fola perfecutione turbas, quae alibi
regnare folent, oriri. Mores huius gentis,
indolem regiminis, et caufas tranquilli
ftatus, fufius mihi expofuit Literatus quidam *Iochtanenfis*, auideque ego perorantis
verba excipiens, alta mente repofui. Diu
quidem obiectionibus meis dicenti ob-
ftrepebam, tandem vero victas dare manus cogebar, cum infigni adeo experimento thefes fuas euinceret. Igitur non
fuftinens fidem fenfibus abnuere, ac id,
quod res facti erat, praefracte negare,
libertatem credendi, verum huius tran-
quillitatis, ac concordiae fontem agnofce-
bam: at, alio pugnae genere aduerfarium
adortus, officium aiebam effe legislato-
rum, in rebuspublicis condendis, futuram
potius, quam praefentem mortalium felicitatem, et non tam id, quod mortalibus
in hac vita conducit, quam quod Creatori
placeat, refpicere. Tunc ille hunc in
modum fari exorfus eft: „Falleris, ho-„
fpes! dum Deum, veracitatis fontem,„
fucato cultu ac hypocrifi delectari credis.„
In gentibus aliis, vbi ad certam credendi„

normam

„normam publica omnes auctoritate ad-
„ftringuntur, feneftras aperiri videmus
„ignorantiae aut fimulationi, cum nemo
„nec velit, nec audeat, veros animi fenfus
„depromere, fed plerique aliud lingua
„profitentur, aliud in pectore feruant.
„Hinc frigida adeo Theologorum ftudia,
„ac veritatis detegendae neglectus: hinc
„etiam profanae eruditionis cultus, cum
„ipfimet facerdotes, ne infami haeretico-
„rum titulo notentur, a meditationibus
„facris abftineant, ac ad alia ftudia, quae
„minori cum difcrimine excolere poffunt,
„ac quae tot compedes libertati non inii-
„ciunt, deflectant. Damnari vulgo folent
„omnes, qui a regnanti quadam opinione
„difcedunt. Hypocritas vero ac fimula-
„tores improbat Deus, cui erroneus can-
„dor antiquior eft verae, fed fimulatae
„fidei profeffione. „ His auditis, fubti-
cui, cum gente adeo arguta difputandi
aleam inire non fuftinens.

Duorum fere menfium fpatium itineri
huic infumferam, cum tandem *Tumbac,*
regionem principatui *Potuano* confinem,
intrarem, quam tanquam patriam intuebar, tum molefto itinere iam prope de-
fun-

functum me viderem. In colae huius regionis maximam partem oleaſtri funt,
gens deuota admodum ac aſpera. In primo, quod intrabam, ſtabulo, binas fere
horas ieiunus ſtare cogebar, ientaculum,
quod fruſtra ſaepe flagitaueram, expectans.
Cauſa cunctationis erat intempeſtiua ho-
ſpitis religio, cum manum operi admoue-
re nollet, antequam preces matutinas ab-
ſoluiſſet. Defunctus ſolito pietatis officio,

Tandem intrans, magno porrexit murmu-
re panem,
Pallidus, et caulem miſero mihi ponit olen-
tem
Lanteram. -   -   -   -

At, ientaculum iſtud impendio mihi ſtetit,
et teſtor, in deuotum magis, magisque ſimul immitem cauponem me nunquam in-
cidiſſe. Hinc ita mecum: ſatius eſſe par-
cius precari, et paulo largius opera pietatis exercere. Dolorem tamen diſſimula-
bam, ſatis gnarus, periculum eſſe, coele-
ſtibus animis crabrones irritare. Quot ciues in hac vrbe, tot rigidi Catones, ac morum erant cenſores. Cuncti per plateas
ambulant obſtipis capitibus, ac demiſſis ramis,

mis, contra vanitatem mundi perpetuo de-
clamantes, ac quamuis innoxiam voluptatem damnantes: omnia enim feuere re-
prehendunt vsque ad geftus et rifus, perpetuisque cenfuris, ac atra verborum fuli-
gine, fanctitatis nomen ementiuntur omnes.
Et cum feffus ego, et exhauftus tot laboribus, innoxiis ludis animum fouere ac erigere vellem, male eo nomine paffim audiebam, adeo, vt quaeuis domus rigidum mihi tribunal, coram quo peccatorum confes-
fio fieret, videretur. Nonnulli, cum monitis ac caftigationibus parum me moueri
viderent, tanquam peftem, aut aliam aeque
contagiofam luem, me fugiebant. In mo-
rofitatem huius gentis fufius commentari
fuperfedeo: afferam vnum tantum exemplum, quod *Tumbacorum* characterem graphice exprimit, et vnde de caeteris facile
fiat coniectura. Oleafter quidam, olim,
dum vterque *Potu* fuimus, mihi familiaris,
me forte cauponam quandam praetereun-
tem confpicatus, intrare iubet. Et cum
audiuiffet, genio me nonnihil indulgere,
acerbitate in mores et vitam meam inuectus
eft, vt comae mihi ftare, membraque treme-
re coeperint. At, dum ifta fulmina vibrat

Cato

Cato nofter, vnum atque alterum pocu-
lum identidem haufimus, donec ebrii ambo in terram fupini cadimus, et ab ac-
currentibus domum femimortui trahimur.
Exhalata crapula, cum experrectus ad
me ipfum redirem, indolem huius religionis ferio examinabam, ac patuit tunc, ze-
lumg entis, e vitiofis potius humoribus, ac
bile, quam a vero pietatis motu, fluere.
Nemini tamen hic mentem meam indicaui, fed tacitus paulo poft abii.

Poft duorum menfium intercapedinem,
domum tandem redii, valde fatigatus, nam
fuccifi e continua ambulatione poplites, vix
membra fuftinebant. Ingreffus vrbem
Potu decimo die menfis Efculi, epheme-
rides meas principi ftatim humillime obtuli, quas fua Serenitas mox typis euulga-
ri iuffit. (Notandum eft, typographiae
artem, cuius inuentores fe iactant Europaei ac Seres, longe antiquiorem hic effe.)
Itinerarium *Potuanis* ad palatum adeo fuit,
vt crebra eiusdem lectione fatiari nequirent. Currebant per cunctas vrbis regiones ac vicos cum hifce ephemeridibus arbufculae, vociferantes: ITINERARI-
VM CVRSORIS AVLICI SCABBAE
CIRCA

CIRCA TOTVM ORBEM. Hoc ego
fucceſſu tumidus, ad maiora adſpirare coepi, munus quoddam magni ponderis mihi
pollicitus. At, cum ſpe mea deceptum
me viderem, nouam Principi inſinuaui
petitionem, in qua labores meos extol-
lens, debitum meritis meis hoſtimentum
flagitaui. Princeps, vt erat pius ac beni-
gnus, precibus meis mouetur, curamque
ſe mei habiturum gratioſe promittit: ſtetit equidem promiſſis, at totus fauor in
annui mei ſtipendii augmentum termina-
batur. Aliam ego laborum compenſatio-
nem ſperaueram, quocirca iſto fauore ac-
quieſcere nequibam. At, cum crebriori-
bus petitionibus Principem fatigare non
ſuſtinuerim, magno cancellario dolorem,
qui circa praecordia verſabatur, expoſui.
Solita querelas meas humanitate excepit
prudentiſſimus vir, operam ſuam pollicitus, ſed monuit ſimul, vt deſiſterem a
petitione adeo abſurda, iuſſit me buccae
meae menſuram noſſe, ac tenuitatem iudicii metiri: „Naturam, ait, nactus es
„nouercam, et defunt tibi animi dotes,
„quibus ad momentoſa reipublicae negotia
„panditur iter. Sequi non debes, quae
aſſequi

affequi nequeas, aliorum naturam imi-,,
taturus, omittas tuam. Porro, fi ea,,,
quae ftulte petis, obtineres, Principem,,,
ait, eo nomine male auditurum, ac,,
leges infringendas: acquiefcere igitur,,
forte tua, ac fpem, cui natura refraga-,,
tur, abiicere debes.,, Fatetur quidem
merita mea, et extollit labores, quos
nouiffima peregrinatione fubierim: at,
non eiusmodi, ait, effe merita, quae ad
munera reipublicae viam fternunt; nam,
fi ob quemuis laborem, ob quoduis meritum, ad fummos honores deberetur promotio, quiuis opifex, pictor, aut fculptor,
ob dexteritatem in ftatua fingenda, aut
tabula pingenda, fenatoriam dignitatem,
tanquam laboris praemium, fibi deberi
contenderet. Merita quidem remunerari
debere, at danda effe praemia merentibus
conuenientia, ne respublica quid detrimenti capiat, aut ludibrio exponatur. His
admonitionibus motus, rurfus aliquandiu
filui. At, cum in vili adeo occupatione
canefcere, nimis durum atque acerbum
mihi effet, defperatum iftud, quod inter-
miferam, refumo confilium, reformationem aliquam in rebus politicis meditatus,

N   quo

quo nouo aliquo commento, et reipublicae
inferuirem, ac proprio meo commodo
fimul profpicerem.

Paulo ante nouiffimum iter, ftatum
huius Principatus ftudiofe examinaueram,
vifurus, ecquid vitia, quibus maxime la-
borabat, detegerem, ac fimul, quaenam
remedia effent adhibenda. E ftatu Prouinciae *Coclekuanae* didiceram, nutare
rempublicam, ob mulierum ad munera
publica admiffionem, cum eaedem natura
ambitiofae, auctoritatem et potentiam in
infinitum extendere laborent, nec quie-
fcant, antequam plenum ac abfolutum
imperium fibi acquifiuerint. Hinc ferre
decreui rogationem, de excludendis, ab
adminiftratione munerum publicorum,
mulieribus, fperans, me non paucos fuf-
fragatores reperturum, cum rem liquidam facere, et mala, quae exinde queant
nafci, ac in quantum difcrimen adduci
poffit fexus virilis, ni impotentiae muliebri mature nerui incidantur, ante oculos
omnium ponere facile mihi foret. Et, fi
confuetudinis huius plena abolitio nimis
ardua plerisque videretur, refraenandam
faltem, et coarctiorem reddendam effe
poten-

potentiam muliebrem, contenderem. Legis huius fuafionis triplex erat fcopus.
1) Viderer mederi velle vitio, cui respu-
plica erat obnoxia.   2) Nobili ac prudenti commento iudicii ac ingenii fpecimen exhibendo, fortem meam paulo
meliorem redderem.   3) Vlcifcerer iniuriam, a mulieribus mihi illatam, et
maculam, ab iisdem mihi faepius afperfam,
diluerem.   Nam fateor lubens, proprium
commodum, aut vindictae defiderium,
huius confilii praecipuum fuiffe fomitem.
Mentem tamen callide diffimulabam, ne
fub praetextu publici commodi, proprio
tantum velificari, ac aliorum veftigia
premere viderer nouatorum, quorum
confilia vtilitatem plerumque publicam
prae fe ferunt, quamuis curiofius riman-
tibus appareat, proprium commodum,
primum ac praecipuum effe argumentum,
quo impelluntur.

Confilium iftud, ea, qua poteram, arte
formatum, efficaciffimisque rationibus
munitum, humillime Principi obtuli.
Ille, cum fingulari me femper profecutus
effet fauore, obftupuit ad audax adeo et
ftolidum inceptum, quod perniciem mihi

alla-

allaturum ominabatur. Quocirca precibus a molimine iſto me deterrere conatur,

- - *precibusque minas regaliter addit.*

Mihi vero, freto non minus commenti
vtilitate, quam fauore totius ſexus virilis,
quem cauſam communem non deſertu-
rum ſperabam, mens immota manebat,
adeo, vt nullis admonitionibus euerberari
pertinacia potuerit. Hinc, ſecundum legem gentis, ad forum cum laqueo abſtra-
hor, expectaturus ibi ſenatus iudicium.
Coacto ſenatu, et latis ſuffragiis, ſententia
ad Principem mittitur confirmanda, ab
eoque remiſſa, voce praeconis enunciatur,
his verbis:

„ Habito maturo examine, iudica-
„mus: Legem D. Scabbae, curſoris au-
„lici primarii, de excludendo a muneri-
„bus publicis ſexu ſequiori latam, per-
„ferri non poſſe, niſi ſummo cum totius
„reipublicae detrimento, cum dimidia
„pars gentis, quae e ſexu muliebri con-
„ſtat, hanc innouationem aegerrime ſit
„latura, ac reipublicae proinde moleſta,
„ac infenſa reddatur. Porro exiſtimamus,
„iniquum eſſe, praeclarae indolis arbores
„ab honoribus, quibus ſe dignas praebent,

omnino

omnino remouere, maxime, cum con-,,
ftet, a natura, nil temere agente, tot,,
egregiis dotibus incaffum easdem non,,
effe ornatas. Credimus, falutem reipu-,,
blicae pofcere, vt ingeniorum potius,,
quam nominum refpectus, in promotio-,,
nibus habeatur. Et, cum faepe inopia,,
hominum ftrenuorum laboret regio,,
ftultum effe, vno edicto, vel fenatuscon-,,
fulto, totam dimidiam partem, ob folam,,
nafcendi fortem inhabilem, et officiis,,
indignam pronuntiare. Hinc re ferius,,
penfitata, praedictum Scabba ob ftultum,,
adeo, ac temerarium confilium, more,,
maiorum plectendum, iudicamus. ,,

Grauiter hunc cafum tulit Princeps,
at, cum nunquam refcindere foleret fe-
natusconfultum, fententiam propria manu fubfcriptam, et folito figillo firmatam,
publicari iuffit, addito tamen hoc tempe-
ramento, vt, quoniam alienigena effem,
ex nouo fcilicet et incognito oriundus
orbe, vbi praecox ingenium inter virtutes
ponitur, poffem eo nomine a fupplicio
capitali liberari. At, ne poenae remiffione leges infirmarentur, in carcere cu-
ftodirer, vsque ad initium menfis Betulae,

N 3 et

et tunc, cum aliis legum violatoribus, ad firmamentum ablegarer.

Sententia publicata, in carcerem compingor. Suafores mihi tunc erant nonnulli amicorum, vt contra fententiam hanc proteftarer, cum inter iudices meos tot matronae aut virgines fuiffent, quae in propria caufa iudicaffent. Aliis vero tutius videbatur, culpam agnofcere, factumque ftoliditate natiua, ac gentilitia excufare. At, confilium hoc conftanter reieci, idque refpectu hominum fuperterraneorum, quorum exiftimationi tali confeffione non leuis macula inureretur.

Audiui mox, decreuiffe Principem, ab omni me poena liberare, modo fimpliciter gratiam illius imploraffem, delictique veniam petiiffem, quamuis *Rabagna*, fiue aerarii praefecta, manibus pedibusque libertati meae obniteretur. At, vt verum fatear, fententiam non aegre ferebam. Nam munus iftud, quod exercebam, morte mihi acerbius erat, ac pigebat, me diutius conuerfari cum arboribus hifce, nimia fapientia turgidis. Sperabam quoque, meliorem fortem in firmamento, vbi omnes, fine difcrimine, aduenas benigne recipi audiueram. CAP.

* * * * * * * * * * * * * * * * * * * *

CAPVT X.

ITER AD FIRMA-
MENTVM.

Nihil a me hactenus dictum eſt de ſtu-
penda iſta ad firmamentum relegati-
one, quocirca hic, tanquam loco maxime
idoneo, itineris huius conſpectum dabo.
Solent bis quouis anno apparere alites
quaedam, inuſitatae magnitudinis: dicuntur hae *Cupac*, ſiue (Poſtvogel,) quae ſtatis temporibus veniunt, ac reuertuntur.
In ſtati huius reditus ac abitus cauſis detegendis, diu deſudarunt Phyſici ſubterranei.
Quidam putant, illectas inſectis quibusdam, aut ingentis magnitudinis muſcis,
quarum hoc anni tempore ingens eſt pro-
uentus, et quarum appetentiſſimae ſunt
hae alites, in planetam hunc deſcendere,
nec me poenitet horum ſententiae eſſe.
Rem liquidam inde fieri putant, quod eua-
neſcentibus his muſcis, ſtatim verſus firmamentum reuolent. Iſtud ductu quodam
naturae fieri poſſe, euincitur exemplis aliarum auium, quae ſtatis temporibus pro-

N 4 cul

cul dubio, iisdem ex caufis, in certis terris
apparent. Alii credunt, alites has ab
incolis firmamenti ita effe inftructas, ac
exercitatas, vt emitti ab iisdem queant
tanquam falcones, ac aues venaticae, praedam ab aliis terris reportaturae. Nititur hy-
pothefis haec extrema ifta folicitudine ac
dexteritate, qua vtuntur itinere hoc defun-
ctae, cum praedam, fiue vectores deponant.
Monftrant quoque ex aliis circumftantiis,
aut ftudio inftructas effe has aues, aut rationis non expertes: nam, cum abeundi
tempus inftat, manfuetae adeo et cicures
redduntur, vt iniici fibi patiantur retia,
aut plagas, fub quibus quietae ac immobiles aliquot dies latent, intereaque, quafi
e manibus incolarum, pafcuntur infectis,
quorum ingens eum in finem coacta eft
copia. Nam opus eft, vt hac efca retine-
antur, donec praeparentur ea, quae in
exilium abituris funt neceffaria. Apparatus huius profectionis hunc in modum fieri
folet: Plagis iftis, quibus illaqueatae tenentur alites, cafula fiue arca reftibus fir-
mata annectitur. Quaeuis arca vnius tantum arboris fiue hominis eft capax. Ap-
propinquante iam profectionis tempore,

et

et deficientibus infectis, quae pabulo auium inferuierant, pennis affurgunt alites, ac per aetheris regionem iter remetiuntur. Talis erat mirabilis haec vectura, qua mihi cum aliis captiuis opus erat in nouum orbem transferendis. Tunc temporis in procinctu itineris mecum ftabant duo ciues *Potuani*, qui ob alia crimina exilio damnati erant. Horum alter erat Metaphyficus, qui legem infregerat, difputando de effentia Dei, et fpirituum natura. Audaciam hanc poena venaefectionis expiauerat, mox vero cum deprehenfus fuiffet in propofito perfiftere, relegatus ad firmamentum fuerat. Alter Fanaticus erat, qui dubia de rebus facris, et iure poteftatis ciuilis mouendo, vtriusque fundamenta fubruere videbatur. Legibus hic publicis parere noluit, obedientiam ciuilem confcientiae fuae aduerfari caufatus. Tentarunt amici, efficaciffimis argumentis hanc pertinaciam expugnare, monftando, quot illufionibus confcientiae dictamia, ac imaginariae infpirationes fint obnoxiae: faepias aiebant, zelum, confcientiam, aut infpirationem, cum melancholia, aut corruptis corporis humoribus confundi, monftra-

bant

bant porro, quam ftolidum fit, ad auctoritatem confcientiae prouocare, et quam
iniquum, contendere, vt motus animi mei
norma credendorum fit aliis, qui iisdem
argumentis vti, et confcientiam confcientiae opponere queant. Tandem often-
debant, neminem, qui huic principio
mordicus adhaeret, confcientiae velum
tenacitati obtendens, iure ciuitatis frui
poffe, cum boni ciuis fit, caece legibus
publicis obfequi, obedientiam vero talem
praeftare, nec velle, nec poffe fanaticum,
cui fola in rebus politicis norma fit animi
dictamen. At, cum argumenta et proba-
tiones parum operentur in fanaticis, tanquam obftinatus, et incorrigibilis profcri-
bitur, et ad firmamentum relegatur. Ita
eodem tempore tres fuimus, huic itineri
deftinati, fcilicet Nouator, Metaphyficus
et Fanaticus.

Circa initium menfis Betulae, finguli e
carcere ad loca feparata ducimur. Haud
mihi conftat, quid collegis meis porro
contigerit; nam de me ipfo tantum foli-
citus, alia non curabam. Perductus ad locum deftinatum, ftatim in arcam, fiue ca-
fulam trudor, cum alimento, quantum itineri

neri aliquot dierum fufficere poterat. Non
ita multo poft, cum nullum fibi pabulum
afferri fenferint alites, de abitu quafi ad-
monitae, globum relinquunt, incredibili celeritate aethera fecantes. Credunt vulgo
fubterranei, centum milliarium fpatio planetam *Nazar* a firmamento diremptum.
At, quantum temporis itineri infumpferim,
dicere nequeo, vifa vero eft nauigatio
haec aetherea viginti quatuor horas duraf-
fe. Poft diuturnum filentium tandem
confufus clamor aures meas ferire coepit,
vnde coniiciebam, haud procul a terra me
abeffe. Videbam tunc, ftudiofe inftructas ac exercitatas effe has alites; nam
tanta cura ac arte arcam terrae impofue-
runt, vt illaefa omnino manferit. Ingenti mox multitudine fimiorum cingor, quorum adfpectus metum mihi haud leuem
incuffit, quoniam ab his animantibus, in
planeta *Nazar*, maxime fueram vexatus.
Augetur iniectus ftupor, cum fimios hofce fermones ferere audirem, cumque ver-
ficoloribus indutos veftibus, compofitis-
que gradibus incedere confpicerem. Coniiciebam tunc, incolas huius terrae effe.
At, quoniam in ifta rerum, quibus iam dudum

dum infueueram, paradoxarum farragine,
nihil nouum amplius ac infolens videri de-
buerit, animum refumo, maxime, cum
viderem, fimios hos mira vrbanitate procedere, ac e cafula nouum me hofpitem
humaniter educere. Nam vix pluribus
caeremoniis in noftro orbe recipiuntur
gentium Legati. Vnusquisque ordine ac-
cedens, alloquitur his verbis: *Pul Affer.*
Poftquam hanc aduentitiam faepius itera-
uerant, verbaque eadem ego tandem re-
gefferam, immodicos edebant cachinnos,
comicisque geftibus indicabant, vocis
iftius repetitione mire fe delectari. Animaduertebam mox, incolas hos effe leues,
nouitatis auidos, ac loquaces : Crederes
tympana pulfari, cum loquebantur, tanta
volubilitate, ac vno fpiritu quafi torrente,
contorquebant verba. Vt paucis dicam,
erant cultu, moribus, loquela, et corporis
forma, *Potuanis* e diametro oppofiti. Videbantur ad primum formae meae adfpectum obftupefcere, caufa vero ftuporis
praecipua erat caudae defectus : Nam,
cum inter omnia animantia bruta nulla
funt, quae corporis humani figuram magis
exfcribunt, quam fimii, ita, fi cauda
mihi

mihi fuiffet, fui generis animal me cre-
didiffent, praefertim, cum incolae, qui
adhuc a planeta Nazar huc aduecti fuerant, prorfus fibi diffimiles animaduertif-
fent. Tempore eodem, quo in has terras
delatus fum, tumida vbique erant maria,
ob viciniam planetae Nazar: Nam ficuti
apud nos aeftus oceani cum curriculo
lunae congruit, ita firmamenti huius
oceanus, quafi planetae Nazaris comes,
cum eo fimul fenefcit, adolefcitque.

Ducor ego mox ad fpatiofam domum,
lapidibus, fpecularibus, marmore, vafis
pretiofis, ac periftromatis infigniter orna-
tam. Ad portam excubabant cuftodes,
vnde coniicere poteram, non plebeii fimii
effe domicilium. Et audiui mox, confulis
effe aedes. Ille auidus mecum loquendi,
magiftros quosdam conduxit, qui in lingua me inftruerent. Trimeftre fere fpatium huic inftitutioni datum eft, quo
elapfo, cum fatis expedite loqui didiciffem, credebam, me ob celeritatem ingenii,
ac memoriae dexteritatem, omnium admirationem emeruiffe. Magiftris vero meis
tardior vifus fum ac hebetior, adeo, vt
prae impatientia difcipulum identidem
defe-

deferere minarentur. Hinc, veluti in planeta Nazar, ob animum praecocem vocatus
per ludibrium fueram *Scabba*, fiue praecox, ita fimii hi, ob hebetudinem, ac tarditatem, nomen mihi dederunt *Kakidoran*,
id quod denotat ftupidum, fiue lentum.
Nam foli hic aeftimantur, qui celeriter
rem affequuntur, ac inuolucra fenfuum,
verborumque volumina, vocumque turbas fundunt. Dum in lingua fimiorum
inftruebar, hofpes meus faepe me circumduxit per vrbem, quam omni luxus ac
magnificentiae genere diffluere videbam;
nam multitudine vehiculorum, quadrigarum, pediffequorum impediti, et turba
vndique confluentis fluctuantisque populi
iactati, vi nobis iter facere cogebamur. At
hoc nihil erat, fi cum luxu ifto, qui in
metropoli regnat, comparatur, vbi tanquam in centro cernere licet, quicquid
mortalium vanitas comminifci folet. Linguam edoctus, ad metropolin ducor ab
hofpite, qui hoc nouo, ac infolito dono
fauorem fenatoris cuiusdam emercatu-
rum, fe facile fperabat: Nam forma regiminis hic ariftocratica eft, adeó, vt
maieftas reipublicae fit penes magnum
Sena-

Senatum; et senatores ad vnum omnes
sunt Patricii generis. Nam, qui e ple-
beia stirpe sunt, non nisi centurionatus,
aut praeturas in prouinciis, et minoribus
ciuitatibus sperare possunt. Ad consulatus
etiam nonnunquam promouentur, sed promotio haec fieri non solet, nisi praece-
dente aliquo insigni merito. Et eo nomine consulatum obtinuerat hospes meus;
tanta enim ei erat ingenii vbertas, vt vnius
mensis spatio, viginti octo nouas leges, siue
edicta (Projecten) commentus sit. Et
quamuis nouationes hae, quas meditatus
erat, tales essent, quae cum vtilitate publica stare nequiuerant, specimina tamen
foecundi erant ingenii, quibus monstra-
bilem se fecerat: nam in toto subterraneo
orbe, nusquam nouatores tanti aestimantur,
quam in hac republica. Metropolis huius reipublicae dicitur *Martinia*, vnde
nomen sortita est tota regio. Ciuitas est
situs opportunitate, operum nobilitate,
nauigandi solertia, et nauium bellicarum
apparatu celebratissima. Magnitudine credo, et incolarum numero, Lutetiae haud
cedere: tanta stipatione cunctae vrbis
plateae tenebantur, vt fustibus ac pugnis
iter

iter nobis patefacere cogeremur, ituri ad
eam vrbis regionem, vbi habitabat Syndicus magni Senatus.   Nam hic vir erat,
cui me dono oblaturus erat conful.

Cum prope aedes fyndici ventum effet,
hofpes meus diuerforium ingreditur, veftimenta ibi compofiturus, cum vellet ni-
tido ac decenti habitu fyndico fe fiftere.
Accurrebant cateruatim mercenarii quidam, vulgo dicti *Maskatti*, fiue exornato-
res, quorum opera vti folent omnes, antequam palatia fenatorum ingrediuntur.
Veftimenta hi verrunt, maculas abster-
gunt, et turbata, vsque ad minimas plicas,
mira arte et folicitudine componunt. Vnus
ex his *Maskattis* arreptum mox confulis
gladium terfit, et nitidum reddidit.   Alius fafcias verficolores caudae illius anne-
xuit: nam nihil eft, quod hifce fimiis cordi adeo fit, quam ornatus caudarum.
Erant fenatores, maxime vero fenatorum
vxores, quarum caudae, feftis diebus, vix
mille thalerorum fumptu, noftrae monetae,
decorari poterant. Tertius *Maskatti*, fiue
exornator cum inftrumento aderat geome-
trico, quo dimenfionem veftium fecit,
vifurus, an apta et fymmetrica effent omnia.

Quartus

Quartus accurrit cum lagena aquae fuca-
tae, qua faciem illius adulterauit. Quin-
tus pedes examinabat, paronychia ingenti
cum fubtilitate tollens. Sextus aquam
apportabat redolentem, qua manus ac
pedes confulis afperfit. Et, vt breui me
expediam, ifte linteum terfui, ille pectinem frictui, hic fpeculum vifui obiecit,
cunctaque haec non minori cura, ac ftudio facta funt, quam quo mappas geo-
graphicas apud nos dimetiri, et illuminare
folent Geometrae. Tunc ego mecum:
Quantum non temporis, quantum non„
fumptus poftulabunt ornatus mulierum,„
cum in viris ornandis et expoliendis,„
fingendis et pingendis, tanto opus fit„
molimine.„ Et fane mulieres *Martinia-*
nae omnem modum excedunt, tantoque
vitia corporis fuco occulunt, vt prae nimio nitore fordeant. Nam, vbi fefe fudor
cum vnguentis confociet, ilico itidem
olent, quafi cum multa iura confundit
cocus: quid oleant, nefcias, nifi id vnum,
vt male olere intelligas.

Hofpes meus hunc in modum terfus,
pictus, comptus, et pumicatus, ad palati-
um Syndici tendit, tribus tantum pediffe-

O   quis

quis ftipatus. Cum in atrium ventum eft,
calceos depofuit, ne pauimentum mar-
moreum luto vel puluere feriret. Inte-
gram fere horam fufpenfus ftare cogeba-
tur, antequam de aduentu eius certior
fieri poffet fyndicus, nec intromiffus eft,
nifi praeuiis munufculis, quibus fauor
cuftodum in hac regione emi folet. Syndicus, aurata fella fublimis, poftquam me,
cum hofpite introëuntem, confpicatus eft,
in rifum immodicum effunditur, ac
mox tot ftultas, et ineptas quaeftiones
proponit,

-    -   - *vt mihi fudor ad imos*
  Manaret talos -   -   -
Ad quamuis refponfionem
  *Ingeminat tremulos, nafo crifpante, ca-
      chinnos.*

Credebam, hiftrioniam agere, hic inter
virtutes poni, cum virum adeo comicum
Syndicum, fiue eum, qui fecundum in
fenatu locum tenet, respublica feciffet,
mentemque de ea re mox hofpiti meo
indicabam. At teftatur ille, virum effe
dotibus animi maxime confpicuum.
Nam quanta illi effet ingenii vis, patuit è
multitudine negotiorum diuerfae naturae,

quae

quae in viridi etiam aetate gefferat.
Tanta enim illi perceptionis erat facilitas,
vt inter pocula res maximi momenti per-
ageret, imo prandens, aut coenans, inter
quoduis ferculum, legem aut edictum fcribere foleret. Quaerebam tunc, quantae
durationis effe folerent edicta, celeriter
adeo concepta: regeffit ille, vulgo du-
rare, donec vifum fuerit fenatui eadem
refcindere, ac antiquare.

Syndicus, poftquam femihorae fpatio
mecum fabulatus erat, verbaque effuderat,
ea fere loquacitate, qua tonfores noftri
Europaei, ad hofpitem meum conuerfus,
inter feruos, ait, fuos me quidem receptum iri, quamuis animaduerteret, me ob
ingenii tarditatem

*Veruecum in patria, craffoque fub aëre
natum,*

ac proinde ad munus aliquod infigne vix
effe idoneum: *Ego etiam*, ait hofpes, *notaui infitum illi quendam torporem: at, fi
fpatium detur diutius rem perpendendi, haud
infulfe iudicat.* Regeffit Syndicus: ,,Hic,,
opus eft miniftris promptis et expeditis, ,,
cum negotiorum multitudo nullam cun-,,
ctationem patiatur.,, Hoc dicto, fedulo

O 2   exa-

examinare coepit vires corporis mei, iuf-
fitque graue pondus humo tollere, id
quod cum absque moleftia feciffem:
„ Natura, *inquit*, quam in dotibus animi
„ nactus eft nouercam, defectum iftum ro-
„ bore corporis quodammodo compenfa-
„ uit. „ Iubeor deinde paulifper difcedere
in alium locum, vbi a miniftris, ac feruis,
mira quidem comitate excipior, at fimul,
nimia eorundem garrulitate, ac gefticula-
tionibus, mifere vexor. De orbe noftro
tot mihi fecere quaeftioncs, vt, quid amplius dicerem, in promptu non effet,
adeo, vt vera falfis mifcere tandem coactus, curiofitatem tamen eorum fatiare
nequirem.

Tandem reuerfus hofpes indicat, inter Excellentiae fuae aulicos me locum
accepiffe. E praecedenti Syndici fermone
coniicere quodammodo poteram, munus
iftud, mihi deftinatum, non magni ponderis fore. Ominabar, aut cuftodis aulici,
aut difpenfatoris officium, mihi conferen-
dum, at, roganti hofpitem, quodnam
iftud effet munus, refpondet: *Excellentia*
fua gratiofiffime te conftituit vehiculi fui ba-
iulum primarium (Porteur) cum annuo fti-
                                        pendio

pendio viginti quinque ſtercolatarum, (quaeuis ſtercolata *Martiniana* reſpondet duobus thaleris noſtrae monetae). *Pollicitus eſt*
inſuper, nemini hanc operam te praeſtiturum,
niſi ſibi ipſi, et nobiliſſimae coniugi. Hoc
reſponſo, tanquam fulmine percuſſus, pathetice expoſui, quam indignum hoc eſſet
ingenuo homine, et honeſtis parentibus
nato. At, loquentem interruperunt aulici,
cateruatim accurrentes, ac ineptis gratulationibus ſeminecem conficientes. Nam
Martiniani omnes leues, futiles, ac impor-
tuni locutores, nullo rerum pondere nixi,
verbis humidis et lapſantibus diffluunt.
Tandem in dormitorium introducor, vbi
coena parata ſtabat, et poſtquam modice
coenaueram, cubile mihi monſtratur, vbi
quieſcerem.

In lectum me ſubito coniicci, ſed in
iſto animi aeſtu ſomnum capere nequibam. Faſtus, quo a ſimiis his exceptus
fueram, mentem mihi paene excuſſerat,
et ſane Spartana opus erat patientia ad
concoquendam inſignem adeo contumeliam. Deplorabam ſortem meam, quam
in hac regione duriorem videbam illa,
quam expertus fueram in planeta *Nazar,*
mox-

moxque mecum ita loquebar: „Quid fi
„in has oras delatus fuiffet magnus prin-
„cipatus Potuani *Kadokus*, vir graphicus
„et quantiuis pretii, perexigua fane ratio
„haberetur viri, cui integro opus eft
„menfe, edictum fcripturo? Quamnam
„fibi fortem promitteret *Palmka* in hac
„regione, vbi inter coenandum edicta
„meditantur, et confcribunt fenatores? „
Animaduertebam poft feriam meditationem, a terra fapientum in hiftrionum domicilium me effe translatum. Tandem
his curis fatigato fomnus obrepfit. In-
certum eft, quamdiu dormiuerim, cum
nullum hic dierum ac noctium fit difcrimen; nam tenebrae non funt, nifi quae
fiunt ftato tempore, quando, per interpofitionem planetae *Nazar*, eclipfin patitur
fol fubterra⬛as. Notabilis maxime haec
eclipfis eft, cum planeta *Nazar*, qui
haud procul a firmamento natat, vmbra
fua folem plane offufcet. Eft quoque ob
fideris perpetuam praefentiam eadem femper anni tempeftas. Hinc variis inuentis,
lucorum fcilicet vmbra, ambulacris refri-
gerantibus, et cellis fubterraneis, caloris incommoda propulfant incolae.

Vix

Vix somno experrectus eram, cum intrat cubiculum cercopithecus quidam, qui se collegam meum profitetur, cum restibus, ac cauda fictitia, quam natibus meis applicuit, vt ad figuram aliorum simiorum effingerer: iubet deinde me paratum esse, quoniam Syndicus, intra horae spatium, ad Gymnasium, quo, inuitatus publico programmate, cum aliis senatoribus fuerat, esset portandus. Promotio erat Doctoralis, hora decima quarta ante meridiem. Notandum hic est, quanquam ob perpetuam lucem, dies a noctibus discriminari nequeant, dies tamen in certas descriptos esse horas, semihoras, et quadrantes, idque ope horologiorum, siue clepsydrarum, adeo, vt dies cum nocte viginti duas horas Martinianas complectatur. Hinc, si cuncta ciuitatis horologia simul deficerent, impossibile esse oppidanis, horas restituere, antequam e locorum vicinorum horologiis defectum suorum emendarent. Solaria enim nec sunt, nec esse possunt, ob perpetuam vmbrarum absentiam, rectos semper, et supra verticem sidere vibrante radios. Hinc, vbicunque puteum foderis, totus illuminatur. Quod

vero

vero ad annum attinet, is ad curfum planetae *Nazar* dirigitur, ac ordinatur, qui
alterò tanto citius, quam firmamentum
fubterrancum, periodum circa folem abfoluit.

Hora decima quarta vehiculum aura-
tum fuccollantes, ad Gymnafium portamus
Excellentiam fuam. Intrantes in auditorium, ordine fedentes confpicamur Doctores ac Magiftros, quorum quisque prae-
tereunti Syndico affurrexit, ac caudam
illi obuertit. Reuerentiae hoc fignum eft.
Hanc ob caufam adeo ftudiofe caudas ex-
ornant. Mihi vero ftultae, ac ridiculae
vifae falutationes hae inuerfae. Nam tergum alicui obuertere, aut frigoris, aut in-
dignationis indicium apud nos eft: at
fuus cuique genti guftus. Praedicti Doctores ac Magiftri ab vtroque auditorii
latere fedebant. Et in extrema auditorii
parte pofita erat cathedra, quam Docto-
randus ornabat. Ante promotionis actum
habita fuit difputatio, cui hic titulus:
*Differtatio phyfica inauguralis, in qua exa-
minatur, ac difcutitur grauiffimum iftud Problema: An fonus, quem reddunt mufcae,
aliaque infecta, per os, vel per pofteriora*
egre-

egrediatur. Praefes priorem fententiam
defendendam in fe fufcepit, quae tanto
ardore ab opponentibus impugnata eft,
vt periculum effet, ne iurgium iftud in
pugnam cruentam abiret. Et fane ad manus res veniffet, nifi Senatus affurgens,
auctoritate fua aeftum hunc temperaffet.
Durante difputatione, tibiis canebatur:
Nam aderat moderator certaminis tibi-
cen, qui fonis tum placidis, tum citatis,
aut demiffam, iacentemque orationem eri-
geret, aut faeuientem, ferocientemque
cohiberet. At, his et aliis mediis faepe
nihil effectum eft. Difficile enim eft modum tenere, cum de rebus grauiffimis
difceptetur. Id quod in noftro orbe faepe
fumus experti, vbi, non minori animorum
motu, controuerfia multiiugae et finuofae
quaeftionis feruet. Verum rixa haec,
quae caedem ac fanguinem minari vifa eft,
terminatur fubito mutuis encomiis ac
gratulationibus: haud fecus ac in Acade-
miis noftri orbis, vbi fecundum confuetudinem paffim receptam, e cathedra victor defcendit Praefes.

Finita difputatione, actus creationis
procedit his ritibus: Candidatum in me-

O 5 dio

dio auditorii pofitum, compofitis gradibus adeunt tres pedelli, fiue miniftri academici, integrumque aquae frigidae modium fuper caput eius effundunt, mox thuris fumo afperguut, ac vomitorium hauriendum porrigunt. Minifterio hoc, fumma cum veneratione, ac capitum inclinatione, defuncti, tandem legitime creatum Doctorem pronuntiant. Obftupefcens ego ad tot miras et ignotas caeremonias, cercopithecum quendam literatum, prope me ftantem, quid rei effet, rogabam. Idem ignorantiam meam miferatus: per aquam, ait, thus et vomitorium innui, diluendas effe veterum vitiorum maculas, ac nouos mores, a vulgo diftinctos, effe induendos. Hoc audito, damnaui ftuporem meum, et admiratione fatur, nihil amplius interrogaui, ne viderer, nunquam inter honeftos vixiffe.

Tandem tympanorum, tibiarum, ac tubarum ftrepitu omnia perfonabant: egreffusque ex auditorio nouus Doctor, prafinatus et cingulo fuccinctus, comitem habuit totum Heliconem, vsque ad domum fuam. At, cum plebeiae tantum fortis effet, non fella vehebatur, fed chiramaxio

trahe-

trahebatur, praecedentibus togatis curso-
ribus. Actus, vti vulgo fieri folet, ter-
minatus eft lautiffimis epulis, et temulentia conuiuarum. Nam tantum vini effufum fuit, vt plerique ebrii domum abstra-
herentur, nec, nifi ope medicaminum, poft
aliquot dies conualefcere poffent, adeo,
vt in toto ifto actu nihil defideraretur,
quin ab initio ad finem valde folennis
fuerit, et teftor, me nullam promotio-
nem magis academicam, nec vllum Candidatum magis legitime creatum Doctorem, in noftro orbe vnquam vidiffe.

In Curiis iuftitiae caufae mira celeritate diiudicantur, adeo, vt non poffem
non ingenii velocitatem, et facilem iftam
apprehenfionem, huic genti peculiarem, ad-
mirari. Nam, antequam telam actionis
abfoluerint aduocati, confurgunt faepe
iudices, et fuffragia non minus expedite,
quam eleganter ferunt. Curias has identidem frequentaui, auditurus modum
procedendi *Martinianum*. Sententiae mihi initio videbantur folidae, et aequitate
naturali nixae: at, paulo curatius examinanti, iniquae, ftultae, ac contradictoriae
apparuere, adeo, vt lufui aleae rem com-
mittere,

mittere, quam fententiis iudicum *Martinianorum* caufam fubiicere fatius duxe-
rim. De legibus huius gentis nil dicere
poffum, ob ingentem, cui obnoxiae funt,
viciffitudinem; nam leges, ac iura hic
veftium inftar, quouis anno mutantur.
Hinc multi ob crimina puniuntur, quae
non crimina erant eo tempore, quo committebantur: multi etiam ob id folum
condemnantur, quod actiones eorum,
quae fecundum leges licitae erant, poftea,
noua edita lege, factae funt illicitae. Eo
intuitu a Tribunalibus inferioribus ad fu-
periora appellant omnes, fperant quippe,
lite pendente, antiquatum iri legem priorem. Vitium hoc nafcitur ex prompta
nimis legum conceptione. Huc adde,
quod gens haec nouitatis auidiffima, ob
folam antiquitatem, vtiliffimas leges et
confuetudines naufeet. Nec minorem in
cultu corporis, ac veftibus notaui leuita-
tem. Aduocati hic magni aeftimantur
ob difputandi fubtilitatem: et funt inter
illos, qui rota, vt aiunt, figulari verfatio-
res, non nifi dubiae, aut iniuftae caufae
patrocinium in fe fufcipiunt, monftraturi,
quanta illis in difputando fit dexteritas,

et

et qua arte atrum in candidum vertere
valeant. Ob iftam ingenii fubtilitatem,
faepe iniquae caufae patrono fauent iudices, quibus fufficit, logice ac methodice
ventilatam effe litem. Hinc dicere folent:
„ Caufae quidem iniquitatem perfpici-„
mus, attamen, cum tanta arte, ac metho-„
do fit defenfa, non poffumus, quin ob„
patroni dexteritatem, ab aequo paulifper„
difcedamus. „ Iura hic a Doctoribus,
diuerfo pretio, pro caufarum natura, do-
centur: ex. gr. qui docent auditores ma-
lam et iniquam caufam tueri, aut, vt
Graeci aiunt, τὸν ἥτ⁊ω λόγον κρείτω ποιεῖν,
viginti ftercolatas, qui vero aequam, decem tantum ftercolatas pro labore exigunt.
Formalia iuris tot ac tanta funt, vt in
immenfo aliarum fuper alias aceruatarum
legum cumulo, fundum perfpicere non
liceat. Nam cum *Martiniani* indolis maxime fublimis, et celerrimae perceptionis
funt, omne, quod fimplex ac nudum eft,
naufeant, fubtilia tantum, nodofa, atque
implicita fufpicientes.

Eadem eft religionis facies, quae non
in praxi, fed vanis fpeculationibus confiftit. Ita ducentae ac triginta funt opiniones

niones diuerfae de forma, quae Deo fit
attribuenda, et 396 de animarum natura
et qualitate. Templa, fiue auditoria facra,
in quibus Theologia docetur, non frequentant *Martiniani*, vt audiant, quid
vfui effe poffit, et vt difcant praecepta
bene viuendi, ac moriendi, fed tantum vt
audiant, qua arte, et qua ingenii fubtilitate fe exprimant oratores facri, qui, quo
obfcurius loquuntur, eo ardentius applau-
duntur, adeo, vt aegre audiant *Martiniani,*
nifi ea, quae non intelligunt. Maior
verborum cura eft, quam rerum, orato-
ribus comptam magis phrafin, et teretem
periodum, quam rationum neruos, ac
iudicii limam affeçtantibus, et auditoribus
non nifi blandimentis, ac fonantibus verbis
attentionem commodantibus. Hinc nihil
aufus fum dicere de religione chriftiana,
quae nuda ac fimplex eft, et quam maxime commendat veritas non fucata.

Nusquam pluris aeftimantur nouatores, quam in hac republica: quo difficilius, ac abfurdius fit commentum, eo com-
mendatius. Cum certo cuidam cercopitheco femel expofuiffem naturam orbis
terraquei, monftraffemque, fuperficiem

eius-

eiusdem inhabitatam effe, confilium mox
ille propofuit de perfodienda telluris crufta, et via ad fuperterraneos aperienda.
Commentum iftud mox omnium applau-
fum tulit, et inftituta eft focietas, fiue
fuperterranei commercii confortium, ad quod
cateruatim mox accurrebant incolae, col-
latisque fymbolis, *Actiones*, vti mercatores
loqui amant, emercati funt. At, turbata
his motibus tota regione, variisque familiis per hafce *Actiones* ad extrema redactis,
ftoliditatem commenti tandem perfpicien-
tes, ab incepto deftiterunt. Ob iftam tamen ftultitiam, quae reipublicae tantî
fteterat, nil mali paffus eft nouator, quin
infuper, ob nobilitatem facinoris, omnium
laudes emeruerit, adeo, vt dicere folerent
Martiniani: *quamuis conatus fucceffu defti-*
tutus fuerit,

- - *magnis tamen excidit aufis.*

Perfcrutatus indolem huius gentis,
conabar iisdem mediis aeftimationem mihi aliquam apud *Martinianos* parere, no-
uoque commento fortem meam paulo meliorem reddere. Igitur poftquam ftatum
reipublicae huius examinaueram, vitia
non pauca detexi. Videbam artificum
fub-

fubtiliorum omnia effe plena, opificiorum vero inopia regionem hanc laborare. Hinc legem propofui, de inftituendis quibusdam opificiis, quae vfui effent publico. At, cuncta huius indolis commenta, nil, nifi rifum et contemptum, apud vanam iftam gentem, quae crepundiis folis delectatur, pepererunt. Hinc ego in propriam meam ftupiditatem inuectus fum his verbis: *Stupidus ac iners es, ac dignus, qui in facultate baiulorum ignobili canefcas.* Animum tamen non plane defpondebam, et cum animaduerterem, confiliis falutaribus me nil proficere, ftatui tentare, ftultone an inepto aliquo commento difficultatem hanc eluctarer. Confilium aperio prudenti cercopitheco, qui fponte currentem ftimulat his verbis:

Aude aliquid breuibus gyaris ac carcere dignum,

Si vis effe aliquid. - - -

Et cum monftraret, non paucos hic fuiffo, qui per folas nugas, ac per ea, quae pueri in faba fe reperiffe clamant, fe commendabiles reddiderant, maxime vero per nouas quasdam veftimentorum formas, ftatui neceffe mihi effe cum infanientibus furere.

furere. Igitur omnes artes ad figna vo-
cans, Europaeorum ftultiffima commenta fedulo examinabam, tandemque, habito
eorundem delectu, capitum ornamenta,
quae nos *Peruccas* vocamus, hic com-
mendare decreui. Videbam, caprarum
in hac regione effe magnam copiam, e
quarum lana *peruccae* quodammodo effingi
poffent. Et cum iftud opificium beatus
meus tutor diu exercuiffet, artis eiusdem
non plane rudis eram. Comparatis igitur lanis caprinis, effinxi *peruccam*, capiti
meo conuenientem, ac ita ornatus, Syndico me fiftebam. Obftupefcens ille ad
nouum et infolitum phaenomenon, quid
rei effet, rogat, moxque capiti meo adem-
ptam, fuo imponit, ad fpeculum properans,
vt fe ipfum eo ornatu intueretur. Tantum fibi ipfi tunc, cum nouo ifto capitis
tegmento, placuit, vt prae gaudio alte ex-
clamauerit: *Diis proximus fum!* Coniugem
fuam mox arceffiuit, vt gaudii fui parti-
cipem faceret. Illa non minori laetitia
exultans, maritum amplexa, teftatur, nil
lepidum magis, ac gratum oculis fuis fuiffe, cui fententiae tota etiam familia fuf-
fragatur. Tunc ad me conuerfus Syndi-

P   cus:

cus: *Si iftud tuum commentum*, inquit, *o Kakidoran*! *Senatui aeque arriferit, ac no- bis, fummos in noftra republica honores tibi polliceri poteris.* Ego vero gratias humilli- mas agens, Excellentiae fuae petitionem mox obtuli, ad Senatum deferendam. In eadem petitione commenti mei nobilita- tem exaggeraui his verbis:

EXCELLENTISSIMI, GENERO-
SISSIMI, ILLVSTRISSIMI,
NOBILISSIMI, CON-
SVLTISSIMI

SENATORES,

„Naturalis ifta propenfio, qua feror in
„vtilitatem publicam promouendam, im-
„pulit me, ad excogitandum, et effingen-
„dum nouum iftud, et adhuc ignotum ca-
„pitis tegmentum, quod hic humillime
„offero, et examini grauiffimi veftri tri-
„bunalis fubiicio, nullus dubitans, quin
„gratiofe excipiatur, maxime, cum com-
„mentum iftud, ad gentis gloriam, ac or-
„namentum tendat, efficiatque, vt toti
„orbi innotefcat, inclytam Nationem
„Martinianam, quantum inter omnes mor-
„tales virtute, ac animi dotibus eminet,

tantum

tantum cultu quoque, et veſtimentorum „
ornatu, qui corpori venerationem ac „
maieſtatem conciliat, diſtingui. Teſtor „
ſanƈte, proprio me commodo non ve- „
lificari, ac proinde nullam laboris mer- „
cedem exigere: ſat mihi erit, vtilitatem „
publicam, ac gloriam gentis, pro modulo „
virium mearum, promouiſſe. Si vero „
hanc meam operam praemio aliquo di- „
gnam decernat Per - illuſtris Senatus, ſa- „
uorem in me collatum, grato animo lae- „
tus ampleƈtar, quo toto orbe munificen- „
tia eiusdem eniteſcat, aliique ad ſimilia, „
aut maiora opera excudenda, acuantur. „
Eo ſolo intuitu liberalitati Senatus popu- „
lique Martiniani non obnitor. Quod „
reliquum eſt, fauori excellentium viro- „
rum me commendo.

PERILLVSTRIS SENATVS

Martiniae,
  die 7mo
Menſis Aſtral.

Seruus humillimus

Kakidoran.

Tra-

Traditam hanc petitionem vna cum capitis tegmento, in Senatum iturus, fecum portabat Syndicus. Audiui, eodem die ceffaffe omnes res forenfes, tantum huius commenti examen omnium animos occu-pauerat. Cum fuffragia ferrentur, lau-datur fpecies operis, commendatur ma-nus artificis, acceptatur deuotio donantis, et praemium ftatuitur. In toto fenatu tres tantum fenatores erant, qui huic fen-tentiae refragabantur: at male eo nomine audiebant, ac tanquam indocti, et inurbani, munereque fenatorio parum digni, nota-bantur.

Facto fenatusconfulto, in curiam arcef-for, vbi fenior cercopithecus affurgens, poft-quam nomine totius reipublicae gratias mi-hi egerat, fimulque indicauerat, remuneran-dam pro merito fore operam meam, roga-bat, quanto temporis fpatio mihi opus effet, ad effingendum fimile capitis ornamentum. Refpondebam ego, fat mihi mercedis effe, quod artificium tantorum virorum applau-fum, et totius Senatus niueos emeruerit cal-culos: pollicitus fum aliam *peruccam* bi-dui fpatio perficiendam, et, modo alii, *in* opere manuario exercitati fimii, quos artem

tem docerem, mihi adiungerentur, poſſe
vnius menſis intercapedine formari *peruc-*
cas, quae toti ciuitati ſufficerent, aſſeue-
rabam. At, hoc reſponſo commotus, in
haec verba prorupit Syndicus: „Abſit, Ka-„
kidoran, vt ornatus hic, toti ciuitati ſit „
communis, et ob vſum nimis frequen-„
tem vileſcat! neceſſe enim eſt, vt eo „
nobilitas a plebe diſtinguatur. „ Iudicio
grauiſſimi viri omnes adſtipulantur, ac iubentur ciuitatis cenſores curam agere, ne
ſenatusconſultum violetur, neue promi-
ſcuo *peruccarum* vſu, nobilitas quid detrimenti capiat, et inſigne adeo ornamentum
plebeio contagio polluatur. At, edictum hoc
eundem habuit effectum, quem cunctae
ſumptuariae leges, cum diſcrimine ciuium
latae; nam eo maiorem transgrediendae legis ardorem in plebe concitabat. Et cum
ornatus hicce mire omnibus placeret, ci
ues e plebe ditiores, aut commendatione
amicorum, aut pecunia, titulos ac diplo-
mata nobilitatis a Senatu ſunt emercati,
adeo, vt dimidia ciuitatis pars breui nobi-
litaretur. Tandem, cum e prouinciis etiam
ſupplices libelli afferrentur, conſultum
duxit Senatus, edictum antiquare, et vni-

cuique

cuique *peruccarum* vfum permittere, adeo,
vt cum voluptate totam gentem *perucca-*
tam (fit venia verbo!) viderem, antequam
Martinia egreffus fum. Lepidum fane
fpectaculum erat, crinitos hos fimios intueri. Tantum toti genti placuit commentum, vt nouam epocham ftatuerit;
nataque inde eft aetas crinita in annalibus
Martinianis.

At, vt ad me ipfum redeam, encomiis cumulatus, ac purpureo tectus pallio,
vehiculo Syndici domum reportor; adeo,
vt baiulus ifte, qui nuper collega meus
fuerat, iam qui officium mihi praeftiterit.
Ex eo quoque tempore ad propriam Syndici quadram fui admiffus. Poft laetum
iftud fortunae meae praeludium, inceptum
opus perficere aggreffus fum, fociaque
eorum opera, qui mihi adiuncti erant,
tot breui adornaui *peruccas*, quot toti
Senatui erat opus: et, poftquam integrum
menfem in ifto opere defudaueram, affertur mihi Nobilitatis Diploma, his verbis
conceptum:

„Ob praeclarum iftud, et reipublicae
„falutare commentum, quo fibi totam
„Martinianam gentem deuinctam reddidit

dit Kakidoran, e ciuitate, Europa dicta, „
oriundus, decreuimus, eundem nobili-„
tate donare, adeo, vt ipfe cum haeredi-„
bus fuis, ex hoc tempore, veri et genuini „
Nobiles cenfeantur, cunctisque priuile-„
giis, iuribus, ac immunitatibus, Nobili-„
tati Martinianae propriis, fruantur. Porro „
ftatuimus, nouo auctorem nomine orna-„
re, adeo, vt loco Kakidoran, nominetur „
Kikidorian. Denique, cum nouus ifte „
ftatus, nitoris quandam neceffitatem im-„
ponat, annuum ftipendium 200 Pataro-„
rum, quo nouam dignitatem tueatur, „
ftatuimus. Datum in Senatus Curia, „
Martiniae, 4to die menfis Merian, fub „
maiori Senatus figillo. „

. Ita a vili baiulo in virum nobilem
transformatus, in fummo honore, et felicitate aliquandiu viuebam. Et cum anim-
aduerterent *Martiniani*, gratia me apud
Syndicum valere, amicitiam meam, ac
fauorem, omnes venabantur. Adulatio
eaptantium eo vsque progrediebatur, vt
carmina panegyrica mihi certatim offer-
rent, ignotasque mihi virtutes affingerent.
Nonnulli, quamuis fcirent, me ignoti
orbis ciuem effe, maiores meos longa

de-

deducere virga, ac genealogiam a primis
faeculis deriuare non dubitarunt. At, parum gratae mihi erant eiusmodi computationes, cum gloriofum non putarem, a
fimiis defcendere. Porro, cum folitum
fit *Martinianis*, caudas optimatum laudibus
celebrare, eodem fere modo, quo Poëtae
noftri formas virginum praedicare folent,
vates quidam, gratiam meam aucupantes,
caudae meae praeftantiam, quamuis nulla
mihi effet, carminibus celebrarunt. Breuis ero: adulatio eorum in tantum excreuit, vt quidam non infimi ordinis vir,
quem tamen refpectu familiae nominatim
indicare fuperfedeo, vxorem fuam vten-
dam, fruendamque mihi offerre non eru-
buerit, ftipulatus pro ifta liberalitate interceffionem meam apud D. Syndicum.
Sordida haec affentatio, cui tota gens
dedita eft, efficit, vt annales Martiniani
legi vix mereantur ratione materiae, quae
nil nifi encomiorum infulfam farraginem
complectitur, quamuis dictio nitida vbique ac elegans fit: Hinc terra haec me-
liores Poëtas quam Hiftoricos producit.
Et conftat, nusquam dari Poëtas fublimio-
res; id quod infigni *Martinianorum* ima-
ginationi adfcribitur.　　　　　_Pro-

Profpera fatis valetudine in hac terra diu vfus fui, quamuis aeftus, quem perpetua folis praefentia parit, haud parum mihi moleftus effet. Aluo quidem cita, et accedente febri rapida, femel decumbebam; at exiguae durationis erat febris: et teftari poffum, Medicum, cuius opera tunc vfus fum, ipfo morbo moleftiorem mihi fuiffe, ob garrulitatem, quae huic genti propria eft. Cum in ifto ftatu opus mihi effet Medico, fponte mihi officium obtulit Doctor quidam medicinae, ad cuius adfpectum rifum continere nequibam, cum idem effet, quo tondente nuper mihi barba fonuerat. Roganti mihi, qui tam fubito e tonfore in Doctorem medicinae transformari potuiffet, refpondet, fe ex vtraque arte quaeftum facere. Hoc audito, cum dubius effem, an falutem meam tali polyhiftori tuto committerem, diceremque, malle me Medicum, qui folam medendi artem profitetur, fancte ille iurabat, talem Medicum in hac ciuitate non dari. Hinc curationi eius me fubiicere cogor. Auxit admirationem meam Medici feftinatio, nam potione, quam haurirem, mihi praefcripta, fubito femel

abiit,

abiit, indicans, fe diutius mecum commo-
rari non poffe, cum aliis negotiis, quibus
diftractus, eodem tempore tenebatur, auo-
caretur. Cum rogarem, quaenam effent
negotia, tantam feftinationem pofcentia,
refpondit, adeffe iam horam, qua in curia ciuitatis minori folitum munus obiret,
cum fimul Notarius aut fcriba effet. Iftam
polymathiam paffim in hac terra exerceri
videbam, vbi nemo dubitat, multa fimul
oppofita munera fufcipere. Confidentiam
iftam dat mira ifta ingenii velocitas, qua
negotia celeriter expediunt. At, e variis
erroribus, ac foloecifmis hic commiffis,
didici, ignea haec ingenia reipublicae ornamento potius quam vfui effe.

Poftquam biennii tempus in hac regione, qua baiulus, qua Nobilis, transege-
ram, incidi in cafum quendam inopina-
tum, qui paene exitialis mihi fuit. In
palatio Excellentiae fuae mirum fauorem
adhuc expertus eram, et fingulari beneuolentia me profecuta fuerat coniux Syndici, adeo, vt inter amicos eius primum locum tenere viderer. Saepe me priuato
colloquio dignata erat, et, licet praefentia mea videretur mire delectari, attamen

ea

ea me femper allocuta erat verecundia,
vt officia eius non nifi in bonam partem
interpretarer, nec fufpicari poffem, fomitem huius beneuolentiae impurum effe
amorem, maxime in matrona, quae inter
fimias non minus virtute, quam maiorum
imaginibus fpectabilis erat. At, procedente tempore, e fermone eiusdem aequi-
uoco nonnihil fufpicionis mihi natum eft:
hanc auxerunt

Et color, et macies, et vultus, et humida
faepe
Lumina, nec caufa fufpiria mota patenti.
Tandem oculorum caligo difcutitur, cum
virgo quaedam epiftolam mihi afferret huius fententiae:

DVLCISSIME KIKIDORIAN!

„Praeclari natales, ac infita fexui no-
„ftro verecundia, amoris fcintillas fub cor-
„de meo diu latitantes, ne in incendium
„prorumperent, adhuc cohibuerunt. Iam
„vero penitus oppreffa, amoris violentiae
refiftere vlterius non valeo.

- - *Miferere fatentis amorem,*
Et non faffurae, nifi cogeret vltimus ardor.
PTARNVSA.
Haud

Haud verbis exprimere poffum, in quantum me aeftum coniecerit inopina haec amoris teftatio. At, cum fatius ducerem, vindictae furentis matronae exponi, quam infami, cum creatura heterogenea, commercio, iura naturae turbare, refponfum dedi his fere verbis:

.CLEMENTISSIMA DOMINA!

Perpetuus ifte fauor, quo me profe-,, cutus eft excellentiffimis Syndicus, am-,, pla, quae in immerentem contulit bene-,, ficia, petiti moralis impoffibilitas, et in-,, numerae aliae caufae, quas enumerare,, fuperfedeo, expofcunt, vt irae et indi-,, gnationi Dominae meae potius me fub-,, iiciam, quam, vt in rem confentiam,,, omnium bipedum nequiffimum, et im-,, probiffimum me reddituram. Solicitor,, ad ea, quae morte mihi acerbiora funt;,, officium mihi iniungitur, quod absque,, ignominia illuftriffimae Familiae praeftari,, nequit: Nam officium eft, quod ipfi im-,, peranti maxime officit. Teftor igitur,, fancte, voto Dominae me annuere non,, poffe, quamuis in omnia alia caecam,, obedientiam pollicear *Kikidorian.*

Finitae

Finitae epiſtolae hoc monitum ſubnexui:

> - - - *Aſpice, quantum*
> *Aggrediare nefas; et, dum licet, effuge*
> *crimen.*
> *Ante oculosque tuos rectum, pietasque pu-*
> *dorque*
> *Conſiſtent, et terga dabit deuicta Cupido.*

Reſponſum hoc, annulo meo ſignatum, eidem virgini referendum Dominae tradidi.
Effectum habuit, quem ominabar; nempe quod amor in acerbiſſimum odium fuerit verſus,

> - - - *Dolor ora repreſſit,*
> *Verbaque quaerenti ſatis indignantia lin-*
> *guae*
> *Defuerunt: nec flere vacat, ſed fasque*
> *nefasque*
> *Confuſura ruit, poenaeque in imagine to-*
> *ta eſt.*

Aliquamdiu tamen vindictae tempus di-
ſtulit, donec epiſtolam amatoriam, quam
mihi ſcripſerat, reciperet. Reddita epi-
ſtola, ſubornauit nonnullos, qui iureiurando teſtarentur, abſentis me Syndici tha-
lamum

lamum polluere voluiffe. Fabula haec tanta arte, ac verifimilitudine acta fuit, vt
Syndicus de rei veritate non dubitans, in
carcerem me coniici iufferit. In ifto rerum articulo vnica mihi falutis via erat
falfi criminis confeffio, ac mifericordiae
dominicae imploratio, qua aut iram fran-
gendam, aut poenam mitigandam fperabam. Nam cum domo potentiffima liti-
gare, praefertim in ea regione, vbi non
merita caufae, fed fola perfonarum qualitas refpicitur, ftultum mihi videbatur.
Hinc omiffa omni defenfione, in fletus et
abiectiffimas preces me conieci, non poenam deprecatus, fed mitigationem poenae implorans.

Ita confeffione criminis, quod nunquam fomniaueram, a poena capitali libe-
ratus, ad perpetuam captiuitatem damna-
bar. Diploma Nobilitatis mox mihi adem-
ptum, a carnifice difcerptum fuit, ipfe er-
gaftuli naualis candidatus, in triremem abs-
trahor, feruilibus minifteriis initiandus.
Nauigium publicum erat, quod paratum
ftabat itineri in *Mezendores*, fiue terras paradoxas; quod iter ftato anni tempore,
fcil.

scil. menfe *Radir*, fufcipi folet. Adue-
huntur ex his terris merces, quas Martinia non patitur; adeo, vt terrae iftae Mezendoricae Martinianis quafi Indiae quaedam fint. Societatem commercii Mezendorici componunt mercatores, tam nobiles, quam plebeii, inter quos merces rede-
untis nauigii pro rata, fiue pro numero *Acti-*
onum, fiue fymbolarum diuiduntur. Naui-
gia velis ac remis impelluntur, et biga ca-
ptiuorum vnicuique remo affignatur. Ad
tale ego minifterium in hoc itinere da-
mnabar. Quo animo iugum iftud fubirem,
facile eft coniicere, maxime, cum nulla noxa commeruerim inter fceleratos, feruili
labori, ac flagris exponi. Inter *Martinia-*
nos varia, pro diuerfis animorum motibus,
de hoc cafu erant iudicia. Hi meruiffe
me quidem poenam credebant, at, quem
premebat atrocitas criminis, peractae damnationis miferatio tuebatur. Illi merito-
rum meorum aliquam rationem habendam,
eoque nomine poenam faltem mitigandam
iudicabant. Honeftiffimi fimii, falfo me
accufatum, inter fe muffitabant, at, nemo
aufus eft, palam caufae meae patrocinari,
metu potentium accufatorum. Çalamita-
tem

tem igitur patienter ferre decreui, et maximum afflicto folatium erat futura nauigatio, cum nouitatis auidiffimus fperarem,
in hoc itinere miras ac ftupendas res vi-
furum, quamuis cunctis, quae a nautis
narrabantur, fidem non haberem, nec in
animum inducere poffem, tot ac tanta in
rerum natura dari portenta. In naui noftra diuerfi erant interpretes, quorum
opera focietas Mezendorica in hifce expeditionibus vtebatur; nam horum minifterio emptionis venditionis con-
tractus fiebant.

CAP.

* * * * * * * * * * * * * * * * * * *

CAPVT XI.

NAVIGATIO IN TER-
RAS PARADOXAS.

Antequam ad defcriptionem huius na-
uigationis progredior, cenfores tetri-
cos, ac rigidos moneo, ne frontem nimis
contrahant ad narrationem rerum, quae
naturae aduerfari, ac proinde omnem fidem excedere videbuntur.

Non equidem hoc ftudeo, bullatis vt mihi
nugis
Pagina turgefcat; dare pondus idonea
fumo:

Refero incredibilia, fed vera, et quorum
ipfe oculatus teftis fum. Rudes ac indocti, qui extra limina patriae pedem non
protulerunt, cuncta iudicant fabulofa,
quibus ab infantia non affuecuerunt. Docti
vero, maxime rerum Phyficarum gnari,
qui experientia didicerunt, quam ferax
varietatum fit natura, aequiora de rebus,
quae narrantur, infolitis, ferunt iudicia.

Q   *Quis*

Quis tumidum guttur miratur in Alpibus?
   aut quis
In Meroë craſſo maiorem infante mamil-
   lam?
Coerula quis ſtupuit Germani lumina,
   flauam
Caeſariem, et madido torquentem cornua
   cirro?
Nempe, quod hoc illis natura eſt omnibus
   vna.
Ad ſubitas Thracum volucres nubemque
   ſonoram
Pygmaeus paruis currit bellator in ar-
   mis;
Mox impar hoſti, raptisque per aëra
   curuis
Vnguibus a ſaeua fertur grue. Si videas
   hoc,
Gentibus in noſtris riſu quatiare: ſed
   illic,
Quanquam eadem aſſidue ſpectentur praelia, ridet
   lia, ridet
Nemo, vbi tota cohors pede non eſt altior
   vno.

Inuenti ſunt olim inScythia homines, vnum
oculum in medio frontis habentes, dicti
Arimaſpi. Alii ſub eadem coeli plaga
veſti-

vestigia pedum habentes retro porrecta.
In Albania nati fuere homines, qui in
pueritia canescebant. Sauromatae tertiis
femper diebus cibum capiebant, medio
abstinentes. In Africa celebrantur certae
familiae hominum, voce, ac lingua effasci-
nantium. Fuere in Illyriis, qui interime-
bant videndo, quos diutius irati afpicie-
bant, quique pupulas in fingulis oculis
binas habebant. In montibus Indiae re-
perti funt homines caninis capitibus, et
latrantibus, aliique, oculos in humeris
habentes. In extremis Indiae detecti funt
quidam, corporibus hirtis, et auium ritu
plumantibus, nullo cibatu vefcentes, fed
fpiritu florum, naribus haufto, victitantes.
Quis haec et fimilia credidiffet, nifi Pli-
nius, autor grauiffimus, non audiffe,
neque legiffe, fed vidiffe fe omnia, fancte
teftatus fuiffet? Ecquis denique credidiffet, terram effe concauam, ac in vifceri-
bus eiusdem contineri folem, et planetas,
nifi experientia mea myfterium iftud fuiffet detectum? Quis credidiffet, terram
dari, ab arboribus ambulantibus, ac ratione
praeditis, inhabitatam, nifi eadem experientia omnem dubitationem excuffiffet?

Q 2

Ne-

Nemini tamen ob incredulitatem dicam
fcribam; nam fateor, eundem mihi ipfi,
ante fufceptum hoc iter, fuiffe fcrupulum:
fplendidas effe fabulas, et meras credebam
nugas, quae a nautis narrabantur.

Initio menfis Radir

Vela damus, vaftumque caua trabe cur-
rimus aequor,

profpero aliquot dies vento vfi; quocirca
ferias egimus remiges, cum plenis eunti-
bus velis, remigio non effet opus. Quarto
vero die

Vela cadunt, remis infurgunt haud mora
nautae,
Adnixi torquent fpumas, et coerula ver-
runt.

Laborem hunc valde mihi effe moleftum
cum animaduerteret nauclerus, vacatio-
nem mihi per interualla conceffit, et tandem a feruili hoc minifterio me penitus
liberauit. Cur iftam exercuerit humanitatem, an, quia infontem me credebat,
an vero, quod ob infigne *peruccarum* in-
uentum, meliori me forte dignum iudicabat, dicere nequeo. Ipfe tres *peruccas*
fecum

secum duxerat, quas mihi crispandas, et
comendas tradidit, adeo, vt subito e
remige in crinium concinnatorem trans-
formarer. Ista naucleri in me humanitate
effectum est, vt quoties portum quendam
intrauimus, in eorum semper numero
essem, qui exscensionem in terram fece-
runt. Quo facto, data mihi fuit occasio
curiositati meae abunde satisfaciendi.

Sulcantibus mare, diu nihil memorabile obuium fuit; at, postquam conspe-
ctum litoris amisimus,

Emersere feri cano de gurgite vultus.

Sirenes erant, quae, quoties venti posu-
erant, et subsederant vndae, rati adnata-
bant eleemosynam petentes:

Prima hominis facies, et pulcro corpore
virgo
Pube tenus, postrema immani corpore
Pristis.

Lingua earum Martinianae erat confinis,
adeo, vt nautarum nonnulli, absque interprete, cum iisdem fabulari potuerint.
Vna earum, cum offam carnis petenti

Q 3   de-

dedissem, attentius me aspiciens, excla-
mabat:

Heros euades, cunctis dominaberis oris!

At, ad omen istud, tanquam ad vanam
adulationem, subridebam, quamuis sancte
testarentur nautae, in praedictionibus raro falli sirenes. Post iter octidui tandem
conspicati sumus terram, quam nautae
Picardaniam vocabant. Intrantes portum,
circumuolabat pica, quam telonii in-
spectorem generalem asseuerabant, et
virum quidem grauissimum. Vix ego
risum continui, cum audirem picam tanto munere fungentem, cumque viderem,
aerarii ministrum

- - *per liquidum sublimibus aëra*
pennis
Currere, et aethereo corpus librare vo-
latu.

E forma telonii praefecti iudicabam, mu-
scas fore custodes, ac telonii ministros.

Postquam nauim nostram ter circum-
uolauerat, terram repetens, mox cum tribus minoribus picis reuertitur, ac in pro-
ram nauis se demittit. Cachinnis mihi
ilia

ilia fere foluebantur, cum viderem, vnum
ex interpretibus noſtris cum veneratione
has picas accedere, et longos cum iisdem
fermones ferere. Aduentus earum cauſa,
erat mercium examen; ex more enim in-
quirere debebant, ecquid mercium pro-
hibitarum, in primis herbae vulgo dictae
Slac, ſub farcinis lateret. Herbae huius
inueſtigandae cauſa omnes nauigii angulos perreptare, farcinasque, ac loculos ex-
cutere ſolent, quoniam inuectio eiusdem
a magiſtratu ſeuere prohibita eſt. Nam
cum hac herba multas egregias, et neceſſa-
rias merces commutare ſolent incolae;
quo fit, vt herbarum *Picardanarum*, quae
tamen eidem vſui inferuire poſſunt, pretium diminuatur; adeo, vt *Picardani* in
eo Europaeis noſtris ſint ſimiles, qui res
appetunt, ob id ſolum, quod e remotis
terris apportantur, ac ſub alio coelo na-
ſcuntur. Telonii inſpector generalis,
poſtquam cum interpretibus noſtris diu
fabulatus erat, ſub nauis tabulata cum
reliquis, quae aderant, picis deſcendit,
indeque reuerſus, torue nos adſpexit, indicans, commercium nobis cum *Picardanis*
prohibitum fore, quoniam contra foedera
Q 4 egi-

egimus, merces vetitas afportando. At, nauclerus experientia edoctus, quibus mediis ira infpectorum telonii mitigetur, frementi aliquot libras herbae *Slac* dono dedit, moxque deferbuit bilis, et licen‑ tiam nobis conceffit exonerandae nauis.

Hoc facto, ingens picarum caterua ad‑ uolat. Mercatores hae omnes erant. Nauclerus vero exfcenfionem in terram facturus, me cum nonnullis aliis fequi iubet, adeo, vt quatuor numero fueri‑ mus, qui naui egrediebamur, nempe ipfe nauclerus, ego, et duo alii fimii, quorum alter erat Confiliarius commercii, alter vero interpres. Ad prandium inuitati fuimus ab infpectore generali; at nulla erat menfa, cum fedilibus vti nequeant *Picardani*, quocirca in medio pauimento mappae fternuntur. Lauta et magnifica apponebantur fercula, fed patinis minu‑ tiffimis, et, cum culina pofita effet in fuperiori aedium contignatione, cum fin‑ gulo ferculo picarum quadriga, quafi per impluuium defcendebat. Finito prandio, Praefectus vectigalium ad bibliothecam fuam nos ducit. Ingens erat librorum

appa‑

apparatus, fed minuti omnes, adeo, vt volumina maiora, et in folio, calendaria noftra vix magnitudine exaequarent. Vix mihi temperabam, cum viderem Biblio-thecarium ad fuperiores loculos euolare, vt libellos in octauo, ac duodecimo depro-meret. Quod reliquum eft, parum ab aedibus noftris, ftructura et apparatu, diffe-runt aedes *Picardanae;* cubilia vero prope tectum fufpenfa, veluti auium nidi ftant. Quaeret hic quispiam, qui fieri poffit, vt a picis, quae inter aues minorum gentium funt, tantae molis aedificia exftruantur? At patuit e domo, tunc temporis e fun-damentis exftruenda, rem fieri poffe; nam opus fimul vrgebant aliquot opera-riorum millia, adeo vt multitudo ac faci-litas volandi, virium defectum quodam-modo fupplerent. Hanc ob caufam ea-dem fere celeritate, qua domus noftrae, *Picardana* aedificia eriguntur. Vxor in-fpectoris non apparuit, vtpote puerperio impedita; nam non egrediuntur puerpe-rae, quam diu inuolucres adhuc funt in-fantes, fed breui, plumantibus iam iam pullis, in publicum proditura ait ma-ritus.

Q 5

Haud

Haud diu in hac regione haefimus, quo circa ftatum regionis, incolarumque indolem ac mores delineare nequeo. Ingens tunc temporis animorum erat motus, ob bellum, inter *Picardanos* et vicinos Turdos, nuper conflatum, maxime cum poftridie aduentus noftri nunciaretur, ingenti praelio aërio a Turdis fufos fuiffe Picardanos; quocirca dux exercitus, cognita caufa, fententiam tulit, vt alarum fectionem pateretur, quae poena hic grauis exiftimatur, et parum a capitali fupplicio differt. Facta mercium permutatione, vela ventis damus. Vidimus haud procul a litore plumis conftratum aequor, ac, e pennis, quas per maria inanis fpuma torquebat, coniecimus, locum eum effe, vbi praelium habitum fuit inter Picas et Turdos.

Poft tridui profperam nauigationem, adpulimus litori terrae muficae. Iacta ancora, terram petimus praeeunte interprete noftro cum inftrumento mufico, quod vulgo dicimus *Baffum*. Valde ridiculum id mihi videbatur, cum, quem in finem hac farcina fe oneraffet, non caperem. Cum omnia deferta videremus, et nullum

nullum creaturae vestigium vsquam appareret, iubet nauarchus aere canoro aduentum nostrum incolis indicare, moxque ad tubae sonitum accurrebant circiter triginta instrumenta musica, siue *Bassi* vnipedes. Vera mihi incantatio hoc videbatur, cum nihil in toto itinere stupendum magis vidissem. *Bassi* isti *Violini*, quos esse incolas huius terrae comperiebam, hunc in modum formati erant. Superne collum erat oblongum cum capite minuto, ipsum corpus angustum et contractum, cortice quodam laeuigato erat obductum, adeo, vt inter corticem istum ac corpus, vacuum esset relictum spatium. Supra ventris vmbilicum natura posuerat pectinem, siue sellam cum quatuor chordis. Tota machina vno tantum pede nitebatur, adeo, vt cuncti singulis cruribus saltuatim currentes, viuacissima pernicitate campos transmitterent. Vt verbo me expediam: vera crederes instrumenta musica, ob figurae similitudinem, nisi quod duas haberent manus ac brachia. Altera manu tenebant plectrum, altera chordas pulsabant. Interpres noster ad colloquium incolas prouocans, instrumentum, quod secum portauerat, *Susti-*

Suſtinet a laeua, tenuit manus altera
plectrum,
Artificis ſtatus ipſe fuit: tum ſtamina do-
cto
Pollice ſollicitans,

mox reſponſum e chordis ſonantibus tulit, adeo, vt alternis vicibus, diu modulando, ſenſus exprimerent. Initio non niſi
Adagio modulantur, idque ſatis harmoni-
ce, mox vero ad diſſona dilabuntur, quae
auribus obſtrepunt. Tandem vero muſi-
ca in dulciſonum, et gratum *Praeſto* terminatur. Id quod cum noſtri audirent,
gaudio exultabant, dicentes, de pretio
mercium iam eſſe conuentum. Patuit
mox, primum *Graue* nil niſi ſermonis de-
notaſſe praeludium, ac in mutuis ſaluta-
tionibus conſtitiſſe. Durantibus vero diſ-
ſonantiis, de pretio fuiſſe diſputatum, ac
tandem dulciſonum *Praeſto* ſignificaſſe negotiorum felicem transactionem : nam
paulo poſt exonerata fuit nauis. Inter
merces, quae huc afferuntur, maximi
momenti eſt colophonium, quo plectra,
ſiue arcus, loquelae inſtrumenta, oblinunt
terrae muſicae incolae. Hinc criminis
con-

conuicti, plectri priuatione ex iudicis
sententia mulctari solent, et perpetua plectri priuatio instar poenae capitalis est.
Cum litem, foro nobis vicino, iudicari
audirem, eo accurrebam, processum iuris
musici auditurus. Causidici loco sermo-
nis plectra mouebant, e chordis ventri
impositis sonum elicientes. Durante
actione, non nisi dissonantiae exaudie-
bantur, adeo, vt in argutis, ac gestuosis
manibus omnis eloquentia resideat. Finita
vero litis disceptatione, exsurgens iudex,
arrepto plectro, *Adagio* modulabatur, quod
idem est, ac sententiam pronuntiare; nam
aduolarunt subito sententiae executores,
damnato plectrum adempturi. Pueri hic
speciem praebent instrumentorum, quae
nos vocamus *Stokviolen*. Iisdem nulla
dantur plectra, antequam tertium annum
impleuerint. Quartum annum ingressi,
in scholas mittuntur, vt a praeceptoribus
discant, plectrorum reciprocatione sonos
chordarum elicere, hoc est, quod nos
dicimus, in literis erudiri, manentque sub
informatorum ferulis, donec rite modu-
lari, ac absque chordarum stridore plectra
reciprocare didicerint. Mire passim ab
his

his pueris, modulando nos perfequenti-
bus, vexabamur. Interpres nofter loquelae muficae gnarus, colophonium
emendicare affeuerabat fymphoniacos
pueros. Dum mendicabant, fonum *grauem* fiue *Adagio*; cum vero compotes
votorum facti effent, celerem et acutum
fonum, feu *Praefto* ediderunt : nam *ita*
gratiarum actio exprimi folet. Repulfa
vero omnem iftum Heliconem exanimat.

Rebus noftris bene, et ex voto peractis,
circa finem menfis *Cufan*, terram mufica-
lem relinquimus, ac poft aliquot dierum
nauigationem confpicamur noua litora, e
quorum foetido odore coniecimus, *Pygloffi-
am* effe. Incolae huius terrae hominibus
haud funt diffimiles; diftant in eo, quod
ore deftituti, per pofteriora loquantur.
Primus, qui ad nauim noftram acceffit, opulentus erat mercator. Ille, fecundum gentis confuetudinem, per pofteriora nos falu-
tabat, moxque de pretio mercium pacifci incipiebat. At, magno meo malo
tunc aegrotabat tonfor nofter, quocirca
Pygloffiani tonforis opera vti cogebar.
Nam, cum tonfores hic loquaciores fere
                                    fint

sint Europaeis, tetro, dum barbam rade-
bat, odore stabulum repleuit, adeo, vt
post discessum eiusdem thura adolere coacti fuerimus. Adsuetus iam adeo eram
rebus stupendis, ac naturae aduersis, vt nihil paradoxon amplius videretur. Cum
ingrata ac molesta ob hoc vitium nobis
esset conuersatio cum *Pyglossianis*, iter
maturantes, paulo ante tempus definitum
ancoras soluimus, maxime, cum a diuite
quodam Pyglossiano ad coenam inuitati fuerimus. Ad inuitationem enim humeros
contraximus omnes, et nemo condicere
voluit, nisi sub lege perpetui, dum coe-
naremus, silentii. E portu abeuntibus,
Pyglossiani in litore stantes, felicem nauigationem per posteriora optabant, et cum
ventus e litore flaret, nutu et manuum
signis, vt salutationibus parcerent, mo-
nebamus. Nam et nimia vrbanitas molestiam parere potest. Merces, quas huc
afferunt *Martiniani*, sunt aquae rosarum,
balsamum, et diuersa aromatum fragran-
tium genera.

Cursum hinc dirigimus ad terram
glacialem, foedam adeo horrendamque ad-
spectu, vt nulla vnquam regio infelicior

ac

ac miferatione dignior mihi fit vifa, cum
non nifi montes, perpetua niue tecti, oculis
fiftuntur. Inter montium cacumina, vbi
nullus admittitur fol, fparfim habitant incolae, qui omnes e glacie funt formati.
Nam quicquid inter vertices rupium eft,
infefto rigore, et aeterno gelu premitur
omne. Hinc quoque perpetua eft caligo;
et, fi qua lux detur, fola pruina albi-
cans eft. At, fubiectae valles exuftae flam-
mis, et crematae vapore torrentur. Hinc
incolae in valles defcendere, nifi turbido
et caliginofo coelo, non audent; et,
quam primum minimum folis radium
confpicantur, aut ad montes reuertuntur,
aut in cauernas fe praecipites dant. Saepe
vfu venit, vt e montibus defcendentes,
in itinere aut liquefcant, aut aliud malum
fubeant. Hinc legum ruptores, aethere
caligante, in planitiem deducti, palo alli-
gantur, incendio fideris exponendi. Terra haec omnigena producit mineralia,
excepto auro. Mineralia haec cruda ab
aduenis mercatoribus auferuntur; nam
indigenae caloris impatientes, metalla
excudere nequeunt. Creditur commercium glaciale omnium *Mezendoricorum*
maxime fructuofum. Omnes

Omnes hae terrae, quarum confpectum dedi, parent magno Imperatori regionis *Mezendoricae* proprie fic dictae;
vnde reliquae a nauigantibus vulgo cogno-
minantur infulae Mezendoricae, quamuis
propriis nominibus a fe inuicem difcri-
minentur, vti in itinerario hoc monftra-
tum eft. Iftud non minus amplum, quam
mirabile imperium, huius itineris terminus
eft ac centrum. Poft nauigationem octidui, ad metropolin imperialem peruenimus, vbi, quicquid de focietatibus animalium, arborum, ac plantarum cecine-
runt Poëtae, hic reuera exiftere depre-
hendimus. Nam *Mezendoria* tanquam
communis patria eft animalibus, arboribus, ac plantis, ratione praeditis. Quoduis
ibi animal, quaeuis arbor, ius ciuitatis
acquirit, modo regimini, ac legibus publicis fe fubiiciat. Crederes quidem, mixtu-
ram tot creaturarum diuerfae formae, et
diuerfae oppofitaeque naturae, confufio-
nem ac turbas parere debere. At, ipfa
contrarietas feliciffimum producit effectum, virtute prudentiffimarum legum ac
conftitutionum, quae mifcellaneis his fubditis, pro naturae ac ingenii modulo, negotia

R

gotia ac munera, vnicuique apta et conuenientia affignant. Ita ex. gr. e gente leo-
num, ob infitam magnanimitatem, defumuntur imperantes: Elephanti, ob iudicii
acrimoinam, membra magni fenatus fiunt:
ad aulica officia admouentur chamaeleon-
tes,cum variabiles fint, ac temporarii. Militiam terreftrem componunt vrfi, tigres, et
id genus bellicofa animalia: in militiam
vero naualem cooptantur boues et tauri.
Nam cum fimplices ac honefti, at parum
fimul morati, duri, et inflexibiles fint nautae, cumque vitam fectentur, rudi elemen-
to, cui fubfunt, conformem, nautica mi-
nifteria iisdem affignantur. Seminarium
quoque eft vitulorum, fiue tyronum militiae nauticae (*Zee-Cadetten*), e quibus nauarchi ac praefecti maritimi defumuntur.
Arbores, ob natiuam temperiem, vulgo fiunt iudices: Anferes fummorum tribunalium funt aduocati, et picae in curiis inferioribus caufas agunt. Vulpes plenipo-
tentiarii, legati, confules, agentes, ac fe-
cretarii legationum fiunt. Corui bonorum haereditariorum, fiue iacentis haere-
ditatis adminiftratores vulgo fiunt. Ca-
pri funt Philofophi, in primis vero Grammatici,

matici, idque refpectu qua cornuum, quibus aduerfarios, ob res leuiffimas impetere,
ac arietare folent, qua barbarum venera-
bilium, quibus inter omnes creaturas funt
fpectabiles. Equi funt confules ac fenatores ciuitatum: Proprietarii, fiue fundo-
rum ruralium domini, ac agricolae ferpen-
tes, talpae, glires ac mures. Aues
curforum et nuntiorum munera implent.
Afini, ob vocis ftridorem, funt diaconi.
Luciniae cantorum ac tibicinum officiis
funguntur. Galli gallinacei vrbium funt
vigiles, qui excubias agunt. Canes por-
tarum cuftodes. Lupi funt quaeftores
aerarii, teloniorumque infpectores, et ac-
cipitres eorundem funt miniftri.

Egregiis his inftitutis efficitur, vt muneribus publicis optime fit profpectum, ae,
vt omnia ftrenue, et concinno ordine agantur. Debet igitur hoc imperium exemplar effe, quod in rebus publicis conftitu-
endis exfcribant Legislatores. Nam, quod
tot alibi dentur miferi, et muneribus im-
pares viri, oritur non tam a fubditorum
hebetudine, quam a prauo ac peruerfo ingeniorum delectu: hoc vero rite ac folicite habito, ac viris prudentibus et ftre-

R 2   nuis

nuis, non ob quoduis meritum, fed ob fingularem, ad certa munera aptitudinem,
promotis, publica paffim munera egregie
adminiftrabuntur, et aeternum florebit respublica. Quam falutare hoc inftitutum
fit, imperii huius exemplum euincit.
Teftantur annales *Mezendortci*, trecentis
abhinc annis, ab imperatore *Lilako*, anti-
quatam hanc legem, muneraque publica
promifcue collata in omnes, modo praeclari aliquid feciffent, aut virtute aliqua
confpicui effent. At, promifcua haec munerum diftributio, tot tantasque turbas ciebat, vt actum breui de republica videretur. Ex. gr. Lupus rebus aerarii egregie
adminiftratis, ob meritum iftud maiorem
fibi dignitatem deberi contendens, fit fenator: arbor vero, ob vim iudicandi fpectabilis, idem ob meritum, aerario praefi-
citur. Promotione ifta praepoftera, duo
fimul ftrenui viri, reipublicae prorfus inutiles redditi funt. Porro caper, fiue Philofophus, qui ad coelum a fcholafticis, ob
conftantiam in defendendis mordicus the-
fibus fuis, tollitur, laudibus his inflatus,
fplendidum aliquod munus aucupatur, et
primum in aula vacantem locum petit, ac
obtinet.

obtinet. Chamaeleon vero, ob morum vrbanitatem, et quod tempori obfecundare
nouerit, ob iftud meritum profeffione
academica, quam ambit ob lucrum, do-
natur. Hoc efficitur, vt ille non minus
abfurdus fiat aulicus, quam ftrenuus fuerat Philofophus: hic vero ex optimo Philofopho, in aulicum ineptiffimum trans-
formetur. Nam conftantia ifta in defendendis opinionibus, quae philofophum
ornauerat, aulicum deformat, cum le-
uitas ac fluctuatio in aulis fint virtutes
cardinales, et aulicus, non tam id, quod
verum eft, quam id, quod tutum, fectans,
prout adfpectus aulici funt, varias induit
formas. At, quod vitium eft in aulis, virtus audit in fcholis, vbi ardor ifte fententiam mordicus propugnandi, ftrenui ac
gnaui viri fit nota. Vt breui praecidam:
cuncti fimul fubditi, etiam ii, qui ob
certas animi dotes inter alios eminuerant,
hac legis mutatione redditi funt nauci, ac
nullius vfus, ac respublica nutare coepit.
Quocirca, cum in praeceps omnia rue-
rent, prudentiffimus quidam elephas, fiue
fenator, nomine *Baccari*, malum iftud
Imperatori pathetice expofuit. Impera-

tor

tor de rei veritate conuictus, vitio huic
mox obicem ponere decreuit. Refor-
matio hunc in modum proceffit: non
omnes fimul officiis remouebantur; nam
ita agendo, remedium morbo peius fuiffet: at, vacantibus officiis, vnusquisque,
relicto, cui impar erat munere, ad nouum,
cui aptior erat, transferebatur. Ob
hanc patriae praeftitam operam, cuius
egregius mox innotuit effectus, *Baccari* pofita fuit ftatua, quae adhuc
in foro *Mezendorico* confpiciendam fe
praebet. Ex eo tempore antiquae leges
fancte obferuantur.

Teftatus eft interpres nofter, hiftoriam
hanc narratam fibi fuiffe ab anfere quodam, quem arcta familiaritate complectebatur, quique inter confultiffimos totius
vrbis caufidicos numerabatur. Multa in
hac regione infolita, imo prorfus ftupenda occurrunt phaenomena, quae alieni-
genarum, ac peregrinantium oculos in fe
conuertere queant. Solus ifte adfpectus
diuerfi generis animalium, fcil. vrforum,
luporum, anferum, picarum etc. regionibus ac vicis vrbis inerrantium, ac fermones

mones ferentium, admirationem fimul ac
voluptatem apud infuetos id genus fpecta-
culorum excitat. Primus, qui nauem
noftram ingreffus eft, lupus erat macilen-
tus, fiue telonii infpector, ftipatus quatuor
accipitribus, fiue miniftris, quos Europaei
Vifitatores nominant. Hi e mercibus au-
ferebant, quicquid ad palatum erat, eoque fatis indicabant, in arte, quam profitebantur, bene effe inftitutos, ac ad
vnguem omnia fcire. Nauarchus, pro
folita fua benignitate, quoties naui egre-
diebatur, me fibi comitem adiunxit. In
terram exfcendentibus, primus obuius fuit
gallus gallinaceus, qui, poftquam pro more caufam itineris, ac patriam fcifcitatus
fuerat, aduentum noftrum telonii prafecto
indicabat. Humaniter ab eodem excepti,
ad coenam inuitamur. At, vxor illius,
cuius formam inter lupas celebrari audiuimus, non aderat. Abfentiae caufa, prout
ab aliis accepimus, erat zelotypia mariti,
qui non confultum duxit, tantae formae
mulierem confpiciendam praebere aduenis,
nis, maxime vero nautis, qui longa continentia exhaufti, ac efurientes, matronas
ac virgines, in portum delati, ardenter ve-

nari

nari folent. Variae tamen aliae matronae
ad coenam admittebantur: inter easdem
erat vxor cuiusdam nauarchi (Commen-
deur) quae vacca erat, candida, atris ma-
culis interſtincta. Proxima huic accum-
bebat felis nigra, vxor ſcil. venatoris regii, quae nuper e prouincia in vrbem ve-
nerat. Inter conuictores proxima mihi
erat ſcropha verſicolor, vxor inſpectoris
cloacarum (*Renouations - Inſpecteur*) nam,
qui eiusmodi munera obeunt, e gente
porcia vulgo ſumuntur. Erat illa ſordida
quidem, ac illotis manibus veſcebatur,
id quod in iſta gente frequens: at officioſa
admodum mihi ſimul videbatur; nam cibum e patina communi identidem mihi
porrigebat. Mirabantur omnes inſolitam
iſtam humanitatem, in primis cum ſcro-
phis morum elegantiae non ſint gentilitiae.
At, mallem ego, minus cultam, cum e
ſcrophae manibus cibum capere valde eſſet moleſtum. Notandum hic eſt, incolas Imperii *Mezendorici*, quamuis brutis,
quoad corporis formam, ſint ſimiles, manibus tamen eſſe praeditas et digitis, qui
e pedibns anterioribus prominent, in quo
ſolo a quadrupedibus noſtris differunt, et

cum

cum obfita fint corpora aut pilis, aut pennis,
veftibus non indigent. Tantum diuites
a pauperibus diftinguuntur certis orna-
mentis, ex. gr. collaribus, ex auro vel mar-
garitis confectis, fiue fafciis, cornua tortu-
ofo volumine ambientibus. Tot fafcium
compagibus ornatum erat caput vxoris nauarchi, vt cornua eiusdem vix difcernere
liceret. Excufabat illa abfentiam mariti,
dicens, lite, qua nuper implicitus erat,
diftentum, domi teneri, fenatumque habere cum duabus picis, fiue caufidicis, qui
poftridie caufam illius in foro agerent.

Coena finita, varia ifta porca, vxor
infpectoris cloacarum, cum interprete
noftro fecretum habuit colloquium, in quo
amore fe mei captam teftatur: patientem
ille folatur, ac remedium amoris polici-
tus, me expugnare aggreditur: et, cum
verbis fe nihil proficere cerneret, fugam
hortatur, cum fciret, omnem lapidem
moturam matronam, vt voti compos fieret. Ex eo tempore in naui me continui,
maxime, cum audirem, veterem huius
matronae amafium, fcil. philofophiae
quendam ftudiofum, zelotypia accenfum

R 5   vitae

vitae meae infidiari. At, ipfum nauis mu-
nimentum, aduerfus matronae iteratos impetus, me vix tutabatur, quippe iam per
internuncios, iam per epiftolas, ac amatoria carmina, cordis mei duritiem emolli-
re tentabat. Nifi fubfequenti naufragio
perditae fuiffent literae iftae, fpecimen
poëleos porcinae exhibere potuiffem. At,
memoria mea cuncta exciderunt, nihilque retinui, praeter carmina ifta, quibus
formam fuam femel ita praedicat:

Nec, mihi quod rigidis horrent denfiffima
fetis
Corpora, turpe puta. *Turpis fine fron-*
dibus arbor;
Turpis equus, nifi colla iubae flauentia
velent:
Pluma tegit volucres; ouibus fua lana de-
cori eft;
Barba viros, hirtaeque decent in corpore
fetae.

Mercium permutatio tanta celeritate
facta eft, vt intra paucos dies vela facere
potuerimus: at, iter noftrum non nihil
remorabatur, exorta eodem tempore lis,
inter

inter nautas noftros, in procinctu iam ftantes, et oiues quosdam *Mezendoricos.* Caufa litis haec erat : nautam quendam *Martinianum,* forte per vrbem ambulantem, cuculus quidam dicteriis petens, per ludibrium *Peripom* vocitabat, id quod denotat hiftrionem apud nos. Nam, cum balatrones, et comoedi in hac regione vulgo fimiae fint, nautam hunc pro hiftrione cepit cuculus. Ille vero, iniuriae impatiens, deriforem fuftuario falutat, ictuque duplicato paene elumbat. Fidem Quiritium mox inclamans cuculus, circumftantes prouocabat teftes, quos poftridie in foro examinandos ftitit. Teftibus examinatis, rem ad fenatum vrbis detulit. Nauta igitur, linguae ac iuris *Mezendorici* ignarus, picam, fiue caufidicum, caufae fuae patrocinaturum, conducere cogitur. Acta fic caufa fuit coram fenatu, et, poft vnius horae iurgium, lata eft fententia huius tenoris: *Vt cuculus, tanquam aggreffor, culpae fuae pretium ferat, ac litis aeftimationem praeftet;* quam tamen, vti fieri vulgo folet, falarium caufidici abforpfit. Senatores, qui hanc caufam diiudicabant, erant equi, quorum

duo

duo confules dicebantur, et quatuor fenatores. Iudicio aderant totidem pulli,
qui vota tantum deliberatiua, non vero
decifiua habebant, et ad eiusmodi actus
admittebantur tanquam tyrones, ac iuris
candidati. Audiui, in aliis collegiis eadem
effe feminaria, e quibus defumi folent tyrones maturiores, vt vacua loca impleant.

Negotiis profpere peractis, ac naui-
gio rebus pretiofiffimis onufto, reditum
in patriam meditamur. Poftquam in altum delati fuimus, repentina tranquillitas
intermifit curfum: hinc alius exultantes
fufcina quaerebat pifces, alius hamis blandientibus conuellebat repugnantem praedam. Mox modicum ventum nacti,

*　　　　　　　　castra mouemus,*
Tentamusque viam, et velorum pandimus
*　　　　　　　　alas.*

Poftquam diu profpera aura, ac ferentibus
ventis mare fulcaueramus, nouas confpicamur Sirenes,

*　　　　　quae multa aspergine rorant,*
Emerguntque iterum, redeuntque fub ae-
*　　　　　　　　quore rursus,*

horren-

horrendum per interualla ac funeſtum eiu-
latum edentes. Ingenti iſtud terrore affecit nautas, vtpote experientia edoctos,
lugubrem iſtam muſicam, procellas ac nau-
fragia portendere ſolere. Hinc ex inſtan-
ti carbaſa maiora demittuntur, et in ſua
quisque miniſteria diſtribuitur. Vix defuncti erant hoc opere, cum atris coelum
nubibus obduci, ac abruptis procellis aequora intumeſcere coeperint, adeo, vt gubernator nauis, qui annos fere quadraginta maria ſubterranea arauerat, ſancte teſta-
retur, horrendam magis tempeſtatem ſe
nunquam fuiſſe expertum. Cuncta, quae
in tabulatis nauigii ſtrata iacuerunt, iam
innatabant aquis, quae partim ex irrum-
pentibus vndis, partim etiam ex immodi-
co agmine imbrium, cum tonitru ac fulgu-
re cadentium, naſcebantur, adeo, vt cuncta
ſimul elementa in perniciem noſtram con-
ſpirare viderentur.

- - - *Iactamur gurgite*
vaſto;
Inuoluere diem nimbi, et nox humida coe-
lum

Abs-

Abftulit: ingeminant abruptis nubibus
*igne*s.
Excutimur curſu, et caecis erramus in
vndis.

Disrumpitur mox media nauis arbor, quam
fecutae funt caeterae. Hinc mortis imago
omnium oculis obuerſabatur. Hic vxorem et pignora inclamauit, ille amicos ac
neceſſarios, totumque nauigium lugubri
vlulatu exſonuit. Igitur gubernator nauis, quamuis exſpes ipſe, verbis eosdem
demulcere cogitur, ac monere, vt ceſſarent,
nil profuturis gemitibus pectora diducere.
At, perorantem in mare ventus excuſſit,
repetitumque infeſto gurgite procella cir-
cumegit ac hauſit. Idem fatum ſubie-
runt et tres alii, inter quos erat conſilia-
rius commercii, cum duobus nautis. Vni-
uerſalem iftam calamitatem ſolus ego patienter tuli, cum pertaeſus vitae, nullo re-
uertendi in *Martiniam* ſtudio duce, vbi
libertatis ac exiſtimationis iacturam fece-
ram, ac proinde in eorum numero eram,

Quos neque pauperies, neque mors, neque
vincula terrent.

Tan-

Tantum miſeratus nauarchum noſtrum,
ob praeſtitam mihi, in toto hoc itinere, beneuolentiam, verbis conceptiſſimis demiſſum illius animum erigere conabar: at,
fruſtra eloquentiam exercui, nam in gemitibus, et muliebri eiulatu perſeuerabat,
donec ab ingruente vnda decumana, in pe-
lagus excuteretur. Ingr nuelcente tempe-
ſtate, nulla nauis vlterior erat cura, non
arbor erat relicta, non gubernaculum, non
funis aut remus, ſed quaſi rudis ac infecta
materies ibat cum fluctibus. Integrum
triduum, a procellis iſtis ita iactamur,
metu mortis, ac ieiunio torpentes. Sere-
nius quidem coelum per interualla apparuit, at eadem ſemper erat tempeſtatis
pertinacia. Superſtitibus nautis tandem
nonnihil ſolatii attulit conſpecta procul
terra, rupibus ac montibus aſpera, et,
cum in litora ventus ferretur, ſpes erat,
breui nos eo appulſuros. Fieri id quidem nequibat absque naufragio, ob lito-
rum aſperitatem: at, veriſimile erat, ſi
non omnes, tamen nonnullos, ope tabula-
rum naufragarum, mortis diſcrimen pro
tempore euaſuros. At, dum iſta nos ſpe
lactamus, in medio maris latenti ſcopulo
alli-

alliditur ratis, idque tanto impetu, vt
tota foluta compage, in centum fere fragmenta fcindatur. In hoc aeftu tabulam
ego arripui, comitum meorum fecurus,
nam de propria tantum falute anxius eram,
et quamnam fortem illi experti fint,
etiamnum quaero. Verifimile eft, omnes
mifere periiffe, cum neminem in hanc
terram delatum audiuerim. In litora ego
beneficio fluentis, ac vndarum magna celeritate feror, id quod faluti mihi fuit;
nam, fi aliquanto diutius in illo ftatu per-
manfiffem, fame ac labore extenuatus
fine dubio periiffem. Poftquam intra pro-
montorium quoddam delatus eram, detumuit vnda, turbatique maris fonus tantum, isque iam languidus ac definens
, audiebatur. Tota haec regio montana
eft: hinc montium flexus crebrique vertices, confracta in humeros iuga, et con-
caui vallium finus, inaequaliter aërem fcin-
dunt; quae caufa etiam voces multis in
locis reciprocas facit. Cum litus me prope iam attigiffe cernerem, altum exclama-
ui, fperans, ad clamorum excitatos litoris
accolas, auxilio mihi venturos. Ad primum clamorem nulla redditur echo : at,
cum

eum integrarem, fonus quidam e litore
exauditur, ac procurrere e fyluarum late-
bris videbam incolas terrae, ac fcapha
quadam mihi obuiam ire. Facta erat fcapha ex arbuteis virgis, et vimine querno,
id quod fatis indicabat, non valde mora-
tam et excultam effe hanc gentem. At,
adfpectus remigantium mero me gaudio
affecit; nam quoad formam corporis nihil ab hominibus differebant, et foli erant
homines, quos in toto hoc itinere fubterraneo videre mihi contigerat. Similes
funt hominibus noftri orbis, fub zona tor-
rida degentibus; nam barbas habent ni-
gras, et capillos vibratos, et qui flauos et
promiffos habent crines, inter monftra referuntur. Tandem ad fragmentum nauis, quo ferebar, appellunt, manusque
fuppliciter me tendentem excipiunt,

   Et fale tabentes artus in litore ponunt,

vbi cibo ac potu, quamuis rudi ac plebeio, refocillatus, (nam integrum triduum
cum fiti ac inedia pertinaciter depu-
gnaueram) breui conualui.

✥ ❈ ✥

S   CAP.

* * * * * * * * * * * * * * * * * * * *

CAPVT XII.

APPVLSVS AD LITO-
RA QVAMITICA.

Interea ingens vndique fit hominum con-
fluxus. Iidem ad colloquium me identidem prouocabant, ſed ignarus ſermonis,
quid reſponderem, neſciebam. Verba,
quae ſaepius repetebant, ſcilicet *Dank
Dank*, cum germanica eſſe viderentur,
reſpondebam primum germanice, mox
danice, ac tandem latine: ſed ignotas ſibi
has linguas eſſe capitum concuſſione mon-
ſtrabant. Tentabam denique linguis ſubterraneis ſcilicet *Nazarica* et *Martiniana*,
mentem indicare, ſed fruſtra. Hinc coniiciebam, gentem hanc eſſe inſociabilem,
ac nullo commercii foedere cum aliis
ſubterraneis iunctam, ideoque neceſſe
mihi eſſe, etiam in hac regione repuera-
ſcere, ac ludo literario rurſus initiari.

Poſtquam diu ſermones miſcueramus,
ſed ita, vt alter alterum non intelligeret,
deducor ad caſulam vimineam: nullae ibi
erant

erant fellae, nulla fcamna, nullae menfae:
nam humi fedentes cibum capiebant, de-
fectuque cubilium, folo interiecto ftra-
mento, promifcue pauimento pernocta-
bant, id quod eo maiorem mouit admirationem, cum denfiffimis fyluis regio
abundet. Sola alimenta erant lac, cafeus,
panis hordaceus, et caro, quam pruinis
imponere folebant, rei coquinariae omnino ignari. Breui: tales fere erant, quales
primi homines,

> *Queis neque mos, neque cultus erat; nec*
> *iungere tauros,*
> *Nec componere opes norant, aut parcere*
> *parto;*
> *Sed rami atque after victu venatus ale-*
> *bat.*

Hinc Cynicam vitam hic diu traduxi,
donec in lingua tantum proficerem, vt
cum incolis loqui, ac ignorantiae eorum
fuccurrere poffem. Et fane minima, quae
dabam praecepta, tanquam oracula habita
fuerunt. Hinc cuncti, e pagis circumia-
centibus nominis mei fama exciti, cateruatim ad me, tanquam ad infignem Doctorem, de coelo fibi miffum, confluebant.

S 2   Et

Et audiebam, nouam temporis epocham, ab aduentu meo, a nonnullis ftatui. Haec omnia eo gratiora mihi erant, quoniam in *Nazar* ac *Martinia*, illic ob velox ingenium ac temeritatem, hic ob hebetudinem, omnibus ludibrio fueram. Animaduertebam tunc, verum effe tritum iftud, fcilicet inter coecos regnare ftrabones. Nam in terram veneram, vbi triuiali eruditione, ac rebus fere nihili, illuftrem me reddere, ac ad fummos honores afcendere poteram. Et ampla erat occafio, vires meas experiundi, cum omnia large ad vfus humanos fuggereret haec regio: nam terra fponte quam plurima fundit, creditum foenus optima fide reddit, et tam deliciis, quam neceffariis famulatur. Non indociles quidem erant huius terrae incolae, neque ingeniis plane deftituti: at, cum nil didiciffent, in fpiffiffima caligine verfabantur. Narranti mihi genus, patriam, naufragium, et alia, quae in itinere meo expertus eram fata, nemo fidem habuit. Credebant potius, me folis effe incolam, et ab hoc aftro defcendiffe: quocirca vulgo me *Pikil-Su*, id eft, legatum folis, vocitabant. Exiftentiam quidem

Dei

Dei non negabant, fed de probatione tanti dogmatis non erant foliciti, fufficere fibi credebant, maiores ita credidiffe: hoc folo dogmate tota eorum theologia abfol- uebatur. In ftudio morali folum iftud praeceptum didicerant: *Quod tibi non vis fieri, alteri ne feceris.* Nullis fuberant legibus, fola Imperatoris voluntas lex erat, ac nulla proinde, nifi publica crimina, puniebantur. Alia fi quis facinora per- petrauerat, praefentiam illius fugiebant caeteri, et contemptus ifte nocentibus tam grauis ac intolerabilis erat, vt non pauci, aut aegritudine animi, occumberent, aut violentas fibi manus prae taedio vitae inferrent. Chronologiam ac temporum computationes ignorabant, tantum ab eclipfi folis, quae per interpofitionem planetae *Nazar* fit, annos computabant: Adeo, vt, cum de aetate alicuius quaere- retur, tot eclipfes vixiffe refponderetur. Phyfica eorum ieiuna admodum et abfur- da erat: credebant, folem effe auream laminam, ac planetam *Nazar* cafeum. Cum quaererem caufam, cur ftatis vicibus crefceret, ac decrefceret planeta *Nazar,* refpondebant, iftud fe nefcire. Diuitiae

et

et facultates maxime in porcis confiste-
bant, quos in fyluam miffos, notis ac characteribus diftinguebant, et aeftimabantur
vniuscuiusque opes e numero porcorum.
Ingratas arbores, ac glandem non ferentes,
flagellis caedere folebant, quoniam fteri-
litatem iftam ab inuidia ac malitia earundem fluere ftolide credebant.

Talis erat ftatus miferae huius gentis,
quam artibus, ac praeceptis ad humanitatem perduci poffe mox defperabam, at, ad
animum reuocans iftud

Nemo adeo ferus eft, vt non mitefcere
poffit,
Si modo culturae patientem praebeat au-
rem,

in gentis barbarae cultura omne ftudium
pofui, eamque ob operam, tanquam diui-
nus homo, inter illos habitus fum, tantaque de fapientia mea erat praefumtio, vt
nihil mihi impoffibile crederent.

Hinc vbi oues furto, morbo periere ca-
pellae,
Spem mentita feges, bos eft enectus aratro,
Offenfi damnis media de nocte ruebant

ad

ad tugurium meum, opem humiliter implorantes. Ante poftes ianuae meae procumbentem vidi villicum quendam, in lacrimas effufum, ac manibus, vsque ad articulorum ftrepitum, contritis, opem meam implorantem. Doloris caufam me quaerente, de arborum fuarum contumaci fterilitate queritur, humillime petens, autoritate mea efficerem, vt glandem illae pro more ferrent. Audiebam, totam hanc terram parere regi, cuius fedes eodem tempore octo dierum itinere diftabat a vico, vbi tunc commorabar; dico eodem tempore, quoniam ambulatoria erat metropolis, et pro aedibus fixis tentoria habebat, quae cum familia regia ac fubditis, ex vna in alteram prouinciam, transferri folebant. Rex, qui tunc fceptra tenuit, erat vir aetate profectus, et dicebatur *Casba*, id quod magnum Imperatorem denotat. Merebatur quidem regio haec, refpectu terrarum, quas ingenti tractu perreptat, regnum dici, fed ob ignorantiam incolarum, viribus vti nefcientium, exigui ponderis habita fuit, ideoque vicinorum infultibus ac ludibriis expofita, faepe gentibus maxime ignobilibus tributum pendere coacta fuit. S 4

Fama

Fama nominis mei, ac virtutum mearum, per cunctas breui prouincias diffun-
debatur. Nihil, nisi me, tanquam oracu-
lo, consulto, ex eo tempore suscipiebant
incolae, et quoties res susceptae destitue-
bantur successu, a maleuolentia et frigore
meo id oriri credebant. Hinc erant, qui
sacrificiis iram meam placare conabantur.
Stupidissimae gentis ineptias omnes enumerare supersedeo: sat erit, vnam vel alteram afferre, vnde de caeteris facilis erit
coniectura. Grauida mulier effici posse
opera mea credebat, vt foetus, quem in
vtero gestabat, sexus virilis foret: alius,
vt parentibus senio effoetis, aetatem et annos redderem iuueniles, orabat: tertius, vt
per aethera se efferrem ad regionem solis,
e cuius gremio, auri, quantum opus
esset depromeret, ac thesauro onustus inde reuerteretur. His et multis aliis petitionibus eiusdem farinae misere vexatus,
seuera oratione stultitiam eorum saepe ca-
stigare cogebar; nam verebar, ne nimia
ista de potentia et virtutibus meis prae-
sumtio in cultum tandem diuinum termi-
naretur. Tandem

- - - - *longaeui regis ad aures*
Nun-

Nuntius ingentem peregrina in veste re-
~~ponete~~

Advenisse virum, - - :
qui solis legatum se dixerat, quique sapi-
entissimis, et fere diuinis praeceptis *Qua-*
mitas aliquot (ita vocabantur incolae huius regionis, cui nomen *Quama*) imbu-
endo, homine se maiorem ostenderat.
Hinc legatos illico ablegauit cum mandatis, vt ad regiam vrbem me inuitarent.
Erant legati numero triginta, tecti omnes
pellibus tigrium, qui ornatus in his terris
honoratior censetur, quoniam vsus earundem pellium nemini conceditur, nisi
praeclare rem gesserit in bellis contra *Ta-*
nachitas. (Tigres hi erant rationales, et *Qua-*
mitarum infensissimi hostes.) Interea temporis in vico isto, vbi tunc haerebam, sa-
xeam domum, duarum contignationum, ad
exemplar aedificiorum Europaeorum, ex-
strui curaueram. Istam domum, tanquam
stupendam molem, et vires humanas exce-
dentem intuebantur legati, ideoque reli-
giosa eandem veneratione, tanquam san-
ctuarium, intrabant, mandatum imperatoris ad me perlaturi. Formula mandati,
qua vtebantur, his verbis concepta erat:

Cum

,,Cum magnus Imperator Casba, clemen-
,,tiffimus ~~eorum~~ Dominus, maiores fuos
,,et profapiam deduceret a Spynko, folis fi-
,,lio, qui primus Quamae fceptra tenue-
,,rat, nil gratius fibi accidere potuiffe hac
,,legatione, maxime cum tenderet ad
,,fummam imperii vtilitatem, et fpes ef-
,,fet, fub infigni adeo et coelefti Doctore,
,,totius regni mox aliam fore faciem,
,,fperabat igitur, eo lubentius in aulam
,,regiam venturum legatum, quo maior
,,et fpatiofior in metropoli daretur campus,
,,virtutes fuas exferendi. ,, Finita oratione, humillimas ego gratias agens, cum
legatis in regiam proficifcor. Itineri huic
quatuordecim dies infumpferant legati:
at, reuertentibus quatridui tempus fat
erat, id quod arte mea effectum eft:
Nam, cum animaduertiffem, ingentem in
his terris effe equorum prouentum, eosdemque oneri potius, quam vfui effe incolis, cum fyluis ferarum inftar inerra-
rent, monftraui vtilitatem, quae ex vfu
generofiffimorum animantium comparari
potuit, artemque domandi docui. Domiti fuere mox aliquot equi, et cum
adeffent legati, tot iam habebam pactos
et

et instructos, quot reuerfuris in itinere
effet opus. Ad equorum adfpectum ftupentes legati, in eosdem confcendere diu
dubitarunt: at, cum me, vna cum aliis,
absque metu et periculo eosdem capiftris
moderari, ac fraenis circumagere viderent,
poft leue quoddam tentamen animum re-
fumunt, et vecturae huic fe accommodant. Et haec erat caufa, cur abitu triplo
celerior fuerit reditus. Cum prope locum
ventum eft, vbi regia vrbs credebatur,
audiuimus, in aliam prouinciam metropolin effe translatam: hinc iter remetiri, et
curfum alio flectere cogimur.

Vix exprimi poteft, quanto cum ftupore nos, eo ornatu incedentes, intuiti
fuerint *Quamitae.* Nonnullos tantus terror inuafit, vt regiam vrbem deferere
molirentur. Ipfe Imperator intra limina
tentorii fe trepidus continuit, nec foras
egredi aufus eft, antequam vnus legato-
rum, equo defcendens, myfterium iftud
explicuerat. Paulo poft in tentorium
Imperatoris folenniter, et ingenti comitatu
introducor. Sedentem ibi periftromate
confpiciebam *Casbam,* aulicorum corona
cin-

cinctum. Ingreſſo tentorium, ac humillimis verbis benignitatem Imperatoriam
praedicanti, aſſurrexit Imperator, rogans,
quid ageret ſolis Monarcha, familiae Quamiticae auctor, et primus parens. Ad
quaeſtionem hanc, cum opus eſſet, veterem Quamitarum errorem fouere, reſpondebam: a Monarcha Solis me in terram demiſſum, vt praeceptis ſalutaribus
rudes Quamitarum mores emollirem, ar-
tesque patefacerem, quibus non modo
ferociae finitimarum gentium reſiſterent,
ſed et fines imperii proferrent, datumque
mihi in mandatis eſſe, perpetuo hic vitam
agere. Grata erat Imperatori oratio: iuſſit
illico tentorium mihi erigi, ac prope
ſuum ſtatui, adſignati mihi etiam ſunt
quindecim apparitores, quorum miniſte-
rio vterer, nullaque in re Domini ſuper-
cilium induebat, ſed amici quaerebat obſequium.

CAP.

* * * * * * * * * * * * * * * * * *

CAPVT XIII.

PRIMORDIA QVINTAE
MONARCHIAE.

Ex eo tempore totus in eo eram, vt regioni huic nouam formam darem, et iuuentutem in re militari erudirem.

*Ante vrbem hinc pueri, et primaeuo flore
iuuentus*

*Exercentur equis, domitantque in puluere
currus;*

Aut acres tendunt arcus, aut lenta lacertis

Spicula contorquent. - - -

Ab equis vero domandis, et vsui bellico aptandis, initium fumpfi, fperans, folo equitatu finitimos in officio continendos. Affidua mea cura effectum eft, vt breui fex equitum millia Imperatori fifterentur. Et cum eodem tempore, *Tanachitae* nouam inuafionem meditarentur, ob dilationem annui tributi, cuius folutionem fruftra vrferant, rogatu Imperatoris, cum

nouo

nouo equitatu, cui pedeftris exercitus
addebatur, hoftibus obuiam iui. Copias
pedeftres haftis armaueram ac iaculis,
quibus eminus cum Tanachitis pugna-
rent: nam breuibus tantum gladiis, aut
pugionibus, adhuc vfi fuerant Quamitae;
quam ob caufam cominus femper cum
ferociffimis hoftibus, qui corporis viribus
valentiores erant, impari femper marte
congreffi fuerant.

Dux exercitus iam conftitutus, cum
animaduerterem, Tanachitas haud procul
ab imperii noftri finibus paratos ftare,
copias in eosdem duxi. Inopinati exercitus adfpectu commoti Tanachitae, aliquandiu fubftiterunt: noftri vero vlterius
progreffi, quam primum ad teli iactum
ventum effet, haftas ac iacula vibrarunt,
ac ita pugnando, ingentem hoftium ftragem ediderunt. Animum tamen non de-
fpondebant hoftes, fed ingenti impetu in
pedites noftros ferebantur: at, cum latera eorum inuaderet nouus equitatus,
defertis ordinibus, in fugam fe coniiciebant, adeo, vt impetus hic totius praelii
fortunam traxerit. Magna tunc hoftium
fit

fit caedes, et Dux exercitus Tanachitici,
vna cum viginti nobilibus tigribus, viuus
capitur, Quamam in triumphum ducen-
dus. Vix exprimi poteſt, quantam lae-
titiam inſignis haec victoria per totum
imperium excitauerit: nam in prioribus
bellis vulgo ſuccubuerant Quamitae, et
non niſi iniquiſſimis conditionibus pacem
emendicauerant. Iuſſit mox Imperator,
captiuos, pro more, ad capitale ſupplicium
abſtrahi: ego vero morem hunc deteſta-
tus, in cuſtodia ſeruandos ſuaſi, quietu-
ros iudicans Tanachitas, quibuscum pro
tempore nec pax, nec bellum erat, donec
viderent, quid de captiuis ſtatueretur:
porro indicabam, opus mihi eſſe induciis,
vt alia, quae meditatus eram, exſecutioni
darem. Animaduerteram, nitri feraciſſi-
mas has terras, ingentemque iam dudum
nitri vim coaceruaueram, ex quo pul-
uerem pyrium conficerem. Nemini ta-
meſſ, niſi ſoli imperatori, conſilium de-
texeram, cum illius auctoritate mihi opus
eſſet, ad officinas inſtituendas, in quibus
tubi, aliaque id genus tela cuderentur. Et
ſperabam, hiſce inſtrumentis omnes imperii huius hoſtes breui debellari poſſe.

Poſt-

Poftquam aliquot centena fclopetorum, vna
cum glandibus confici cðraueram, publicum commenti mei fpecimen edidi fummo cum omnium ftupore.   Certus mox
militum numerus huic militiae generi ad-
fcriptus, in fclopetis rite tractandis affidue
exercetur. Facto hoc experimento, et fclopetariis probe exercitatis, ab imperatore
proclamor *Iacbal*, fiue totius exercitus
Dux, cui dicto obedientes effent omnes
legionum, cohortium, ac turmarum Praefecti.   Dum haec aguntur, cum Duce
Tanachitarum, *Tomopoloko*, cuius integritas in familiaris amicitiae adduxit iura,
crebra habui colloquia, exploraturus ftatum, indolem, et mores iftius gentis. Comperiebam non fine admiratione, pruden-
tem eum effe, bene moratum, ac in literis
probe inftructum: audiebam, in terra Tanachitica literas et artes non perfunctorie
coli: indicabat porro, verfus orientem populum effe bellicofiffimum, propter qûem
perpetuo excubias agere cogebantur Tanachitae.   Incolae quidem exiguae erant
ftaturae, ac viribus corporum Tanachitis
longe inferiores, at iudicio pollebant, ac
dexteritate iaculandi, eamque ob caufam
                                    faepe

faepe ad pacem petendam compulerant
Tanachitas. Didici mox, gentem iftam
compofitam effe e felibus, eandemque
inter totius firmamenti incolas, prudentia politica, ac vi iudicandi effe fpectabi-
lem. Ego fane non fine aegritudine
animi audiebam, fapientiam, literas, ac
morum vrbanitatem in cunctis fubterranei huius orbis creaturis inueniri, folos
vero homines, nempe *Quamitas*, barbaros
effe ac incultos. At fperabam, breui cef-
faturum hoc opprobrium, ac Quamitas
imperium iftud, quod hominibus natura
in caetera animalia conceffit, recupera-
turos.

Poft. nouiffimam ftragem diu quieti
manferant Tanachitae: at, cum per fpeculatores exploraffent indolem, ac ftatum
noui equitatus, quod fcilicet Centauri ifti,
qui tantum nuper terrorem incufferant,
nil aliud effent, quam domiti ac exercitati equi, animos obfirmant, nouasque copias contrahunt, quas ipfe Tanaquitarum
Rex contra Quamitas ducit. Totus exercitus conftabat e vicies millenis tigribus,
cunctis veteranis, exceptis duabus legio-
nibus, quae nuper conductae erant. At,

T   fubi-

fubitarii hi milites nomina verius erant, quam auxilia. Hi omnes, fpe victoriae inflati, Quamitico imperio ex integro infefta figna inferunt. Obuiam eunt noftri pedites duodecies mille, inter quos fexcenti erant fclopetarii, equites vero quater mille. Et cum de fucceffu pugnae non dubitarem, ne debita victoriae gloria defraudaretur imperator, exorabam fenem, vt ipfe copiis praeeffet. Ea modeftiae fimulatione nihil exiftimationi meae detractum eft, cum totus exercitus me, tanquam verum ductorem, afpiceret. Confultum mox duxi, a primo impetu fclopetarios arcere, periculum facturus, ecquid absque iisdem, folo equitatu, victoria parari poffet. At confilium iftud impendio mihi ftetit. Nam Tanachitae tanta ferocia pedites noftros aggreffi funt, vt fugam eosdem arripere cogerent. Impetum quoque equitatus dum fortiter fuftinent, neutro diu inclinatur pugna, adeo, vt nunquam acrius fit pugnatum.

Iam pendebat adhuc belli fortuna, diuque
Inter vtrumque volat dubiis victoria pennis;

cum

cum fclopetarios in aciem eduxerim. Ad primum tormentorum ictum ftupentes Tanachitae fubftiterunt. Nam, vnde fulgura ifta ac tonitrua procederent, capere nequibant: at, cum funeftum eorundem effectum cernerent, panico fere terrore correpti funt. Prima hac falutatione ducentae fternuntur tigres, inter quas duae erant facerdotes caftrenfes, quae, dum milites fermone paraenetico ad virtutem acuerent, glandibus fclopetorum perforatae occubuerunt. Cafum earum acerbe tulerunt omnes, quoniam inter optimos et difertiffimos concionatores numerabantur. Iftum hoftium terrorem cum animaduerterim, fulmina integrari iubeo. Secundam falutationem maior ftrages infecuta eft: caedebantur tunc plures cum ipfo rege. Hinc abiecta omni falutis fpe, terga vertunt hoftes: infequuntur equites noftri, tantaque fugientium fit caedes, vt prae multitudine cadauerum, quibus campi tegebantur, progredi vlterius nequirent. Finito certamine, cum numerum caeforum hoftium inirent noftri, 13000 cadauera inuenta funt militum, quos praelium et fuga hauferant. Ita fufis

ac

ac profligatis hoftibus, regionem Tana-
ehin victor exercitus intrans, poft aliquot
dierum iter ad metropolin caftra poíuit.
Tantus tunc terror animos omnium occu-
pauerat, vt; quamuis oppidum fitu,
moenibus, ac munimentis validum effet ac
inftructum, reque cibaria copiofum,
fupplex tamen obuiam proceffit magiftratus, claues vrbis victoribus offerens. Vrbem non minus amplitudo, quam platearum, ac aedificiorum nitor, commendabat.
Et fane mirum erat, Quamitas, gentibus
adeo excultis vndiquaque cinctos, in ifta
caligine tam diu defidere potuiffe. At,
idem illis accidiffe credo, quod populis
nonnullis, qui rerum exoticarum fecuri,
domeftica fola extollunt, ideoque ab aliorum commercio remoti, femper in eodem luto haerent, id quod exemplis gentium quarundam Europaearum facile
euinci poteft. Ab infigni hac clade nouam epocham ftatuunt Tanachitae: et,
cum pugna haec decretoria fecundum
eorundem computationem habita fuerit,
die tertio menfis *Torul*, diem hunc inter
atros numerant. Eodem anni tempore,
menfe, fcilicet Torul, ab hac firmamenti

regio-

regione, maxime remotus eſt planeta
Nazar, cuius circa ſolem ſubterraneum
curſus tempora ordinat, ac anni tempe-
ſtates diſcriminat. Voluitur etiam circa
ſolem totum firmamentum: at, cum
motus planetae ſit velocior, decreſcere
et augeri videtur Nazar, prout huic vel
illi hemiſphaerio propior eſt. Ex huius
planetae diminutione et incremento, item
ex eclipſibus ſolaribus, ſumuntur aſtrono-
micae obſeruationes. Calendaria Tanachitica ſemel per otium examinata, con-
cinna atque optime digeſta mihi ſunt viſa.

Expugnationem regiae vrbis totius
regni deditio ſecuta eſt, adeo, vt contemptus iſte, quo huc vsque notati fuerant
Quamitae, in gloriam ſit verſus, et imperium Quamiticum, deuictae huius gentis acceſſione, duplo fere potentius euaſe-
rit. Igitur, cum felicitatem hanc, prudentiae ac induſtriae meae, acceptam
omnes ferrent, veneratio, quam erga me
iamdudum conceperant, in diuinum fere
cultum abiit. Subiugata Tanachitica
gente, et praeſidiis, quibus populus ferox
ac bellicoſus in officio contineretur,

paſſim

paffim vrbibus impofitis, telam, quam
exorfus eram, pertexere, ac barbariem,
qua adhuc torpuerant Quamitae, penitus
exftirpare conabar. Artium tamen libe-
ralium ftudium mox introducere arduum
erat: nam, quod ego ipfe in Europa di-
diceram, nempe linguam latinam, et centones quosdam linguae graecae, nullius
hic vfus effe. Hinc ab hoftili terra, fci-
licet Tanachitica, duodecim literatiffimas
tigres, arceffere cogor. Profeffores hi
primi conftituti, iubentur Vniuerfitatem
fundare, ad exemplar Scholarum fuae
gentis. Porro, bibliothecam regiam Tanachiticam, *Quamam* transferri iubeo.
Statutum tamen animo erat, vt, quam
primum in literis eum Quamitae feciffent
progreffum, vt proprio cortice natare
poffent, aduenas hos rurfus dimitterem.

Auidus eram regiam bibliothecam
Tanachiticam infpiciendi, quoniam a
captiuo Duce *Tomopoloko* didiceram, inter eiusdem bibliothecae codices manu-
fcriptos afferuari, librum, compofitum ab
autore, qui in noftro orbe verfatus fuerat,
eiusdemque varias regiones, in primis
Euro-

Europaeas defcripferat, iftiusque operis
compotes factos fuiffe Tanachitas, dum
in regione remota bellum gefferant: fup-
preffum tamen effe nomen autoris, nec
adhuc fciri, cuias effet, aut qui in loca
fuperterranea effet delatus. Perfpectis
libris, verum effe, quod de hoc fcripto
mihi narrauerat Tomopoloko, comperiebam, ideoque candide illi genus meum
et patriam detegebam, teftatus, id ipfum
Quamitis me initio aduentus mei indicaffe, at narrationi nullam fidem habuiffe
ftupidiffimos homines, qui potius legatum me folis crediderant, ac in eo errore
adhuc tenaciter perfiftere. Addidi porro,
cum nefas ducerem, vanum adeo titulum
diutius retinere, decreuiffe me tandem,
veram nafcendi fortem omnibus aperire,
qua ingenua confeffione nil detrimenti
exiftimationem meam paffuram iudicabam, maxime eum fperarem, quod e libri
huius lectione omnibus innotefceret,
quantum caeteris mortalibus virtute ac
prudentia, praeftent Europaei. Difplicuit
confilium viro prudentiffimo, mentemque
fuam his verbis patefecit: „Neceffe eft,„
inquit, Sereniffime Heros! vt prius in-„

fpi-

„fpicias librum, cuius lectio te forfitan
„a confilio ifto dimouebit; nam, aut
„mendax fit autor, aut ftultis ac ineptis
„moribus fint fuperterranei, legesque ac
„inftituta fectentur, rifu potiús quam ve-
„neratione digna; perlecto vero opere,
„quod lubitum erit, facias: moneo tan-
„tum, ne titulum temere abiicias, qui
„tantam venerationem animis Quamita-
„rum impreffit. Ad mortales enim in offi-
„cio continendos, nihil eft efficacius opi-
„nione ifta, quam de natura ac fplendidis
„natalibus concipit vulgus,

Quod ftupet in titulis et imaginibus gene-
rofis.

Confilium iftud fecutus, interprete
Tomopoloko, librum perlegere decreui.
Titulus operis eft: ITINERARIVM
TANIANI (quod nomen creditur fictum)
SVPER TERRAM, fiue DESCRIPTIO
REGIONVM AC TERRARVM, MA-
XIME VERO EVROPAEARVM. At,
cum liber ifte diutino fitu fqualidus, in-
iuriaque temporis valde effet mutilatus,
iftud, cuius nofcendi maximo ducebar
ftudio, fcilicet, qua via ad nos afcende-
rit,

rit, et rurſus, quomodo ad inferos redi-
erit, deſiderabatur.

Contenta huius operis haec ſunt:
FRAGMENTA ITINERARII TAN-
IANI SVPER TERRAM, EX IN-
TERPRETATIONE TANACHITI-
CI DVCIS, PERILLVSTRIS,
STRENVI AC GENEROSI DOMI-
NI TOMOPOLOKI.

* * * Regio haec (ſcil. Germania)
dicitur imperium Romanum: ſed ſolus eſt
titulus, cum monarchia Romana aliquot
abhinc ſaeculis plane ſit exſtincta. Lingua, qua vtuntur Germani, haud facile in-
telligitur, ob peruerſum ſtyli ordinem: nam
quod prius in aliis linguis ſolet eſſe, hic
ponitur poſterius, adeo, vt nihil intelligas,
antequam ad finem paginae perueneris.
Forma regiminis eſt valde paradoxa. Credunt Germani, ſe Regem habere, et tamen nullum habent: dicitur Germania
vnum imperium eſſe, et tamen in varios
ſeparatos principatus eſt diſcerpta, qui
omnes ſui iuris ſunt, adeo, vt alter alteri
ſaepe bellum legitimum inferat. Regnum dicitur ſemper auguſtum, quamuis

T 5   inter-

interdum valde diminuatur: fanctum, absque vlla fanctitate: inuictum, licet vicinorum vexationibus faepe expofitum. Nec
minus ftupenda funt gentis iura ac priui-
legia, cum multi iuribus gaudeant, quorum exercitium interdicitur. Infiniti edi-
ti funt commentarii in ftatum imperii Ger-
manici, at, in re adeo intricata commentatores nil adhuc profecerunt: nam ****

* * huius Regni (fcil. Galliae) metropolis, quae ampliffima eft, et dicitur
Lutetia, poteft quodammodo totius Europae caput vocari; nam certam exercet
iurisdictionem in caeteros Europae popu-
los: ex. gr. ius habet iisdem regulas viuendi, ac veftium formas praefcribendi, adeo,
vt nullum veftimenti genus tam ridiculum
fit ac incommodum, quin ad idem, modo Lutetiae incolis placuerit, omnes aliae
gentes adftringantur. Quomodo vero, aut
quando ius iftud acquifiuerint Parifini, me
latet. Dedici tamen, ad alias res imperium
iftud non extendi; nam gentes aliae Europaeae faepe bella gerunt cum Gallis, iisdemque duras nonnunquam pacis condi-
tiones extorquent: at, feruitus ifta circa
vefti-

veftitus ac viuendi modos perennis eft,
adeo vt, quicquid in ea re comminifcitur
Lutetia, ad eiusdem obferuationem tota
Europa fancte teneatur. Celeritate apprehenfionis, nouitatis ftudio, ac ingenii
fertilitate Martinianis admodum fimiles
funt *Parifini.*

* * * Relicta *Bononia*, *Romam* pro-
ficifcimur. Paret haec vrbs facerdoti,
qui, quamuis regnum illius valde fit anguftum, Regum tamen ac principum Europaeorum potentiffimus habetur. Nam,
cum alii Principes tantum in corpora fubditorum, ac bona eorundem dominantur,
hic et animas perdere poteft. Credunt
vulgo Europaei, claues coelorum apud
hunc facerdotem cuftodiri. Auidus eram
tanti palladii vidéndi, at operam perdidi;
nam quamnam habeant formam, et in
quo fcrinio afferuentur, adhuc quaero. Iura, quae exercet, non folum in proprios
fubditos, fed etiam in totum genus humanum, haec praecipue funt, vt, quos Deus
damnat, abfoluere, quosue abfoluit, damnare poffit: enormis fane autoritas!
quam fubterranei noftri in neminem mor-
talem

talem cadere poffe iurarent. At, facile eft,
Europaeis pro lubitu imponere, ac abfur-
diffima commenta iisdem obtrudere, quamuis fe folos fapere credant, eaque perfua-
fione inflati, reliquos mortales, quorum
mores barbari illis funt, cum fupercilio
intuentur. Ego fane mores, confuetudines, ac inftituta fubterraneorum noftrorum tueri nolo. Afferam tantum, mores
et confuetudines nonnullas Europaeorum,
e quibus patebit, quam immerito aliarum
gentium inftituta vellicent.

Vfu paffim in Europa receptum eft,
capillos, ac veftes frugibus terrae in farinam tritis, quas in alimentum hominibus
dat natura, afpergere. Farina haec vulgo dicitur Puluis, (*Poudre*) quam magno
labore ac cura, quauis vefpera euerriculo
excutiunt, vt nouam farinae portionem
ex integro diffeminent. Alia confuetudo, quae non minus ridicula mihi vifa eft
haec erat: Operculis fiue pileis vtuntur,
quibus capita aduerfus vim frigoris muni-
ant, at ifta capitum opercula vulgo fub
brachiis, etiam tempore hyberno, geftant,
id quod aeque ridiculum mihi videbatur,

ac

ac si quem vidissem tunicam, vel femoralia,
manu per vrbem portantem, corpore, cui
ista velamenta parauerat, iniuriae aëris
expofito.

Sacra Europaeorum dogmata sana funt,
ac rectae rationi conuenientia. Libri, quibus credenda ac facienda continentur, iu-
bent diurna nocturnaque manu eosdem
verfare, ac verum eorundem senfum fcru-
tando elicere: fuadent porro indulgentiam
in errantes, ac infirmos: at, si quis rem
aliter capit, quam maxima ciuium pars,
carcere, flagellis, ac nonnunquam ignis
fupplicio, ob istam iudicii imbecillitatem,
punitur. Hoc idem mihi videbatur, ac
ftrabonem siue lippum fustibus caedere, ob
id folum, quod obiecta, quae mihi quadrata, illi rotunda apparerent. Didici,
hanc ob caufam, aliquot hominum millia,
iuffu Magistratus, iugulata aut combusta.

In plerisque vrbibus ac vicis reperies
homines, locis confpicuis ftantes, ac pec-
cata, quae ipsi quotidie exercent, in aliis
feuere notantes, id quod idem effet, ac si
ebrium vidissem in ebrietatem declaman-
tem.

Qui

Qui gibbofus, curuus, aut claudus hic nafcitur, titulum optime formati (Wohl-gebohrn) ambit: qui fordidos habet natales, titulum nobili loco nati (Edelgebohrn) captat. Id quod non minus abfurdum, ac fi pumilio gigas, aut fenex iuuenis voca-ri vellet.

In ciuitatibus maioribus paffim con-fuetudo inualuit, vt poft prandium ad compotationem iusculi nigri, e fabis com-buftis confecti, inuitentur amici. Iufcu-lum hoc vulgo dicitur *Caffée*. Ad loca compotationis trahuntur a duabus robu-ftiffimis feris, inclufi pyxidi quatuor rotis impofitae: nam parum honeftum Euro-paeis exiftimatur pedibus incedere.

Primo anni die morbo, qui nobis fub-terraneis ignotus eft, corripiuntur Euro-paei. Symptomata huius morbi funt ani-morum mirae turbae ac procellae: nam nemo eodem die vno fe loco diu contine-re poteft. Currunt tunc quafi lymphati ab vna domo ad aliam, nefcii ipfi, quem in fi-nem. Morbus hic nonnullos quatuorde-cim integros dies tenet. Tandem ve-ro continuo curfu fatigati et exhau-
sti,

fti, ad fe redeunt, et priftinae fanitati refti-
tuuntur.

Cum innumeri fint animi morbi, quibus Europaei vexantur, innumera quoque
reperta funt medicamina. Nonnullos in-
uadit dirus ardor, ita per vrbem ambulan-
di, vt finiftra eorum latera dextris aliorum lateribus obuertantur. Quo propius
feptentrionem accedas, eo maiorem huius morbi vim reperies: vnde patet, ex aëris intemperie nafci iftud malum. Tollitur morbus chartis fignatis, quibus characteres nonnulli imprimuntur. Chartas
has, dum tanquam talismannos geftant ae-
gri, fenfim refipifcunt. Alia rabies de-
pelli folet fonitu tintinabulorum, fiue campanarum. Ad harum ftrepitum turbae
animorum fiftuntur, ac aeftus animorum
deferuet. At medicina haec exiguae durationis eft: nam poft duas horas redit ac
ingrauefcit malum.

In Italia, Gallia et Hifpania, tempore
hyemali, infrenis paffim furor aliquot fe-
ptimanas graffatur. Furor hic fiftitur ci-
neris afperfione in aegrotorum frontes.
In feptentrionali tamen Europae parte, ci-
neris

neris huius nulla virtus: folo igitur naturae beneficio curantur boreales.

Plerique Europaei, ter vel quater quouis anno, teftibus adhibitis, ineunt cum Deo pactum folenne, mox rumpendum, quod vocant *Communionem*, adeo, vt videantur eum folum in finem pacifci, vt monftrent, ftatutum fibi effe, ter vel quater quotannis pacta violare.

Cum crimina confitentur, et mifericordiam Dei implorant, certa verborum caefura, ac modis muficis, id vulgo fieri folet: adhibentur nonnunquam tibiae, tubae, ac tympana, pro magnitudine criminis, cuius poenam modulando deprecantur.

Cunctis fere Europae gentibus doctrinam iniunctum eft confiteri, quam complectitur facer quidam Liber. At, lectio iftus libri in regionibus meridionalibus penitus interdicitur, adeo, vt ad credenda homines obftringantur, quae legere ac infpicere fine crimine nequeunt.

In iisdem regionibus prohibitum eft, Deum colere ac adorare, nifi ignota dialecto,

lecto, adeo, vt folae illae preces legitimae,
ac Deo gratae cenfeantur, quae fiunt ab
illis, qui nefciunt, quid dicant.

In magnis paffim ciuitatibus paralytici
fiunt omnes, qui ad honores ac dignitates
afcendunt, adeo, vt tanquam clinici, le-
cticis, ad pyxidum figuras aedificatis, per
plateas geftentur.

Plerique Europaei capillos nouacula
abradunt, et crinibus peregrinis ac adfci-
titiis caluitiem tegunt.

Controuerfiae, quae in Gymnafiis Europaeis vulgo difcutiuntur, de rebus funt,
quarum naturam indagare nec intereft hominum, nec capit humanae coniectura
mentis. Doctiffimae vero materiae, in
quas commentantur Europaei, funt de veterum et emortuarum quarundam gentium
crepidis, calceis, monilibus, ocreis aut
togis. Porro de fcientiis, tam facris, quam
profanis, non iudicant plerique, fed iudiciis
aliorum fubfcribunt. Ad quamcunque
enim funt difciplinam quafi tempeftate delati, ad eam, quafi ad faxum, adhaerefcunt.
Nam quod dicant, omnia fe credere ei,

quem iudicent fuiffe fapientem, probarem,
fi id rudes ac indocti iudicare potuiffent:
ftatuere enim, qui fit fapiens, vel maxime
videtur effe fapientis.

In regionibus meridionalibus, per vrbes ac vicos portantur collyrides fiue pla-
centae, quas facerdotes dicunt Deos effe:
et quod maxime mireris, ipfi etiam pifto-
res, qui farinam monftrant, e qua confe-
ctae funt, collyrides easdem mundum cre-
affe iurant.

Angli libertatis amantiffimi funt, folis vxoribus feruientes. Iidem religionem,
quam heri profitebantur, hodie reiiciunt:
et quam heri tota gens reiecit, hodie tota amplectitur. Fluctuationem hanc de-
riuabam e fitu regionis, quod Angli infulani, ac maritimi fint, multumque ex indole fluxi et inconftantis elementi hauferint.

Quaerunt folicite Angli de falute ac
fanitate hominum fibi occurrentium,
adeo, vt Medicos omnes crederem. At,
quaeftio ifta: *How do you do*, fiue, quomodo vales? vana tantum eft locutio, et
fonus nullius fignificationis.

In

In eadem infula mentem ac ingenii
vires tanta cura limant et expoliunt, vt
denique perdant.

Verfus feptentrionem respublica eft e
feptem prouinciis compofita. Prouinciae
hae vnitae dicuntur, quamuis nullum vni-
tatis aut concordiae veftigium appareat.
Iactat hic potentiam fuam plebs, quod
penes fe tota reipublicae poteftas fit, cum
tamen plebei nusquam a publicis negotiis
magis excludantur, et fumma rerum in
paucis familiis refideat.

Incolae harum prouinciarum auide ac
folicite corradunt opes, quibus tamen non
vtuntur, adeo, vt plenae illis fint crume-
nae, fed vacui ventres: nam viuere videntur e folo fumo, quem per fiftulas, fiue
tubos argillaceos, abforbent.

Dandum eft huic genti, quod omnium mortalium fit nitidiffima: omnia enim
folicite lauat, praeter manus.

In ciuitatibus ac vicis Europaeis funt
nocturni vigiles, qui, dum dormientibus
quietem cantando, vel potius rudendo
optant, defomnes quauis hora faciunt.

V 2 Quae-

Quaeuis regio fuas habet leges, fuas quoque habet confuetudines, legibus fae-pe e diametro oppofitas: ita ex. gr. fecun-dum leges vxor marito eft fubiecta, fe-cundum vfum vero in virum dominatur.

Maxime inter Europaeos aeftimantur ii, qui fumptuofiffime viuunt, et fruges terrae deglutiunt: foli terrae cultores, et qui heluones hofce nutriunt, fpernuntur.

Quot, et quantae fint Europaeorum prauae inclinationes, patet ex crucibus, patibulis, et carnificinis, quae paffim vi-funtur. Quaeuis ciuitas fuum habet car-nificem. Exicipitur tamen Anglia, vbi nullos dari credo carnifices, cum incolae fe ipfos fufpendant.

Antropophagos fufpicor Europaeos; nam ingentem robuftiffimorum hominum multitudinem in clauftra quaedam, quae monafteria dicuntur, compingunt, idque eum folum in finem, vt nitidi fiant, ac pin-guefcant: nam dum in iftis afferuantur viridariis, ab omni labore exempti, foli fere gulae obfequi iubentur.

Aquam

Aquam mane bibere folent Europaei, vt aeftum ftomachi temperent: at, vix ifto aquae beneficio deferbuit venter, cum vinum aduftum hauriant, vt referuefcat.

Religio Europaea in duas fectas diuiditur, alia eft Proteftantium, alia Romanorum: illi vnum folum Deum, hi plures adorant, cum, quot vrbes ac vici funt, tot Dii Deaeque fimul vifuntur. Cunctos hos Deos Deasque creauit fummus Romae Pontifex: hunc vero creant Presbyteri, vulgo dicti Cardinales. Patet inde, quanta fint Cardinalium iura, cum Deorum formatores forment.

Itali antiqui totum olim orbem fubegerunt, vxoribus fubditi: hodierni vero in vxores faeuientes, cunctis populis foede feruiunt.

Diftinguuntur animalia Europaea in terreftria et aquatica. Dantur etiam amphibia, vt Ranae, Delphini et Bataui; nam in paludibus hi habitant:

- - *Terras atque aequora mifcent*

Eadem Europaeis funt alimenta, quae nobis. Hifpani vero fola aura vefcuntur.

Paffim

Paffim in Europa floret mercatura, et multa ibi funt venalia, quae hic in commercium non veniunt: ita Romani vendunt coelum; Heluetii fe ipfos; in ✶✶✶✶ coronae, fceptra, et regia dignitas fub hafta venduntur.

In Hifpania honefti hominis nota eft defidia, et nihil eft, quod nobilitatem magis commendat, quam fomnus.

Fideles ac vere credentes dicuntur ii, qui nefciunt, quid credant, quique ea, quae audiunt, ad examen vocare operae pretium non ducunt. Sunt etiam, qui ob folam fegnitiem, incuriam, ac neglectum examinis, in numerum fanctorum referuntur: aeternum vero damnati dicuntur ii, qui de falute foliciti, cautius et curatius omnia examinando, a regnante quadam opinione difcedunt.

Porro, non ex operibus, et virtutum pietatisque exercitio, aut neglectu, fed e folo natiuitatis loco futuram falutem aut damnationem aeternam fluere, vulgo exiftimant Europaei. Fatentur enim omnes, fi in alio loco, et ex aliis parentibus geniti

fuif-

fuiffent, fe alia facra fecuturos. Hinc non tam ob ipfam religionem, quam ob locum, ac nafcendi fortem, damnare mihi funt vifi. At, opinionem hanc, cum iuftitia et bonitate diuina conciliare nequeo.

Inter literarum cultores maxime aeftimantur ii, qui naturalem vocum ordinem ita inuertunt, vt id, quod in fe planum et perfpicuum erat, obfcurum ac inuolutum reddatur. Dicuntur hi poëtae, et vocum ifta delocatio Poëfis. At, in fola ftyli peruerfitate non confiftit virtus poëtae, requiritur, vt fumme fimul mendax fit. Hinc diuino fere honore colitur antiquus Poëta Homerus, cum in vtraque arte excelluerit. Hunc in phrafibus euertendis, ac in veritate peruertenda multi imitantur, nemo vero affecutus eft.

Librorum auidi emptores funt literati Europaei, at, libros non tam ob materiam, quam ob formam, ac nitorem emunt. Hinc, cum animaduerterint bibliopolae, meris crepundiis, ac, quae oculos magis quam animum pafcunt, duci doctos emptores, libros alia forma, aliis typis, characteribus, et effigiebus recudunt, ac centuplo

V 4

tuplo carius vendunt: artes enim liberales hic in commercium veniunt, et inter mercatores maxime fubdolos numerantur phi-lofophi, ac librorum autores. Stulti po-tiffimum libros fcribunt, ac fi verentur, vt ftultitiae fama ad pofteros propagetur.

Academiae Europaeae funt bonarum artium, ac honorum mercaturae, fiue ta-bernae, vbi aequo ac modico pretio pro-ftant gradus, promotiones, dignitates, erudi-tionis multiiugae tituli, ac aliae doctae mer-ces, quae non fine fudore, ac multorum an-norum diurnis nocturnisque ftudiis, in orbe noftro fubterraneo comparantur. Doctores dicuntur ii, qui fummum eruditionis cul-men attigerunt, aut, vt aiunt Europaei, in apicem montis cuiusdam Parnaffi, quem nouem Virgines incolunt, funt enixi. His proximi funt Magiftri, qui fumptu paulo minori titulos eruditionis acquirunt, ac proinde minus docti cluent. Patet hinc, quanta a fcholis fuperterraneis in genus hominum exerceatur benignitas, cum planum adeo ac facile ad doctrinam pandant iter. Paulo morofiores in eo funt

fchoscholae septentrionales, cum non absque praeuio examine summos largiantur honores.

Docti ab indoctis, moribus et cultu, maxime vero religione distinguuntur: quippe hi vnum solum Deum, illi vero plures Deos Deasque colunt. Praecipua Doctorum Numina sunt Apollo, Minerua, nouem Musae, aliique minorum gentium Dii, quos scriptores, maxime vero Poëtae, cum furere gestiunt, inuocare solent. Ipsi literati, pro varietate studiorum, in varias classes describuntur: sunt vel Philosophi, Poëtae, Grammatici, Physici, vel Metaphysici, etc.

Phisofophus est Mercator literarius, qui certo pretio, praecepta de sui abnegatione, temperantia, ac paupertate venalia offert, et contra diuitias tam diu declamat, ac scribit, donec ipse ditescat. Pater Philosophorum est Seneca quidam, qui ita agendo regias cumulauit opes.

Poëta est, quem nugae ac furor commendabilem reddunt. Hinc furor praedicatum est, quod optimae notae vatibus

V 5　　　　　dari

dari folet. Omnes enim, qui fimplicitèr et perfpicue mentem exprimunt, laureis coronis indigni iudicantur.

Grammatici componunt certum genus militiae, pacem publicam turbans. Differunt ab aliis bellatoribus in eo, quod pro chlamyde togis, pro gladio ftylo vtantur. Aeque pertinaciter hi pro literis ac fyllabis, ac alii pro libertate, pro aris, ac focis dimicant. Credo, ab imperaptibus eum folum' in finem ali, ne tempore pacis nimia tranquillitate genus humanum torpeat. Nonnunquam tamen, cum bella ifta internecionem minantur, autoritatem fuam interponit fenatus, vti non ita pridem Parifiis factum audiui, vbi, ingrauefcente de literis Q et K enata inter Doctores controuerfia, vfum vtriusque literae indulfit grauiffimus fenatus Parifienfis.

Phyficus eft, qui vifcera terrae, naturam bipedum, quadrupedum, reptilium, ac infectorum fcrutatur, quique omnia nouit praeter fe ipfum.

Metaphyficus eft, cui foli ea patent, quae alios latent, quique effentiam fpirituum,

tuum, animarum, entia, non entia nouit, defcribit, definit: at, qui prae nimia oculorum acie, quae ante pedes pofita funt, non cernit.

Talis in Europa eft reipublicae literariae ftatus. Poffem plura afferre: fed fufficit praecipua delibaffe. Vnde facile iudicet Lector, iurene an iniuria fe folos fapere credant Europaei.

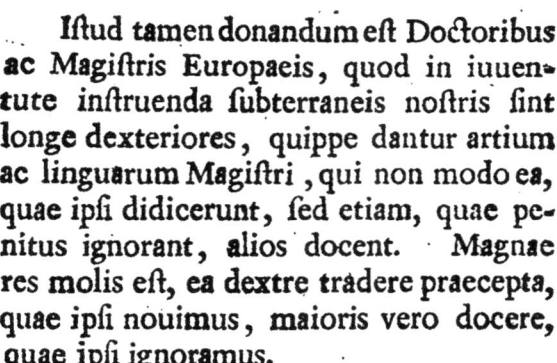

Iftud tamen donandum eft Doctoribus ac Magiftris Europaeis, quod in iuuentute inftruenda fubterraneis noftris fint longe dexteriores, quippe dantur artium ac linguarum Magiftri, qui non modo ea, quae ipfi didicerunt, fed etiam, quae penitus ignorant, alios docent. Magnae res molis eft, ea dextre tradere praecepta, quae ipfi nouimus, maioris vero docere, quae ipfi ignoramus.

Sunt inter literatos Europaeos, qui Theologiam ac Philofophiam pari ardore colunt. Iidem, qua philofophi, de omnibus dubitant, qua vero theologi, nihil negare fuftinent.

Pari

Pari cum fubterraneis noftris ftudio in
literas feruntur Europaei: fed longe celerius docti euadunt, idque ob infigne ac
magicum aliquod commentum, (*a*) quo
efficitur, vt centena librorum volumina
vno die perlegere valeant.

Religiofi admodum funt fuperterranei,
et in votis precationibusque affidui: tempora vero precationum non motibus cordis, fed fonitui campanarum, horologiis,
ac folariis fere accommodant, adeo, vt deuotio eorum plane mechanica fit, vtpote e
fignis potius externis, confuetudine, et ftatis dierum horis, quam e cordis penetra-
libus fluens.

Quanta eorundem in precando fit
affiduitas, inde patet, quod plerique *li-*
gnum caedendo, vafa tergendo, ac alias
operas manuarias exercendo, hymnos facros effundant.

In Italiam delatus, tanquam totius regionis Dominum me intuebar: nam quiuis obuius fe mancipium meum (*Schiauo*)
teftabatur: at, periculum facturus obedien-
tiae

(*a*) Ephemerid.

tiae iftius feruilis, quam prae fe ferebant, nocte quadam hofpitis vxorem mihi afferri iubeo. At, excandefcens ille, farcinas me colligere iuffit, morasque nectentem, foras eiecit.

In regionibus Borealibus rerum, quas non poffident, titulos auide captant incolae, dextreque incedendi ftudio omnes fere infaniunt. Porro ***

Hactenus patiens auditor fui: tunc vero indignatione accenfus, lectorem interpello, indicans, figmenta effe iniqui et atra bile perciti fcriptoris. At, deferuefcente primo impetu, paulo clementius iudicium de itinerario hoc ferre coepi, cum autorem, quantumuis in plerisque mendacem et iniquum, non femper a vero deflexiffe, fed quaedam acu tetigiffe, cernerem. Caetera fecutus fum confilium *Tomopoloki,* errores Quamitarum, de natalibus meis folicite fouendo, cum rebus meis conducibilius iudicarem, Legatum folis extraordinarium, quam ciuem Europaeum, falutari.

Poftquam viciui omnes diu quieti fe

tenue-

tenuerant, et beneficio exoptatae pacis
rempublicam ex voto ordinaueram, nuntiatur tandem, tres potentiffimas gentes
arma in Quamitas fociaffe. Populi hi erant
Arctonii, *Kifpuciani* ac *Alectoriani.* Gens
Arctonia ex vrfis, loquela ac ratione praeditis, compofita, afpera admodum, ac bellicofa cluebat. *Kifpuciani* mirae magnitudinis feles, ob fagacitatem, et vim iudicandi, magni inter fubterraneos nominis
erant: hinc non tam viribus corporis, quam
arte, et bellicis commentis, hoftes potentis-
fimos in officio continebant. *Alectoriani*,
cum non minus in aëre, quam in terra,
bella gererent, hoftibus fat negotii facef-
febant. Hi Galli gallinacei erant, armati
arcubus, ac fpiculis veneno tinctis, quae mira dexteritate vibrantes, letalia vulnera in-
fligebant.

Haec gentium triga Quamitarum infolito fucceffu, et Tanachitici belli contagi-
one irritatae, inito foedere, glifcentem
Quamitarum potentiam, antequam latius
ferperet, fociis viribus reprimere decreuerunt. Sed antequam ad belli declarati-
onem procedebant, legatos *Quamam* miferunt,

ferunt, libertatem Tanachiticam vindica-
turos, bellumque folenne imperatori, fi
poftulatis non annueret, denuntiaturos.
Exfequuntur illi mandata, meoque confilio tale refponfum tulerunt: Tanachitas,
pacis ac foederum violatores, propriae ftultitiae ac fuperbiae acceptum ferre debere,
quod in iftam calamitatem inciderint: decreuiffe imperatorem, totis viribus eam,
quam iure belli nactus eft, poffeffionem,
contra quemuis aggrefforem, conftanter tueri, minas denique foederatarum gentium non metuere. Hoc dato refponfo,
dimittuntur feciales, ac nos ad belli ingru-
entis curam animum vertimus. Breui
temporis fpatio exercitum 40000 militum, in quibus octies mille equites, ac bis
mille fclopetarii numerabantur, coëgi.
Ipfe imperator, quamuis fenio effet confectus, expeditioni tamen huic intereffe
decreuit, tantaque gloriae cupidine in-
flammatus erat, vt neque a me ipfo,
neque a coniuge ac liberis, qui iunctis
viribus pertinaciam hanc expugnare cona-
bamur, a confilio dimoueri poffet. Quod
in ifto rerum ftatu maxime me anxium
habuit, erat dubia ac fufpecta Tana-
chita-

chitarum fides, et verebar, ne nouae fer-
uitutis impatientes, iugum data occafi-
one excuterent, ac hoftium partibus accederent. Nec falfus opinione
fui: quippe paulo poft belli folennem in-
dictionem nuntiatum nobis fuit, 12000
Tanachitas, arreptis armis, in caftra hoftium transgreffos. Hinc cum quatuor po-
tentisfimis inimicis rem fimul nobis fore
videbam.

Exercitus nofter rebus neceffariis inftructus, initio menfis *Kilian*, hofti obuiam ire iubetur, occupaturus bellum
facere. Iter facienti nuntiant fpeculatores,
Tanachitarum regionem iam ingreffas
foederatas copias, arcem *Sibol*, in confinio
Kifpucianorum pofitam obfidione cingere.
Oppugnata fuit arx tanta vi ac impetu,
vt deditionem iam moliretur Praefectus.
At, cum de aduentu noftro certiores fierent hoftes, foluta obfidione, figna nobis
inferunt. Pugna habita eft in planitie
haud procul ab obfeffo munimento, vnde
dicta fuit praelium Sibolenfe. *Arctonii*,
qui in finiftra ala ftabant, in equites noftros irruentes, ingentem eorum ftragem
ediderunt, et, cum impetum hunc adiu-
uarent

uarent rebelles Tanachitae, actum fere
de nobis videbatur. 'At, cum laboranti-
bus noftris adeffent fclopetarii, ac binis
falutationibus ordines hoftium difturba-
rent, mutata mox fuit certaminis facies:
adeo vt, qui nuper victores equitatum noftrum grauiter premebant, iam preffi ipfi,
pedem retrahere, ac denique terga vertere
coeperint. Dum haec aguntur, acriter
pedites noftros vrgebant Kispuciani. Iidem tanta arte, ac fucceffu fpicula tor-
quebant, vt breui temporis fpatio fexcenti Quamitae aut grauiter vulnerati
fuerint, aut lethali ictu rranfisxi occubu-
erint. At, accurrente fimul cum fclopetariis equitatu, fugam arripere cogebantur, ita tamen, vt, feruatis ordinibus,
potius viderentur cedere, quam fugere, idt
quod prudentiae ac peritiae debitum fui
Ducis Kispuciani, *Monfonii*, qui in bellicis artibus, ea tempeftate, cunctis fubterraneis ducibus dubiam facile palmam facere
credebatur. Supererant iam *Alectoriani*,
quibus victoriam extorquere difficile erat :
nam, quoties fclopeta in eosdem dirigebant noftri, alarum verberibus in altum ferebantur, indeque fagittas in vertices no-

ſtros tanta dexteritate contorquebant, vt
paucae inanes in terram caderent. Cer-
tos hi ſemper dirigebant ictus, cum
procliuior faciliorque iactus ſit ex ſuper-
nis in infima, quam ex infimis in ſuperna:
noſtri vero ob hoſtium volatum, ac perpetuam mobilitatem, a ſcopo ſaepius aberra-
bant. In ipſo certaminis aeſtu, dum imperator tela ſtrenue vibrat, ante ſigna procedit, ac media in pugnae mole verſatur,
collum eius ſpiculo venenato transfigitur:
hinc equo delapſus, e pugna aufertur, et
in tentorium deducitur, vbi paulo poſt
exſpirabat. In iſto tam lubrico ſtatu conſultum duxi, omnibus, qui funeſtum hunc
caſum viderant, ſilentium indicere, ne
pugnantium ardor morte Imperatoris re-
mitteretur. Iubeo igitur bono animo eſſe, ſopitum fuiſſe Regem ſubito ictu:
ferrum haud alte in corpus deſcendiſſe,
inſpectum vulnus, absterſo cruore, omnia
ſalubria eſſe, confidere, propediem ipſum
eos viſuros. Ita ignorantibus plerisque,
quid Imperatori accidiſſet, pugna protra-
hitur vsque ad noctem: at, cum Alectoriani, labore ac vulneribus exhauſti, in
caſtra ſua ſe receperint, inducias aliquot
dierum

dierum, quot opus effet ad corpora caeforum humo mandanda, cum hoftibus pa-
cifcor. Interea temporis, cum animaduertiffem, nouo opus effe commento ad
debellandos Alectorianos, globulos fclopetorum in grandines refundi curabam.
Commentum iftud tantum habuit fucceſ-
fum, vt Alectoriani, infequenti praelio, mu-
ſcarum inftar ex aëre praecipites caderent,
et dimidia exercitus pars mifere periret.
Hinc fuperftites arma abiicientes pacem
fuppliciter petierunt. Exemplum eorum
fecuti *Arctonii* et *Kifpuciani*, fe ipfos cum
armis ac vrbibus munitis noftrae fidei per-
mifere.

His rebus feliciter peractis,

   Concilium magnum, primosque viro-
            rum
Imperio accitos, alta intra limina cogo:
Olli conuenere, fluunt ad regia plenis
Tecta viis; poftquam funt facta filentia
           linguis,

  Farier incipio:

Non dubito, Viri Perilluftres, Nobiliffi-,,
mi, ac Fortiffimi, quin veftrum plerisque,,
notum fit, quam anxie ac folicite Augu-,,

„ſtiſſimo noſtro Imperatori hanc expe-
„ditionem diſſuaſerim. At inſita illi for-
„titudo, ac imperterritus animus domi
„deſidem, dum nos pectora hoſtibus op-
„poneremus, manere non permiſerunt.
„Teſtari poſſum, ſolam hanc eſſe petitio-
„nem, in qua ab imperatoria Maieſtate
„repulſam tuli. Vtinam Auguſtiſſimus
„Imperator in concedendis aliis rebus diffi-
„cilior, in hac vero ſola indulgentio fu-
„iſſet! ita in calamitatem iſtam, quam
„inopina eius mors nobis peperit, non in-
„cidiſſemus, ſed reditus noſter in vrbem
„imperatoriam vere triumphans, ac gau-
„dia noſtra, ob tot praeclaras res geſtas
„plena, ac nullo dolore turbata fuiſſent.
„Non poſſum, nec decet diutius celare
„funeſtum illum caſum, quo tantum no-
„bis vulnus inflictum eſt. Scitote igitur,
„fortiter dimicantem Imperatorem ictu
„ſagittae in praelio confixum, paulo poſt
„animam reddidiſſe. Quot non luctus,
„quot non curarum aeſtus excitabit tanti
„Principis amiſſio? Ex meo dolore ſatis
„coniicere poſſum, qualis iam ſit animus
„veſter. At, animum hinc non deſpon-
„dete: nam mors non eſt, qua tanti he-

rois

ois mortalitas magis finita eft, quam „
vita; non vobis exftinctus eft Impera-„
tor, qui duos reliquit Principes adultos,„
ad exempla optimi Parentis expreffos, ac „
non minus virtutis paternae, quam re-„
gnorum haeredes. Igitur non tam Re-„
gem, quam nomen regis mutabitis. Et „
cum primogenitus Princeps Timufo iu-„
re nafcendi ad fceptra paterna fit admo-„
uendus, fub illius aufpiciis iam exerci-„
tui impero. Ille eft, in cuius verba iu-„
rabimus, cui fidem et obedientiam „
iam praeftabimus omnes. „

X·3   CAP.

* * * * * * * * * * * * * * * * * * *

CAPVT XIV.

KLIMIVS MONARCHA SVBTERRANEVS.

Finita oratione, altum exclamarunt
omnes: *Imperatorem volumus Pikilsu!*
Quo audito, attonitus ego, et in lacrimas
effusus, ardenter omnes orabam, vt memores essent fidei, regiae domui debitae,
et beneficiorum, quibus, qua singulos, qua
vniuersos, sibi deuinxerat defunctus Imperator, quorum obliuio existimationi eorum notam inureret nunquam delendam.
Addebam denique: si quis vsus mei, nihilo minor ex priuato capietur. At verbis nihil proficio.

Namque incensa meis Procerum sententia
dictis,
Iam magis atque magis serpitque per
agmina murmur.

Plebis accessione augetur clamor Ducum,
adeo, vt verbis his identidem repetitis, tota personarent castra. In Praetorium hinc
obuo-

obuoluto capite me recepi, cuftodibus
imperans, vt nemini aditum permitterent;
quippe fperabam, ad faniorem mentem re-
dituros milites, cum aeftus primi impetus exfaeuiret. At Duces, vna cum grega-
rio milite in tentorium vi irrumpentes,
imperatoriis infignibus fruftra obnitentem
ornabant, eductumque praetorio, tubarum ac tympanorum fonitu Imperatorem
me proclamabant *Quamae*, Regem *Tana-*
qui, *Arctoniae*, *Alectoriae*, et Magnum
Ducem *Kispucianorum*. Hinc, cum viderem, aliter fieri non poffe, fortunae diutius
non obluctatus, torrentem fequor, et fateor, non prorfus inuitum me ad hoc faftigium euectum: nam imperium cum tribus Regnis, ac magno Ducatu res funt,
quae vnicuique faliuam mouere queant.
Legatos quidem ad Principem ftatim mifi,
qui rerum actarum eum certiorem face-
rent, fimulque monerent, vt iura, per natales quaefita, fortiter tueretur, factamque
hanc nouam electionem, vtpote legibus
aduerfantem, irritam pronuntiaret. At,
animo fimul ftatutum erat, Imperium,
quod mihi fponte oblatum erat, non temere deferere: adeo, vt legatio haec fa-

cta

&ta fit eum potius in finem, vt mentem
Principis explorarem. Princeps, vt erat
egregiae indolis, et acerrimi iudicii iuuenis, fatis gnarus, quot latebras, et quot
altos receffus vita hominum habeat, fuca-
tam hanc modeftiam coniiciens, neceffi-
tati prudenter ceffit, exemplum exercitus fecutus, in regia vrbe me quoque
Imperatorem ;proclamauit. Eo mox Ducibus exercitus ftipatus, in triumphum, ac-
clamante toto populo, ducor, ac, inter-
iectis aliquot diebus, diadema capiti more folenni imponitur. Ita e mifero nau-
frago in Monarcham transformatus, vt
Quamitas, quos veteris profapiae regiae
amore ac veneratione duci animaduerteram, mihi deuincirem, ac non publicis magis quam priuatis confiliis opes munirem,
defuncti Imperatoris filiam in matrimonium adfciui: dicebatur haec *Ralac*, et erat

Iam matura viro, iam plenis nubilis an-
nis.

Tot tantisque rebus perfunctus, nouas meditabar artes, quibus imperium hoc
ad eminens, et toti orbi fubterraneo timen-
dum faftigium, perducerem. In eo mox
totus

totus eram, vt deuictas nuper gentes in
fide ac officio continerem, quem in finem
arcibus paffim munitis, valida impofui prae-
fidia, deuictos humaniter habui, ac nonnullos eorum ad fplendida munera in ipfa
regia vrbe euexi. Tanto in primis fauore
profecutus fum Duces captiuos *Temopolo-*
kum ac *Monfonium*, vt apud Quamitarum
nonnullos haec beneuolentia inuidiam mo-
uerit, quamuis indignationem pro tempore fupprefferint; diu enim latuit fcintilla
fub cinere, donec tandem, vt mox dice-
tur, in incendium eruperit. Quod ad
domeftica attinet, liberalia ftudia, ac artes
bellicas ad fummum faftigium perducere
conabar. Et cum regio haec denfiffimis
obfita effet fyluis, quae ligna affatim fug-
gerebant, ad claffem condendam, et bellicas naues, more Europaeo ftruendas,
mentem tanto feruore adieci, vt, quamuis onerum mole diftractiffimus, huic tamen vni negotio animus vacare videretur.
In ifto apparatu vfus fum praecipue
opera Kispucianorum, cum in rebus maritimis non perfunctorie effent verfati, Du-
cemque *Monfonium* fummum Claffis Praefectum conftitui.

X 5

Caedun-

Caeduntur ' mox fyluae, inftrumenta fabrilia cuduntur, tantoque ftudio infifto operi, vt fexagefimum intra diem, quam caefa materia fuerat, claffis viginti nauium in ancoris ftaret. Cunctis his ex voto confectis, egomet me ipfum, tanquam alterum Alexandrum fubterraneum intuebar, qui easdem hic turbas mouerem, quas olim ille in noftro orbe mouerat. Dominandi vefana libido fe ipfam in infinitum propellit, nec reperit locum confiftendi. Aliquot abhinc annis Diaconi, Scribae aut Clerici, tenue munus, fumma votorum meorum fuerat, nec ad maiora adfpirabam: iam quatuor vel quinque regna nimis mihi angufta funt vifa: adeo', vt refpectu cupidinis, quae cum opibus et potentia augebatur, nunquam magis pauper ac indigus fuiffem.

Cum a nautis Kifpucianis ftatum ac indolem tam marium, quam circumiacentium terrarum edoctus fuiffem, ac comperiffem, octidui profpera nauigatione ad litora imperii *Mezendorici* perueniri poffe, vnde per nota mihi et nuper eremigata maria in *Martiniam* facilis foret traiectus, iter accelerari

rari iubeo. Et erat Martinia fcopus prae-
cipuus, in quem collineabam. Stimula-
bant animum tam immenfae gentis opes
ac diuitiae, quam artes ac rei nauticae ftudia, in quibus eminebant Martiniani; cum
res tantas molienti opus effet magiftris.
Erat et alius ftimulus, nempe vindictae
cupido, quae ad fubiugandam hanc gentem acuebat. E binis Principibus regiis,
natu maiorem huius expeditionis focium
mihi adfumfi, fingens, fertiliffimum Cel-
fitudini fuae fore campum, vbi fortitudi-
nem ac virtutes exereret. At, verus fcopus erat, vt in eo obfidem haberem et
pignus fidei Quamitarum. Remanfit quidem iunior Princeps, fed cura imperii, me
abfente, commiffa fuit imperatrici, iam vte-
rum ferenti. Tota claffis bellica e viginti nauibus, tam maioribus, quam minoribus conftabat, et ftructae erant omnes
ad formam nauium Martinianarum, ex confilio et directione Ducis Kifpuciani, *Monfo-*
nii, cui conceffum erat omne rei nauticae arbitrium, quique icones earundem
propria manu expefferat. Tales enim
inter fubterraneos erant Martiniani, quales
Tyri ac Sidonii, aut noftro tempore Angli
ac

ac Batavi, imperium marium sibi vindicantes. At, cum in Martiniam ventum est,
videbam, quantum in formandis his nauibus ab archetypo aberrauerimus.

Vela dedimus ea anni tempestate, vbi
planeta *Nazar* mediae magnitudinis est.
Postquam maria triduum sulcaueramus,
ingentem conspicamur insulam, cuius incolis, ob discordiam, qua in factiones
scissi erant, facile erat iugum imponere:
et, cum destituti essent armis, eorundemque vsum ignorarent, solis conuiciis ac
maledictionibus certabant. Eo omnis
poena, omnis ira belli vertit. Legum violatores in carcerem trahuntur, vnde post
criminis discussionem in forum pertrahi
solent, conuiciis ac maledictis exponendi.
Certi huic muneri destinati sunt ministri,
qui dicti sunt *Sabuti*, siue conuiciatores, seu
maledicentes, iidemque sunt, qui carnifices apud nos aut lictores. Quod ad formam corporis attinet, in eo tantum ab hominibus distant, quod mulieres barbatae,
viri vero sint imberbes: praeterea pedum
vestigia habent retro porrecta, non, vt cae-
terorum hominum, prospectantia. Postquam

quam exfcenfionem in hanc terram fece-
ramus, trecentos circiter *Canalifcas* (ita
vocantur infulani) obuios habuimus. Hi
hoftiliter nos adorti, folitis telis vtebantur, maledictiones ac dicteria euomendo.
Tanta acerbitate (prout audiuimus ab Ale-
ctoriano quodam linguae Canalifkae gnaro)
concepta erant dicteria, quae eiaculaban-
tur, vt monftrarent, in ifto pugnandi genere magifterium fe adeptos, et orbis noftri Grammaticis non cedere. At ego fatis gnarus,

- - vanam fine viribus iram,

genti inermi vim inferre prohibui, tantum, vt terrorem quendam incuterem,
tormentum explodi iubebam, quo effectum eft, vt in genua procumbentes, mifericordiam implorarent. Aderant mox
fupplices praecipui infulae Reguli, qui fe
ipfos cum fubditis dedentes, totam infu-
lam mihi vectigalem faciebant, praefati,
non effe turpe ab eo vinci, quem vincere
effet nefas, neque ei inhonefte aliquem
fubmitti, quem fortuna fuper omnes ex-
tuliffet. Ita infula hac, cuius acceffione
aucta quidem fuit potentia mea, fed nil

quic-

quicquam gloriae, ob mollitiem incolarum,
adſtructum fuit, ſtipendiaria facta, ancoras ſoluimus, ac tandem, poſt aliquot dierum felicem nauigationem, ad litora *Me-*
zendorica deferimur. In conſilium tunc
Duces adhibui, perquiſiturus, quid factu
eſſet optimum, vtrum conſultius foret ho-
ſtiliter ſtatim agere, an vero, miſſis legatis, mentem Imperatoris explorare, pacem ac deditionem mallet, an bellum?
Plerisque tutius ac honeſtius viſum, vt legati mitterentur: quocirca legationem hanc
ſuſcipere iuſſi ſunt quinque viri, ſcil. Qua-
mita, Arctonius, Alectorianus, Tanachita
et Kiſpucianus. Hos in regiam vrbem in-
tromiſſos, nomine Imperatoris, interrogat
Praefectus vrbis:

Quid petitis? quae cauſa rates aut cuius
egentes
Ad Mezendores tot per vada coerula vexit?

Huic reſpondent legati:

- - - *Nec fluctibus actos,*
Atra ſubegit byems veſtris ſuccedere ter-
ris,
Nec ſidus regione viae, litusque fefellit:
Conſi-

Confilio hanc omnes animisque volentibus
vrbem
Afferimur - • -

Et mox literas Imperatori offerunt, huius
tenoris:

Nicolaus Klimius, folis Legatus, Im-,
perator Quamae, Rex Tanachi, Arcto-,,
niae, Alectoriae, Magnus Dux Kispucia-,,
norum, et Dominus de Canalifca, Me-,,
zendorico Imperatori Miklopolatu falu-,,
tem! Notum tibi erit, confilio Numi-,,
nis immutabili ftatutum effe, vt cuncta,,
orbis imperia ac regna Quamiticae diti-,,
oni fubiiciantur, et, cum confilium Nu-,,
minis fit irreuocabile, neceffe eft, vt tu-,,
um imperium eandem fortem fubeat.,,
Hortamur igitur ad fpontaneam dediti-,,
onem, et monemus, ne aleae belli re-,,
gna tua fubiicias, victricibus noftris ar-,,
mis temere te opponendo. Matura obe-,,
dientia fanguini innocentum parcas, et,,
fortem propriam meliorem reddas. Da-,,
tum in claffe noftra tertio die menfis Ri-,,
mat.,,

Poft aliquot dierum intercapedinem
reuer-

reuertuntur legati cum feroci ac fuperbo
refponfo. Hinc, abiecto pacis confilio,
exfcenfionem fecimus. Explicatis copiis,
et in aciem inftructis, fpeculatores mitti-
mus, ftatum hoftium exploraturos. Iidem mox reuerfi indicant, ingruere hoftilem exercitum, compofitum e 60000.
leonibus, tigribus, elephantis, vrfis, tor-
uisque ac praedatoriis auibus. Hinc
in loco opportuno confedimus, aduentum
hoftium ibidem excepturi. Cunctis iam
paratis, et dato pugnae figno, mittuntur
ab hofte quatuor vulpes, fiue legati, de foedere ac pace nobifcum acturi. At, poftquam aliquot horas cum Ducibus noftris
collocuti fuerant, infecta re difcedebant.
Et patuit mox, fpeculatores potius, quam
legatos fuiffe, eumque folum in finem
miffos, vt ftatum exercitus noftri expi-
fcarentur. Simulabant quidem, cum mandatis mox amplioribus reuerfuros: at,
cum paulo poft totum hoftilem exercitum,
citato in caftra noftra gradu tendere cernimus, nullam effe pacis fpem animad-
uertentes, figna conuellimus, citato gradu
ad hoftes tendentes. Pugnatum eft diu
acriter, et mira vtrinque pertinacia. Nam
licet

licet a fclopetariis noftris mox ingens edita fuerit hoftium caedes, ordines tamen
conftanter feruabant elephanti, globorum
ob corporis duritiem fecuri. At, poftquam tormentis maioribus fulminari coe-
ptum eft, funeftumque eorundem effectum viderunt elephanti, immenfo percul-
fi terrore, paffim dilabuntur,

Ignauaque fuga pugnam famamque relin-
quunt.

In hoc praelio caefi fuerunt 33000 Me-
zendorii, et 2000 viui in manus noftras
inciderunt: qui e pugna elapfi funt, ad
metropolin, vrbem munitiffimam, fe receperunt, 'terrore omnia implentes. Nos
vero victoriam profecuti, ad regiam vrbem
tertiis caftris peruenimus, quam terreftribus fimul ac maritimis copiis obfedimus.
Appropinquantibus nobis occurrit noua legatio, cum pacis conditionibus paulo ae-
quioribus. Petit Imperator, vt filiam,
quae omnium leaenarum formofiffima
erat, nuptiis mihi adiungerem, dotemque
pollicetur dimidiam imperii partem. Difplicuit mihi conditio, maxime quae de
nuptiis filiae erat oblata; nam intutum fimul

mul ac turpe mihi videbatur, repudiata
Imperatrice, quam grauidam reliqueram,
cum leaena fociari. Hinc legati absque
refponfo reuerti iubentur. Tormenta
mox maiora dirigimus in moenia vrbis,
quae, quamuis lapidea effent, paffim la-
cerantur, ac fternuntur. Et, cum ciuitas
diuerfi generis animantibus effet oppleta,
mirus exauditur ftridor rugientium, vlu-
lantium, boantium, rudentium, balanti-
um, ac fibilantium. Serpentes in fiffuras
terrae fe receperunt,

   - - Secretisque diu latuere cauernis.
Aues pennis fe per aëra librantes, vrbe
tandem obfeffa relicta, rupes ac edita loca
petunt. Tremunt arbores, foliisque earum decidentibus plateae vrbis operiuntur.
Audiuimus, viginti fere virgines aulicas,
quae rofae ac lilia erant, ad primum tormentorum explofionem ftupentes, fubito exa-
ruiffe. Ingens colluuio omnis generis animantium, et vrbanos et agreftes, confertos
in arcta tecta aeftu et vigiliis angebat, mi-
nifteriaque inuicem et contagio vulgabant
morbos. Elephantis quidem animus magis conftabat: at tandem maiorum tormentorum

                       Per-

Perculsi sonitu, moerentia tecta relinquunt.

Hinc de falute defperans Imperator *Me-*
zendoricus, concilio habito, ita dicere exorfus eft:

Bellum importunum, ciues! cum gente De-
                                    orum
Inuictisque viris gerimus, quos nulla fati-
                                    gant
Praelia, nec victi poffunt abfiftere ferro:
Confulite in medium, et rebus fuccurrite
                                    noftris.

Tunc omnes vno ore clamabant:

Nulla falus bello, pacem te pofcimus
                        omnes.

Hinc Imperator fe ipfum, cum cunctis,
quibus imperauerat, terris dedidit, adeo,
vt vno die ampliffimum Imperium, cum
decem fere regnis et principatibus, ditioni
meae fubiecerim. Nam exemplum Imperatoris fecuti funt omnes reguli, ac prouinciarum praefecti, certatimque fidei fe
noftrae permiferunt.

Poft ftupendum adeo fucceffum, praefidio fexcentorum fclopetariorum vrbi regiae

giae impofito, captiuum Imperatorem in
claffem noftram transferri iubeo. Humaniter in hoc itinere habitus fuit, et poft
reditum in *Quamam*, donatus a me fuit integra prouincia, cuius reditus tanti erant,
vt fumptibus captiui Regis quodammodo
fufficerent. Solutis ancoris, litora *Me-*
zendorica radimus, et iter faciendo, e plerisque gentibus, quae Imperatori *Miklopo-*
latu paruerant, obfides expofcimus, adeo,
vt fingulis oppidis bellum oftentando,
omne nomen *Mezendoricum* breui domue-
rim. Gentes hae maximam partem eaedem erant, quarum in itinere meo *Mar-*
tiniano confpectum dedi. Relictis tandem
terris *Mezendoricis*, curfum dirigimus in
Martiniam, cuius litora tandem poft felicem, fed longam nauigationem, confpicamur. Nullius terrae adfpectus gratior mihi vnquam fuit; et, cum animo reputarem, Imperatorem me iam ac multarum
gentium domitorem redire in terram, vbi
inter mancipia ad triremes damnatus fueram, ingenti perfundebar animi laetitia.
Decreueram mox, me ipfum profiteri, vt
eo maiorem Martinianis terrorem iniice-
rem: at confilium iftud mutaui, cum con-
fultius

fultius iudicarem, antiquum de natalibus meis errorem, inter gentes deuictas femel diffeminatum, fouere, ac pro folis Legato me gerere.

Sperabam quidem, breui me ac nullo negotio *Martinianos*, quorum perfpecta mihi erat mollities, fubacturum. Nam prona femper gens in voluptatem, non ingeniorum modo vitiis, fed et affluenti omnium rerum copia, illecebris omnis amoenitatis, maritimae terreftrisque, longaque felicitate et indulgentia fortunae luxuriabatur. At, experientia didici, rem effe magnae molis: nam refpectu commerciorum, quae longe lateque in orbe fubterraneo exercebant, immenfas cumulauerant opes, quibus auxilia bellicofiffimarum gentium ad nutum parata habebant. Huc adde, quod peritia rei naualis nulli genti fubterraneae *Martiniani* tunc cederent, nauesque noftrae prae hoftilibus inconditae effent, et tardius fe mouerent. Nam facile eft coniicere, quanti effent momenti machinae iftae naules, a Philofophiae Baccalaureo tumultuario ope formatae, qualeque iudicium fubirent, fi

Y 3   exa-

examini Batavorum, Anglorum, aut Dano-
rum fuiffent expofitae. At defectum hunc
abunde fupplebant tormenta, Martinianis
adhuc incognita.

Antequam hoftile quid tentarent, legatos ad Senatum mifi, iisdem fere pacis
conditionibus, quas Imperatori Mezendorico nuper obtuleram. At, dum refponfum expectamus, plenis in nos velis ferri
confpicamur claffem infructiffimam, et
talem, qualem nobis fingere non potui-
mus. Hinc claffe, quantum in ifta feftinatione fieri potuit, ordinata, pugnae naualis fignum damus. Certatum diu vtrinque fuit pari ardore et conftantia. Martiniani pro tormentis machinas habebant,
immenfi ponderis lapides eiaculantes, quibus haud leue damnum nauibus noftris
inferebatur. Aderant porro rates incen-
diariae, pice, bitumine, fulphure, aliisque ignis fomitibus onuftae, a quibus maxima noftra nauis incenfa fuit ac deleta.
Hinc dubius diu mars, inter pugnae fugae-
que confilium trepidantibus noftris. At,
horrenda tormentorum noftrorum fulmina animos Martinianorum tandem frege-

runt,

runt, adeo vt, omiſſa pugna, in portum refugerent. Nullam tamen hoſtilem nauem cepimus, cum velocitate noſtris longe praeſtantiores, breui conſpectum effugerint. Hac pugna pugnata, terreſtres copias in litora exponimus, paſſibusque rapidis ad metropolin Martiniam tendimus. In hoc itinere obuios habuimus legatos noſtros, faſtoſe a ſenatu exceptos, ac his verbis remiſſos:

Maturate fugam , Regique haec dicite
veſtro ;
Non illi imperium pelagi ſaeuumque triden-
tem ,
Nobis ſorte datum: tenet ille immania
ſaxa.

Nam imperium maris ſibi vindicantes Martiniani, poſtulata iſta montani principis ſupercilioſe exceperant. Ingenti tamen cura copias conſcribunt; nam praeter milites mercede conductos, omne nomen Martinianum, omnis militaris aetas excitur.

Vix aliquot ſtadia emenſi eramus, cum numeroſiſſimum exercitum, e diuerſis

genti-

gentibus compositum, recta in nos ferri cernimus. Hostium ista confidentia, etiam postquam improspere mari pugnauerant, non exiguam nobis solicitudinem iniecit. Sed copiae hae meteora tantum erant, quae apparent, ac euanescunt simul; nam

ante tubam tremor occupat artus,

Et mox, ad primam tormentorum explosionem, effuse fugiunt Martiniani. Nos fugientium tergis inhaerentes, ingentem eorum stragem edimus. Quanta hostium tunc caedes facta fuerit, patuit e copia *peruccarum*, quas post pugnam colligimus: nam numero earum quas cepimus inito, quinque fere millia Martinianorum caesa fuisse coniecimus. Formas earundem post abitum meum mutauerant: nam vltra viginti diuersas *peruccarum* figuras notaui, quippe ingeniosissima gens commenta in infinitum propellit.

Post prosperum istud praelium vel potius stragem, metropolin Martiniam, nemine impediente, obsedimus. At, paratis oppugnationi necessariis, ac tormentis

tis difpofitis, in caftra noftra fupplices veniunt ipfi Senatores, vrbem cum tota Republica dedentes. Hinc pace mox facta,
triumphantium more vrbem fplendidiffi-
mam ingredimur. Cum intrauimus por-
tas, non quidem fuit tumultus ille nec
pauor, qualis captarum effe vrbium folet,
fed filentium trifte, ac tacita moeftitia ita
defixit omnium animos, vt prae metu ob-
liti, quid relinquerent, quid fecum ferrent, deficiente confilio, rogitantes alii
alios, nunc in liminibus ftarent, nunc er-
rabundi domos fuas, tanquam vltimum il-
las vifuri, peruagarentur. At parfum eft
deditae vrbi: quo facto, triftitia in gau-
dium verfa eft. Aerarium Reipublicae
intrans, ftupebam ad vifum immenfi the-
fauri: huius magnam partem inter milites diftribui, quod reliquum erat, aerario meo inferri iubeo. Praefidio Martiniae impofito, obfides aliquot e numero
fenatorum in claffem noftram abducti funt.
Inter hos erat Syndicus vna cum vxore,
quae crimen iftud, ob quod damnatus eram,
mihi affinxerat. Contumeliam tamen
hanc non vindicabam, indecorum exifti-

Y 5   mans

mans tanto Monarchae, iniuriam baiuli vin-
dicta perfequi.

Debellatis Martinianis, vicinas huic
Reipublicae gentes fub iugum quoque mittere decreui. At, in procinctu iam ftanti,
occurrunt legati quatuor regnorum, ditioni meae fe fubiicientes. Tot iam regionibus imperabam, vt de nomine dedito-
rum regnorum quaerere operae pretium
non ducerem, contentus eadem fub generali titulo Regnorum Martinianorum complecti.

CAP.

* * * * * * * * * * * * * * * * * * *

CAPVT XV.

CATASTROPHE.

Rebus tot stupendis peractis, classeque nostra nauium Martinianarum accessione insigniter aucta, vela facimus in patriam; vbi reduces facti, summa magnificentia, et qualem nunquam exaequarunt Romani, triumphum egimus. Et sane, rerum gestarum magnitudo tanta erat, vt nulla festiuitas, nulla pompa nimia videri posset. Quid enim praeclarius, quid vero heroismo dignius, quam gentem nuper contemptam, et omnium insultibus expositam, in totius subterranei Orbis Reginam ac Dominam, exiguo temporis spatio, transformasse? Quid homini mihi, inter tot creaturas heterogeneas viuenti gloriosius, quam generi humano istud asseruisse imperium, quod natura in reliqua animantia concessit? Magnificentia huius triumphi, quo occursu, quo fauore omnium hominum, aetatum, ordinum exceptus fuerim, ne in operis quidem iusti materia, nedum huius tam recisi, digne exprimi potest.

poteſt. Ex eo tempore noua in hiſtoriis epocha ſtatui, et quinque Monarchiae numerari poſſunt, ſcil. Aſſyriaca, Perſica, Graeca, Romana et Quamitica ſubterranea: et videtur nouiſſima haec priores magnitudine ac potentia ſuperare. Hinc titulum *Koblu* ſiue Magni, qui tam a *Quamitis*, quam a deuictis gentibus certatim mihi oblatus fuit, recuſare nequibam. Elatum ſane ac ſuperbum fateor nomen iſtud *Magni*: at, ſi conferant ſe veteres illi Cyri, Alexandri, Pompeii, Caeſares, qui infra laudes Klimii iacebunt, modicus et demiſſus hic titulus videri poteſt. Orientem quidem ſubegit Alexander, at, quibus copiis? militibus veteranis, perpetuisque bellis induratis, quales erant Macedones tempore patris Philippi. Ego vero longe plures, et Perſis ferociores gentes, minori temporis ſpatio, cum populo nuper rudi ac barbaro, quem ipſe formaueram, imperio meo ſubieci. Titulus, quo poſtea vſus ſum, hic erat: NICOLAVS MAGNVS, SOLIS LEGATVS, IMPERATOR QVAMAE ET MEZENDORIAE, REX TANACHI, ALECTORIAE, ARCTONIAE, REGNORVM MEZENDORI-

DORICORVM ET MARTINIANO-
RVM, MAGNVS DVX KISPVCIAE,
DOMINVS MARTINIAE ET CANA-
LISCAE etc. etc.

Ingens iam ſtabat Regnum, poteramque
videri
Exilio felix; ſed ſcilicet vltima ſemper
Exſpeǎanda dies homini, dicique beatus
Ante obitum nemo ſupremaque funera de-
bet.

Poſtquam enim iam ad eam, quae vix voto humano concipi poteſt, felicitatem et
potentiam perueneram, idem mihi accidit, quod iis, qui e ſordidis initiis ad
ſumma creſcunt. Nam immemor pri-
ſtinae ſortis, ad faſtum dilabor, et pro po-
plicola et omnis aurae popularis captatore,
trux ac faeuus omnium ordinum inſectator
fio, ſubditos, quos adhuc comitate ac popularitate mihi deuinxeram, tanquam mancipia deſpiciens, adeo, vt nemo, niſi prae-
uia quadam adoratione, ad colloquium
meum admitteretur, et admiſſi conſtricta
fronte altoque ſupercilio exciperentur: id
quod omnium animos a me breui aliena-
bat, amoremque in frigus ac terrorem
mutabat.

mutabat. Quali tunc in me animo fuerint
subditi, expertus sum paulo post e petitione, seu potius mandato, quod literis regiis Quamitis insinuaueram. Imperatrix,
quam grauidam reliqueram, absente me,
Principem enixa fuerat. Principemhunc
mihi successorem designare gestiens, comitia indixi, Quamitas, vna cum deuictarum gentium praecipuis,ad solennem pueri
inaugurationem inuitans. Nemo quidem
huic mandato obniti ausus est, quocirca
ingenti pompa celebrata fuit inauguratio.
At, vultus subditorum in simulationem esse compositos, et ficta esse, quae prae se
ferebant, gaudia, haud difficile mihi erat
internoscere. Confirmabant suspicionem
disseminati eodem tempore, ab incertis autoribus silli, in quibus iniuria, Principi
Temuso hac electione facta, salse monstra-
batur. Tantam istud solicitudinem ac
aestum in animo ciebat, vt requiescere
non possem, antequam optimum Principem e medio sustulissem. Palam tamen
filium Regis, de me bene meriti, interficere
inconsultum videbatur. Hinc quosdam
subornabam, qui proditionis eundem ar-
cesserent. Et cum criminum regiorum

nun-

nunquam defint miniſtri ac adiutores, inuenti funt, qui iureiurando teſtabantur, male animatum Principem turbas meditari, ac vitae meae infidias ſtruere. Hinc in carcerem coniectus, a iudicibus, quorum maximam partem corruperam, capite damnatus fuit. Exfecutio tamen clam in cuſtodia, ne turbis anfam daret, facta eſt.

Quod ad Principem fecundo genitum attinet, cum adhuc infra annos pubertatis effet, tempus caedi eiusdem deſtinatum prorogabam. Tutus fic ad tempus contemptu erat aetatis, cum in iure nihil praefidii effet. Pollutus hoc parricidio, feuere adeo ac impotenter regnare coepi, eoque demum faeuitia mea proceffit, vt diuerfos, tam Quamitas, quam alios, quorum fides dubia mihi videbatur, morti dederim. Nulla fere dies incruenta, ac a caede aliqua immunis erat, id quod rebellionem, quam diu iam machinati erant Proceres, vti mox narrabitur, accelerabat.

Fateor hinc, mala iſta, quae poſtea expertus fum, haud immerito mihi accidiffe. Honeſtius fane, ac Principe Chriſti-
ano

ano dignius fuiffet, rudem ac idololatram
populum ad veram Dei notitiam perducere, quam bella e. bellis ferendo, innocua-
rum gentium fanguine manus cruentare.
Et facile mihi fuiffet, totam gentem conuertere: nam quicquid ftatuebam, auide
amplectebantur, et dictata mea totidem
oracula erant. At, Dei ac mei ipfius oblitus, nil nifi vanum ac inanem fplendorem
potentiaeque incrementum cogitabam:

*Arma, cruor, caedes, incendia totaque
bella
Ante oculos volitare.* - -

Praeterea ad peffima confiliorum conuerfus, augere caufas offenfionum quam tollere malui, quafi quod per iniuftitiam pec-
catum fuerat, emendari feueritate poffet.
Ad amicorum admonitiones refpondere
folebam:

*Res dura, et regni nouitas me talia co-
gunt
Moliri.* - - -

Hinc ad malum innumerae res malae fe
agglutinarunt, ac in tantam calamitatem
incidi, vt ex meo exemplo difcant mortales

tales, quanta fit rerum humanarum vicis-
fitudo, et quam exiguae durationis fit durum ac violentum imperium.

Cum feueritate regiminis mei creuit
frigus fubditorum, tam Quamitarum, quam
deuictarum gentium: et cum animaduer-
terent, vitia ifta, quibus deditus eram,
abfona effe fidei diuinae originis, et homini coelefti, ac legato folis non conuenire, curatius omnia, in primis vero caufam
aduentus mei, et ftatum iftum, in quo deprehenfus eram, cum ad oras has delatus
fui, ad examen vocare coeperunt. Vi-
debant ftupendas iftas res, quas gefferam,
ignorantiae potius Quamitarum, quam
artibus meis deberi, maxime, cum poft
difcuffas veteris ignorantiae nebulas, in
multis me erraffe offenderant. Seueri inprimis actionum mearum cenfores fuerant
Kifpuciani, gens perfpicax, et viribus iudicii pollens. Notauerant, inter edicta, quae
publicaueram, varia cruda adeo ac incondita effe, vt craffam in rebus politicis in-
fcitiam manifefto proderent. Nec iniufta
erat crifis: nam, cum thronum ac fceptra non fomniauerint vitae et ftudiorum

Z   meo-

meorum moderatores, inftitutionem nactus fueram, candidato potius Minifterii,
fiue Diaconatus, quam regnaturo Principi conuenientem, et ftudia mea, quae vltra fyftema quoddam theologicum, ac ter-
minos quosdam metaphyficos, non exten-
debantur, parum congrua erant ftatui
praefenti, vbi de duobus imperiis, et viginti fere regnis rite gubernandis agebatur.
Porro notauerant *Martiniani*, naues, quas
ftruxeram, bellicas informes adeo effe,
vt in praeliis contra ordinatas claffes nullus earum effet vfus, ideoque tropaea ifta
naualia foli tormentorum commento effe
adfcribenda. Has et alias acerbas crifes
diffeminantes, ad animum fimul reuoca-
bant modum appulfus mei in haec litora,
nempe quod tabula naufraga, laceris veftibus, et fiti inediaque paene enectus, a
litoris accolis deprehenfus fuerim, qui
ftatus in folis Legatum cadere non poterat.
Huc adde, quod iidem Martiniani, cum
phyficae coeleftis apprime effent gnari,
elementa quaedam aftronomica inter Quamitas diffeminaffent, monftraffentque, folem effe corpus inanimatum, ab omni-
potenti Deo in centro coeli locatum, vt
                                        lucem

ducem rebus miniſtret, ac calore creaturas
foueat, et cum igneae eſſet naturae, animantium terreſtrium domicilium eſſe nequire.

His et aliis ſiniſtris rumoribus quotidie
differebar. At, murmura tantum erant,
cum nemo, metu potentiae meae, palam loqui, ac mentem aperte detegere auſus ſit.
Hinc diu neſciebam, eo vsque maturuiſſe
maleuolentiam ſubditorum, vt ſtatus quaeſtionem mihi mouerent, donec tandem
omnem mihi dubitationem excuſſit Libellus, lingua Canaliſcana compoſitus, ſub
hoc titulo: FELIX NAVFRAGIVM.
Nam antea notaui, in dicteriis eiaculandis
exercitatiſſimos eſſe Canaliſcas, cum maxima eorum bella ſolis conuiciis gereren-
tur. Complectebatur libellus cunctas iſtas
accuſationes, quarum nuper conſpectum
dedi, ſcriptusque erat ſtylo arguto ac den-
tato, ſecundum genium Canaliſcarum, qui
in eo ſcribendi genere excellunt.

At, tanta tunc erat animi mei impotentia, tanta virium mearum fiducia, vt
nullis admonitionibus flecti, ac ad ſanio-
rem mentem perduci potuerim. Salu-

berri-

berrima enim confilia fomites potius,quam
fufflamina feueritatis erant. Quocirca
quosdam, quos maxime fufpectos habebam, arreptos exquifitiffimis tormentis,
ad prodendum libelli autorem, impellere
tentabam. At, cruciatus mira conftantia
fuftinebant omnes, adeo, vt nihil aliud hac
crudelitate effectum fit, quam vt odium
in furorem verterem. Ita praeualebant·
fata confiliis, et in praecipitia pronus
ibam.

In ifto rerum ftatu, fuperftiti Principi
Hicoba, manus iniicere decreui. Confilium iftud magno Cancellario *Kalac*, cui
maxime fidebam, aperui. Pollicitus quidem ille omnem operam et obedientiam,
mox digreditur, exfecuturus quod decreueram. At, confilium iftud clam dete-
ftans, Principi infidias detexit, amboque
in vrbis arcem munitiffimam fe receperunt,
vbi, praefidiariis militibus in concionem·
vocatis, ftatum praefentem pathetice expofuit, et, cum lacrymae ac gemitus peri-
clitantis Principis haud leue pondus orationi illius adderent, arma capiunt omnes,
polliciti, pro falute Principis pectora op-
                                    pofitu-

posituros. Hinc sagacissimus Cancellarius animis, dum calerent, vsurus, in verba Principis omnes iurare adegit, nuntiosque, clam ad alios, quos in me male animatos nouerat, illico misit, eosdemque ad arma capienda contra tyrannum, qui veterem stirpem regiam penitus exscindere moliebatur, acuebat. Igitur armati

> Conueniunt, quibus aut odium crudele ty-
> ranni
> Aut metus acer erat,

ac cum praesidiariis arma socia iungunt. Dum reditum Cancellarii exspectabam,

> Nuntius ingenti per regia tecta tumultu
> Ecce ruit, magnis arcem terroribus im-
> plet!
> Indicat, armatos totis descendere campis,
> Regem ad supplicium praesenti morte pe-
> tentes.

Suadet tunc *Tomopoloko* maturum in Tanachin receptum: *agedum!* inquit, *conscribamus in patria mea exercitum, et hic, quo nunc omnia ardent, conticescet furor.* Haec audita instabilem animum variae mouerunt, alternantibus timoris ac fidu-

ciae

ciae caufis, Tandem monitis illius obtemperans, *Quamam* fine obftaculo, cum caufa glifcentis feditionis adhuc plerosque lateret, reliqui. Poftquam ad limites Tanachitarum perueneram, omnes, qui arma ferre poterant, adeffe iubeo. Hinc exercitu 40000 militum, quorum plerique Tanachitae erant, parato, iter remetior, fperans ex acceffione Quamitarum, qui in fide permanferant, infigne exercitus mei incrementum. At, vana me fpe lactabam: nam pro copiis auxiliaribus, quas ftolide mihi pollicebar, obuium habui fecialem cum literis, nomine Principis fcriptis. In hifce bellum mihi legitimum, tanquam fraudulento inuafori, indicitur, fimulque nuntiatur, in vinculis teneri coniugem cum filio ex ea nato. Paulo poft difceffum fecialis exercitum Quamiticum cum principe rebelli confpicamur. Et cum exercitus hic ingenti tormentorum copia inftructus effet, aleam certaminis fubire non fuftinui, antequam auctae forent vires: quocirca fubfiftens, caftra aggeribus ac munimentis firmaui. At, cum animaduerterem, milites meos ad hoftes clam transfugere, ac hoftilem exercitum noua exfpectare fuppleplementa, hortantibus Ducibus, nec refragante *Tomopoloko*, confligere decreui. Pugnatum est in eadem planitie, vbi aliquot abhinc annis decretorio isto certamine profligati fuerunt Tanachitae. Hostium tormentis ordines nostri mox turbabantur, doluitque me valde, propriis commentis impugnari, ac armis, quae ipse formaueram, vinci. Aliquandiu tamen milites mei impetum rebellium sustinuerunt, donec Tomopolokus, fortiter dimicans, globo tormenti traiectus caderet. Tunc versis tergis, latebras montium ac syluarum quaerimus. Ipse in rupem enixus, inde in vallem subiectam me praecipitem dedi. Ibi aliquandiu subsistens, calamitatem meam, seu potius stultitiam, seris lacrimis ac suspiriis damnabam. Et tanta tunc erat animi mei perturbatio, vt diadema, seu tegumentum capitis, radiis solaribus interstinctum, (et) quod me proderet, abiicere negligerem. Postquam dimidiam fere horam in ista conualli trepidus consederam, audiebam voces rupem scandentium, ac cum fremitu fugientem ad poenam deposcentium. Fugam hinc circumspectans, latebras quaerebam.

Z 4 *Sylua*

Sylua fuit late dumis atque ilice nigra
Horrida, quam denſi complebant vndique
　　　　　　　　　ſentes.

Illuc properantem

　Rara per occultos abduxit ſemita calles

vsque ad cauervam, ante quam paulum
ſubſtiti, aegre ex curſu animam recipro-
cans: mox vero in eandem, more ſer-
pentis humum corpore verrens, irrepſi,
et, cum cauernam valde profundam ac
deuexam, licet non praeruptam, animaduerterem, vltima adyta penetrare decreui.
At ſpatium centum circiter paſſuum emen-
ſus, in locum abruptum incido, vnde
tanquam fulmine deturbatus per ſpiſſas feror tenebras et perpetuam noctem, donec
tandem creperum quoddam lumen,

　Quale per incertam lunam ſub luce mali-
　　　　　- - gna

reddi ſolet, conſpicor. Cum luminis
iſtius augmento ſenſim diminuitur cadentis
impetus, adeo, vt leui niſu, tanquam ex
vndis enatans, inter rupes quasdam ſaluus
emerſerim, quas ſummo cum animi ſtu-
pore easdem eſſe videbam, e quibus ante
　　　　　　　　　　　　　ali-

aliquot annos in fubterranea praecipitatus
fueram. Caufam vero languefcentis impetus, didici poft aliquam meditationem,
nafci e qualitate athmofphaerae fuperioris,
quae pondere fuo magis grauis eft quam
fubterranea: nam nifi grauior effet noftra,
eandem fortem in afcenfu habiturus fuiffem, quam in defcenfu, et fublimis forfitan per aërem vsque ad regionem lunae
delatus fuiffem. Hanc tamen hypothefin
maturiori Phyficorum examini
fubmitto.

Z 5 CAP.

* * * * * * * * * * * * * * * * * * *

CAPVT XVI.

REDITVS IN PATRIAM,

ET

FINIS QVINTAE MO-
NARCHIAE.

Iacebam diu inter rupes omni fenfu deftitutus, magnas enim in cerebro turbas,
ciebant tam lapfus ipfe, quam mira ifta
metamorphofis, qua breui me e funda-
tore quintae Monarchiae in pauperem et
famelicum Baccalaureum transformatum
videbam. Et fane cafus ifte ftupendus
adeo ac poëticus erat, vt vel optime conftituti cerebri compagem facile poffet turbare. Interrogare igitur animum coepi,
an vera effent, quae videbam, an vero fo-
mnium errantes luderet oculos. Deferuefcente non nihil aeftu, poftquam paulo
ad me redire coepi, ftupori fuccedunt dolor ac indignatio.

Tunc duplices cum voce manus ad fidera
tendo:

Omni-

Omnipotens Genitor! tanton' me crimine
dignum
Duxisti? et tales voluisti expendere poenas?
Quo feror? vnde abii? quae me fuga,
quemque reducet?

Et fane, fi reuoluantur Annales, ac Hiftoriae tam remotioris, quam noftri aeui, vix
exemplum tanti cafus occurret, nifi forte
in Nabocodonofore, qui e maximo-ter-
rae Monarcha, in feram, fyluis inerrantem,
transformatus fuit. Eadem ego fortunae
ludibria expertus fum: extorquentur mihi
paucis horae momentis duo magna Imperia, cum viginti fere Regnis, quorum folae
vmbrae ac vanae imagines fupererant;
Monarcha nuper fueram, iam fcholarchae
aut ludimagiftri munus in patria vix fpe-
rare poteram: folis Legatus vocabar, iam
vero ob inopiam famulum Epifcopi vel
Praepofiti cuiusdam fore verebar: comites
me nuper tenebant gloria, fpes, falus, victoria, iam vero cura, miferiae, aegritu-
do, lacrymae, lamentatio. Denique quafi
folftitialis herba paulisper fui: repente exorfus fum, repente occidi. Vt breui
praecidam: dolor, indignatio, folicitudo,
ira,

ira, delperatio, tot in animo fluctus ciebant, vt modo

- - *crudum per coftas exigere enfem,*

modo in cauernam, ex qua emerferam,
me rurfus praecipitem dare non dubitauerim, exploraturus, ecquid melius fucce-
deret fecunda expeditio fubterranea:

Ter conatus vtramque viam, ter vtram-
que reliqui.

A confilio maxime reuocarunt cura ani-
mae, ac religionis Chriftianae principia,
quae prohibent indemnatum fpiritum, antequam fata pofcunt, effundere.

Defcendere igitur de monte per afpe-
rum iftum et anguftum callem, qui in
Sanduicum ducit, conabar. At, cum pro-
fundis meditationibus diftracta mens effet,
identidem in itinere cefpitabam: nam in
contemplatione quintae iftius Monarchiae
totus animus defixus erat. Haec vanis
imaginibus, recentibus tamen, pertinaciter
adeo animo oberrabat, vt mentem mihi
penitus excuteret. Et fane, iactura dignitatis ac potentiae tanta erat, vt nullis in
patria

patria emolumentis compenfari poffe iudicarem. Fingebam, Prouinciae Bergenfis, aut, quod maius effet, totius Noruegiae Praefecturam mihi deferendam: at
qualis compenfatio? quale folatium tot
Imperiorum nuper Monarchae, ac Condi-
tori? decreui tamen, praefecturam, fi qua
forte mihi in patria offerretur, non omnino refpuere. Poftquam medium itineris
emenfus eram, pueros quosdam in confpectu habui, quos nutu ad me inuitans,
opem eorum implorabam his verbis: *Ieru*
Pikal Salim, id quod lingua Quamitica
denotat: *monftrate mihi femitam.* At pueri
ad vifum hominis, veftibus peregrinis ami-
cti, ac pileum radiis folaribus fulgentem
geftantis, trepidantes, edito horrendo clamore, e rupibus fe praecipitant, adeo, vt
tardius me incedentem, ac per rupium fragmenta faucios pedes trahentem occupent,
horaque citius in Sanduicum veniant, vbi
totum vicum terrore complent, fancte
iurantes, vidiffe fe inter rupes errantem
futorem Hierofolymitanum, folaribus radiis corufcum, et crebris fufpiriis vulnus
animi prodentem. Quaerentibus paganis,
vnde fcirent, futorem effe Hierofolymitanum,

num, refpondebant, me ipfum nomen et
patriam indicaffe. Errorem hunc natum
coniiciebam e male intellectis verbis *Ieru
Pikel Salim.* Totus hinc vicus commo-
uetur, nemine de rei veritate dubitante,
maxime cum nuper recocta effet fabula de
ifto ambulante futore, idemque dicere-
tur non ita pridem *Hamburgi* apparuiffe.

Inclinante ad vefperam die, cum ipfe
Sanduicum venerim, conglobatos in vnum
confpicabar totius tractus incolas, quos
infitum mortalibus ftudium, inufitata nofcendi, vndique exciuerat. Hi nouum hofpitem excepturi, ad radices montium diu
fufpenfi fteterant, ftatim vero ac loquentem me audirent, panico quafi terrore perciti, diffugiunt omnes, praeter vnum fenem,
qui caeteris audacior, loco non mouit.
Hunc mox alloquor, rogans, velletne ho-
fpitio errantem excipere. Quaerebat ille:

- - - *Quibus orbis ab oris?*
Quid genus? vnde domo?

Ad haec ego:

Sufpirans, imoque trahens a pectore vo-
cem:

Si

Si vacet annales noſtrorum audire labo-
rum,
Ante diem clauſo componet veſper olympo,

quam haec abſoluero, intra limina ve-„
ro tecti receptus, ſeriem pandam fato-„
rum, quae fidem ſuperare videntur, et„
quorum exemplum nulla ſuppeditabit,„
hiſtoria.‟ Nouitatis auidus ſenex, manu
tunc prehenſum, me ad tectum ducit, da-
mnans intempeſtiuum popularium metum,
qui ad quamuis ignotam faciem, tanquam
ad aſpectum cometae, trepidant. Ad-
miſſus intra tecti limina, frigidam poſco,
qua ſitim depellerem. Ipſe mihi mox po-
culum zytho plenum affert, cum nec vxor,
nec ancillae prae metu adeſſe ſint auſae.
Exhauſto poculo, ac ſitis ardore ſedato,
ita loqui exorſus ſum: Vides hic homi-„
nem, diris iactatum procellis, ac tot for-„
tunae ludibria, quod nemo mortalium„
vnquam ſubierit, expertum. Conſtat qui-„
dem, puncto temporis maximarum ſae-„
pe rerum momenta verti: at ea, quae„
mihi acciderunt, omnem fidem exſu-„
perant. „

Nam-

Namque meus casus nec multis cognitus
est, nec
Tritus, et e medio fortunae ductus aceruo.

Ad haec regeffit hofpes, fortem hanceffe
diu errantium: quot enim viciffitudines,
quot cafus 1600 annorum peregrinatio non
pariat? Non cepi mentem illius, quocirca rogabam, quid per iftos mille et fex-
centos annos fibi vellet. *Si fides,* inquit
ille, *hiftoriis fit adhibenda, iam 1600 anni*
funt, ex quibus deleta fuit Hierofolyma: non
dubito, vir fumme venerabilis, quin tempore
iftius excidii aetate iam prouectior fueris;
nam, fi ifta, quae de te narrantur, vera
fint, poffunt natales tui ad principatum Ti-
berii referri. His dictis, obmutui, fenem delirare putans, moxque indicaui,
huic orationi Oedipo opus effe coniectore.
At affert ille tabulam, in qua expreffa erat
imago Templi Hierofolymitani, rogans,
ecquid multum ab archetypo abberret pi-
ctura. Hinc in fummo meo dolore a rifu
non temperans, caufam perplexi adeo fer-
monis rogo. Refpondet ille: „vtrum in
„errore verfer, necne, ignoro. Teftan-
„tur huius loci incolae, te effe illum in
hifto-

hiftoriis decantatum futorem Hierofoly- „
mitanum, qui a Chrifti tempore totum „
orbem pererras.   At, quo attentius te in- „
tueor, eo magis ad animum reuoco ve- „
terem amicum, qui duodecim abhinc an- „
nis in apice huius montis periit." Ad
haec verba diffipata oculorum caligine,
veterem meum amicum *Abelinum*, cuius
domum *Bergis* faepe frequentaueram, agno-
fco.   In amplexus mox ruo, collumque
ipfius ambobus lacertis inuadens: te- „
neone te, *inquam*, Abeline! vix hoc iam „
oculis meis, vix manibus credo: vides „
iam Klimium tuum, ex orco redeuntem: „
idem fum, qui ante hos duodecim an- „
nos in cauernam praeceps iuerim." Ille
infperato hoc phaenomeno confufus,

Non aliter ftupuit, quam qui Iouis ignibus
ictus
Viuit, et eft vitae nefcius ipfe fuae.
Video, ait, *Klimii mei faciem, nota vox*
aures meas ferit: nam
Sic oculos, fic ille manus, fic ora ferebat.

At, quamuis neminem Klimio magis ge- „
minum viderim, fenfibus tamen meis „
fidere nec poffum, nec debeo, mortui „

enim hodie non refurgunt: efficaciori- „
bus opus eft teftibus ac argumentis, vt „
verbis tuis fidem adhibeam.

Hinc, vt incredulitatem illius expugna-
rem , exerte partiteque recenfebam ea,
quae inter nos acta olim fuerunt. Quo
audito, animi tandem nubes remouetur,
in amplexus mei ac lacrymas fimul ibat,
altum exclamans. „ Video iam ipfum ho- „
minem, cuius laruam me videre crede- „
bam : at, expone mihi, vbinam gentium „
tanto temporis fpatio delituifti, et vbi- „
nam mirum iftum et barbarum habitum „
nactus es.“ Tunc ego ordine omnia,
quae cafum meum infecuta funt, pandere
exorfus fum, attenteque ille perorantem
audiuit, donec ad planetam *Nazar* et Arbores, loquela ac ratione praeditas, ventum fit.
Tunc impatiens: „ quicquid, *ait*, vel ine-
„ptire poffunt fomnia, vel fabricare infania,
„vel delirare temulentia, id omne in te pro-
„mifcue confpicitur: crederem potius cum
„plebe noftra, in manus lemurum te ceci-
„diffe: nam verifimiles hae nugae plebeiae
„prae tuo itinere fubterraneo videntur. Sup-
pliciter orabam, vt patienter aures praebe-
ret,

ret, donec telam orationis, quam exorfus eram, pertexerem, et, impetrato filentio exponere pergebam, quae in fubterraneis mihi porro acciderant, diuerfa quae expertus eram fata, et tandem, quod maximae, quae vnquam in terris extiterit, Monarchiae Conditor fuiffem. Haec omnia fufpicionem, quam de commercio meo cum Faunis aut Satyris conceperat, adauxit, crediditque, praeftigiis eorundem me illufum, nubem pro Iunone amplexum. Et, quo certius exploraret incantationis aut veneficii huius effectum, aut quo vsque deliria mea procederent, coepit de ftatu beatorum et damnatorum, de campis elyfiis, aliisque id genus rebus quaerere. Animaduertens ego, quorfum tenderet oratio: non iniquo, inquam, ani-,, mo iftam tuam incredulitatem fero, cum,, narratio mea cuiuis homini fabulofa ac,, poëtica videri debeat; ea enim, quae,, mihi acciderunt, portentofa adeo funt,, vt omnem fidem humanam profcribant.,, Iureiurando fancte teftor, nihil a me fi-,, ctam aut additum, fed cuncta, prout,, mihi euenerunt, fimpliciter ac ingenue,, expofuiffe." Ille vero in incredulitate fua

per-

perſeuerans petiit, vt aliquot dies quieti
darem, cum ſperaret, interea temporis
exſaeuituras has in cerebro motas procellas.

Poſtquam integrum octiduum in domo illius delitueram, ſat mihi quietis
conceſſum iudicans hoſpes, ad luſtrandam
capitis inſaniam, ad hiſtoriam itineris ſubterranei, cuius perpetuum interea temporis indictum fuerat ſilentium, relabitur.
Sperabat tunc, in fumum abiiſſe quintam
Monarchiam, cum ſubiectis viginti regnis
ac principatibus, penitusque adeo euanu-
iſſe, vt ne minimi quidem oppidi aut vici
imago remaneret. At, cum eadem qua
ſingula, qua vniuerſa, et eodem ordine,
me repetere audiret, cumque narrationis
epilogo pertinacem hanc illi exprobrarem
incredulitatem, ac inſuper facta quaedam
opponerem, quae ipſe mihi concedere
cogeretur, nempe, quod duodecim abhinc
annis in cauernam praeceps iuiſſem, et
quod ignoto ac peregrino cultu tandem in
patriam rediiſſem, animi pendere coepit,
nec quid regereret in promptu habuit.
Attonitum iam, ac pedem retrahentem acriter

ter vrgeo, monftrando, longe abfurdius
itinere hoc effehypothefin illius, de mon-
ftris ac lemuribus, antra montium inhabi-
tantibus: nam mera haec effe fomnia, ad
aniles fabulas releganda, diuerfos vero
magni nominis Philofophos, concauam
effe terram, et alium orbem minorem noftro continer, ftatuiffe: veritatem huius
fententiae experientia me edoctum, fenfibus propriis obniti nequire.

His tandem argumentis victus: tua
inquit, conftantia in affirmandis his, quo-,,
rum fictio nullum tibi emolumentum aut,,
commodum afferat, indocilem meum,,
animum iam plane expugnauit." Ita de
veritate perfuafus, narrationem hanc fufius
integrare iuffit. Mire illi placuit, quod
de planeta *Nazar* narrabam, in primis de
principatu *Potuano*, cuius leges ac inftituta normas aiebat, ad quas omnes Reipublicae effingi deberent. Animaduerterat,
defcriptionem optime concinnati Principatus, e turbidi hominis cerebro fluere non
poffe: dictata enim diuina verius quam
humana videbantur; quocirca, ne, quae
audiuerat, animo exciderent, in literas
omnia, me dictante, mifit.

Poft-

Poſtquam penitus iam conuictum ſenſeram, de me ipſo ſolicitus, quid porro in iſto rerum ſtatu faciendum, aut quamnam in patria ſortem, poſt tot in orbe ſubterraneo res geſtas, mihi ominaretur, quaerebam. Tunc ille: „ Suadeo, vt nemini mortalium hos caſus aperias,

Queis placeas pueris et declamatio fias.

„ Noſtine zelum ſacerdotum noſtrorum:hi,
„ quoniam proſcribere ſolent eos, qui motum terrae ac quietem ſolis ſtatuunt, te,
„ de ſole ac planetis ſubterraneis diſſertan-
„ tem, impium, ac Chriſtiana ciuitate in-
„ dignum, pronuntiabunt. Quot non la-
„ pides mouebit, quot non fulmina in te
„ vibrabit ſolus Magiſter Rupertus? ille,
„ qui anno ſuperiori, ciuem ad publicam
„ damnabat poenitentiam, ob id ſolum,
„ quod Antipodes ſtatuerat: ignis ſuppli-
„ cio expiandam iudicabit doctrinam iſtam
„ de nouo orbe. Suadeo igitur, ac mo-
„ neo, vt aeternum ſepulta haec ſint, et vt
„ quiete aliquamdiu apud me maneas. "
Veſtes mox ſubterraneas me abiicere iubet,cum nouis commutandas:porro omnes, qui ſtudio videndi ſutoris Hieroſolymitani .

accur-

accurrebant, ab introitu domus folicite
arcebat, indicans, futorem iftum fubito
disparuiffe. Attamen rumor ifte per totam regionem breui percrebuit, et omnes
templorum fuggeftus, et pulpita praedictionibus, vaticiniis, et imminentibus malis,
hanc apparitionem fecuturis, perfonabant.
Nam dicebatur in *Sanduicum* veniffe futor
Hierofolymitanus, irae coeleftis praeco,
populum ad poenitentiam hortaturus. Et
cum eundo crefcere foleat fama, variis
additionibus interpolatur fabula. Ita nonnulli narrabant, mundi interitum praedi-
xiffe futorem, terminumque S. Iohannis
pofuiffe, intra quem omnia, nifi refipifce-
rent mortales, conflagrarent, et id genus
alia. Tantos haec vaticinia motus in certa quadam parochia ciebant, vt ruftici agros
incultos relinquerent, cum ob mundi interitum nullam exfpectarent meffem.
Hinc parochiae eiusdem Paftor Mag. *Ni-*
colaus, veritus, ne décimis, aliisque redi-
tibus defraudaretur, paganis indicabat, in
annum fequentem prorogatum effe diem
extremi iudicii, quocirca non dubita-
rent, ad folitos labores redire. Et cum
folis mihi et hofpiti meo caufa harum

nuga-

nugarum nota effet, perpetua nobis rifui
materia dabatur.

Tandem, cum diutius in aliena domo
delitefcere nequirem, opusque effet, vt in
publicum tandem prodirem, ftudiofum me
Nidrofienfem, fanguine fibi iunctum, qui nuper in hanc prouinciam diuerterat, fingit
hofpes. Mox tanto ardore me Epifcopo
Bergenfi, qua verbis, qua literis commendabat, vt Vir fumme venerabilis primum
fcholae vacantem Rectoratum mihi tandem polliceatur. Munus iftud ad palatum maxime mihi erat, cum ftatui ifti,
quo excideram, quodammodo conuenire
videretur. Nam fcholae Rectoratus eft
imago ac fimulacrum regii Imperii. Fe-
rulae fcholafticae faepe cum fceptris con-
funduntur, et cathedra thronus, fiue foli-
um non raro audit. At, cum diu nulla effet vacatio, et matura opus effet promotione, quo famem e labris abigerem, ftatui, quicquid primum mihi oblatum foret, amplecti. Paulo poft commodum
moritur aedituus Templi Crucis, cui fuc-
cefforem me nominabat Epifcopus. Ridicula videbatur promotio tot Imperiorum
nuper

nuper Monarchae. At, cum homines nil
magis ridiculos faciat, quam paupertas,
et ftultum fit, aquam turbidam refpuere,
vbi fitis fauces tenet, munus hoc, gratiofe
mihi oblatum non recufans, quiete ac phi-
lofophice in eodem officio iam confe-
nefco. Paulo poft iftam transformatio-
nem honeftum mihi matrimonium offertur
cum filia mercatoris cuiusdam Bergenfis,
nomine *Magdalena.* Placuit mihi virgo: at,
cum verifimile effet, adhuc viuere Impera-
tricem *Quamae,* verebar, ne Magdalenam
ducens, polygamiae crimine me pollue-
rem. At Dominus *Abelinus,* in cuius fi-
num, quicquid circa praecordia erat, effundere confueueram, fcrupulum hunc da-
mnauit, ac ftoliditatem dubitationis tot
argumentis euicit, vt virginem tandem
iftam thalami fociam mihi deligere non
dubitauerim.

Cum hac Magdalena

Coniugium per fex annos fine crimine con-
cors
Vnum habeo.

Fata

Fata tamen mea fubterranea eidem nunquam indicaui. At, cum fplendoris iftud faftigium, vnde decideram, animo penitus delere nequeam, figna quaedam per interualla emicuerunt et actiones, quae ftatui praefenti parum conueniunt. Geniti funt ex hoc connubio tres filii, *Chriftiernus, Ianus*, et *Cafparus*, adeo, vt in totum quatuor mihi fint, modo Princeps Quamiticus adhuc in viuis fit.

Huc

* * * * * * * * * * * * * * * * * * *

HVC VSQVE

MANVSCRIPTVM

NICOLAI KLIMII.

SEQVITVR

ADDITAMENTVM ABELINI.

Vitam protraxit Nicolaus Klimius vsquae ad annum 1695. Interea temporis integritate, ac morum fanctitate omnes fibi deuinctos reddidit. Succenfuit illi tantum per interualla Paftor Templi Crucis, ob nimiam grauitatem', quam e faftu ac fupercilio venire autumabat. Ego vero, cui fata viri erant perfpecta, mirabar potius modeftiam, humilitatem, ac patientiam, qua tot imperiorum Monarcha ignobili adeo munere fit functus. At apud alios, quibus ftupenda huius viri metamorphofis incognita erat, fuperbiae notam penitus effugere nequibat. Solebat ftatis anni temporibus, dum vires permitterent, montem afcendere, ibique cauernam iftam, vnde emerferat, auide intueri. Et notarunt amici, madente lacry-

mis

mis vultu ac tumidis oculis inde eum redire folitum, integrumque mox diem in
mufeo folum, et a commercio omnium
remotum delituiffe. Vxor fomniantem
quoque de exercitibus terreftribus ac na-
ualibus locutum teftabatur. Mentis auo-
catio eo vsque progrediebatur, vt Prouinciae Bergenfis Praefectum femel ad fe illico venire iufferit. Has animi turbas a
nimio ftudendi ardore fluere iudicans vxor,
de fanitate eius, quam dubiam fufpicaba-
tur, valde anxia erat. Bibliotheca eius
maximam partem e libris politicis conftabat, et cum eiusmodi librorum apparatus
aedituo parum conuenire crederetur, eo
quoque nomine reprehenfus a nonnullis
fuit. Itinerarii huius, propria autoris manu exarati, vnicum tantum exemplar, quod
in cuftodia mea afferuatur, extat. Saepe typis hoc opus euulgare molientem
variae praegnantes caufae a confilio
auocarunt.

F I N I S.

p. 321. lin. 14. lege: transfixi.